21世纪普通高等院校系列教材

大学生心理健康教育

DAXUESHENG XINLI JIANKANG JIAOYU

（第二版）

主　编　黄琳　常棠
副主编　高亮

西南财经大学出版社
中国·成都

图书在版编目(CIP)数据

大学生心理健康教育/黄琳,常荣主编.—2版.—成都:西南财经大学出版社,2021.7(2022.7重印)
ISBN 978-7-5504-4984-8

Ⅰ.①大… Ⅱ.①黄…②常… Ⅲ.①大学生—心理健康—健康教育
Ⅳ.①G444

中国版本图书馆CIP数据核字(2021)第143075号

大学生心理健康教育(第二版)

主　编　黄琳　常荣

副主编　高亮

策划编辑:邓克虎

责任编辑:邓克虎

封面设计:杨红鹰　张姗姗

责任印制:朱曼丽

出版发行	西南财经大学出版社(四川省成都市光华村街55号)
网　　址	http://cbs.swufe.edu.cn
电子邮件	bookcj@swufe.edu.cn
邮政编码	610074
电　　话	028-87353785
照　　排	四川胜翔数码印务设计有限公司
印　　刷	郫县犀浦印刷厂
成品尺寸	185mm×260mm
印　　张	15
字　　数	331千字
版　　次	2021年7月第2版
印　　次	2022年7月第3次印刷
印　　数	13701—19700册
书　　号	ISBN 978-7-5504-4984-8
定　　价	36.80元

第二版前言

本书以大学生心理健康教育为出发点，以提升大学生心理健康素质为核心目的，关爱心灵，砥砺前行，促进大学生健康成长，培养积极向上、应用型、复合型的人才。

心理健康教育要以课堂教学、课外教育指导为主要渠道和基本环节，形成课内与课外、教育与指导、咨询与自主紧密结合的心理健康教育的工作网络和体系。通过教、学、做一体化的方式对大学生进行心理健康知识的普及和宣传，塑造良好个性，发展和谐心理，构建和谐社会。

加强大学生心理健康教育，增强学生“助人自助”的能力十分重要。那么，如何帮助新时代大学生勇敢面对自己，善于解决学习和生活中的困惑，合理管理情绪，发展良好的人际关系，树立正确的婚恋观，科学地运用网络，呵护珍爱生命，增强职业生涯规划意识，培养健康的心理品质、健全的人格，成为高校心理健康教育工作者急需解决的课题。

《大学生心理健康教育》的编写目的正是要大学生更加了解心理健康知识，提高他们乐于“助人自助”，善于解决心理问题和预防心理疾病的能力；同时也为家长和老师们拓宽一个认识大学生心理特点的渠道，让他们及时有效地做到因材施教、因材育人、因材培养。家校共同引导、教育大学生提高自身的心理素质能力，使其真正成为符合社会需求、身心健康的人才。

本次对《大学生心理健康教育》的修订，既忠实于第一版教材的基本内容，又不拘泥于原教材。在原有的“导入故事”“心理导航”“反思体验”等栏目的基础上进行了调整、更新，对“导入故事”栏目进行了案例故事的更新，更加贴近现在学生的生活，“心理导航”栏目进行了调整，对学生的指导性更强，特别是把“反思体验”栏目改成“心理自助训练”栏目，使大学生通过模拟生活中的实际场景，将理论知识付诸实践，提高自己解决心理问题的能力。

《大学生心理健康教育》（第二版）由黄琳、常荣任主编，高亮任副主编。全书共九个专题，由常荣总体策划，各专题编写人员及分工如下：专题1至专题3由常荣、杨悦修订；专题4至专题6由高亮、郑清华修订；专题7至专题9由邹琴、康禹熙修订。杨悦、郑清华、康禹熙等在资料收集、案例编写等方面做了大量的基础修订工作。全书最终由常荣总纂，黄琳定稿。

在《大学生心理健康教育》（第一版）使用的基础上，经过平时教学和学生育人工作中的案例收集、反思总结，编写组不懈努力，力争为大学生、广大青年朋友、学校老师、青年教育工作者和家长提供一本科学性、针对性、实用性和可读性强的书籍，同时也可以作为高等学校心理健康教育的教材，又可作为大学生心理健康研究和活动开展的参考资料。但由于编者水平有限，难免有一些疏漏之处，恳请广大读者提出宝贵意见，以便于编者不断改进和完善。

编　者

2021年5月

第一版前言

党的十八大报告明确指出："加强和改进思想政治工作，注重人文关怀和心理疏导，培育自尊自信、理性平和、积极向上的社会心态。"这说明党和国家对心理健康工作高度重视。大学生心理健康成为教育心理工作者关注的一个焦点。教育部2015年工作要点中也明确要求推进"大学生心理健康素质提升计划"。按照《中共中央国务院关于深化教育改革全面推进素质教育的决定》和《教育部干预加强普通高等学校大学生心理健教育工作的意见》的指示，贯彻"心理健康教育要以课堂教学、课外教育指导为主要渠道和基本环节，形成课内与课外、教育与指导、咨询与自主紧密结合的心理健康教育的工作的网络和体系"的精神。在大学里开设心理健康教育的必修课和选修课以及建设心理咨询中心实践基地是非常重要的。特别是在对大学生长期开展心理咨询、心理主题班会、团体辅导活动以及开设"大学生心理健康教育"课程的过程中，我们有机会直接了解大学生的内心世界，有条件尝试创新性地对90后大学生开展以培养大学生关爱心灵、历练心志为目标的心理健康教育实践。本教材的编写以以上理论和实践探索为基础。

同时大学生的心理健康教育问题已成为高校人才培养中的一个重要目标。为此本书的编写主要以普及心理健康知识、为大学生提供心理健康指导为出发点，以大学生如何提升心理健康素质为核心，结合当代大学生的身心特点，以及实际生活中的具体问题进行编写。本书根据大学生在生活、学习、交往、成长、等方面的主要心理问题，凝练出认识自我、学习心理、情绪管理、人际关系、恋爱与性、网络心理、职业规划、珍爱生命等主题，通过"导入故事""知识要点""心理导航""反思体验"等教育环节，旨在帮助大学生有效解决面临的心理问题，顺利适应大学生活，培育健全心理素质，促进大学生主动发展。

本书既可作为高校开设大学生心理健康教育的教材，也可以作为大学生心理健康教育的自助读物，适合大学生、高校心理健康教师、高等教育管理者及相关工作者阅读。

本书由西南财经大学天府学院心理健康教育中心组织编写。黄琳、常荣任主编，确定本书编写的指导思想和特色定位，负责全书的框架结构的设计，指导具体写作，进行统稿审稿。

各专题的编写者如下：

专题一　窦温暖、常荣；

专题二　范小庆；

专题三　罗文；

专题四　王婉、黄丹；

专题五　邹琴；

专题六　孙德红；

专题七　万成利；

专题八　荆秀娟；

专题九　吴颖。

大学生心理健康教育是一个不断发展的课题，在该书写作过程中，编者倾心尽力而为，但是由于我们水平有限，难免会有不足之处，我们真诚恳请阅读本书的专家、同学提出宝贵的意见，以便我们不断改进、不断完善。让我们共同为大学生心理健康教育助一臂之力！

编　者

2015 年 7 月

目录

专题1　心理学与心理健康

刚跨入大学，以为会有一个轻松的生活方式等待着我们，事实上却面临巨大的压力。近年来，大学生心理健康已经成为全社会关注的焦点之一，因为心理问题而休学、退学的情况屡见不鲜，自杀、杀人等校园暴力或恶性事件不时上演。因此，需重视预防和解决大学生的心理健康问题，提高大学生的心理健康水平。

1.1　谁懂你的心

【故事导入】

小雅，某院校刚入学的大一新生。她从小生活优越，父母都是公务员，对独生女的她更是宠爱有加，有求必应。小雅在上大学以前从未有过集体生活的经历。在大一期间，她的室友曾多次向辅导员老师反映：小雅经常凌晨还在床上打游戏，声音外放，更有好几次凌晨三四点还在打电话和男朋友吵架。小雅对室友的小声提醒不以为然，她认为室友的此种举动是不喜欢她，不尊重她。她也从不参与寝室集体活动，总是忘记打扫寝室卫生。她认为和他们没有共同语言，个性、生活习惯、思维方式也不同。每次回到寝室她只能自己打打游戏、看看书，无法融入其他人的生活。虽然她内心也想和寝室里的其他同学搞好关系，但是她总觉得别扭，也无法融入。她觉得自己越来越孤单，想回家，心有余而力不足让她感觉特别的失落。

【故事点评】

在这个案例中，小雅从小家庭条件优越，父母万般宠爱，再加之她在读初中、高中时每天都走读回家，从未经历过寄宿学校的集体寝室生活，使她在进入大学后形成了一种一切都应该以“自我”为中心的性格，这导致她换位思考的能力比较差，再加上生活、学习习惯的不同，难免会和寝室室友发生各种矛盾。

在心理咨询室，老师首先耐心倾听了小雅的烦恼，予以共情，使小雅从内心感受到被关心、被理解；其次，鼓励小雅认识到人与人之间由于成长经历、家庭背景、个性习惯等方面存在着不同，但这种不同不代表不能融洽相处，因此要学会尊重差异；最后，引导小雅意识到自己的性格缺陷，主动找其他同学交流，并真诚地向同学道歉。同学们也意识到了他们之间的差异，从心理上理解她、帮助她。慢慢地，小雅与他们的关系变得很融洽，大学生活也因此变得更加快乐！

1.1.1 心理学概述

心理学一词来源于希腊文，意思是关于灵魂的学科。灵魂在希腊文中也有气体或呼吸的意思，因为古代的人们认为生命依赖于呼吸，呼吸没有了，生命就停止了。随着科学的发展，心理学的研究对象由灵魂改为心灵。19 世纪初，德国哲学家、教育学家赫尔巴特首次提出心理学是一门科学。在 1879 年，德国著名心理学家冯特在德国莱比锡大学创建了世界上第一个心理学实验室，开始对心理现象进行系统的实验研究。在心理学史上，人们把这一事件看作心理学脱离哲学走上科学发展道路的标志。

心理学是研究心理现象发生发展规律的科学，它既是理论学科，又是应用学科。值得注意的是，心理学既研究动物的心理，也研究人的心理，但是以人的心理现象为主要研究对象。人的心理现象是最复杂、最奇妙的现象，恩格斯曾把它誉为“地球上最美的花朵”。人可以看到五彩缤纷的世界，倾听优美的音乐，记忆异常丰富的知识；能运用自己的思维去探索自然和社会的各种奥秘；人有七情六欲，能通过自主的活动来满足自己的各种需要。总之，人类关于自然和社会的各种知识，在认识世界、改造世界方面所取得的成就，都和人的心理的存在和发展分不开，人的心理主观能动性是极其巨大的。

1.1.2 健康观

“有了健康不等于有了一切，但没有了健康就没有了一切”，这是世界卫生组织前总干事马勒博士的名言。健康是每一个现代人都关心和向往的，因为健康不仅是个人成长发展的前提，而且也是事业成功、生活快乐的条件。随着社会的发展，人们的物质生活和精神生活都不断丰富与提高，对自我健康的关注度也越来越高，对“健康”一词的理解也进一步科学化。

一位大一学生选修心理健康课的感受：“很幸运地选上了大学生心理健康这门课，一是因为这门课负担不太重，又可以学习一些知识；二是自己刚刚进入大学，对这个陌生的环境有太多的不适应。在大一上学期时，我对宿舍生活很有排斥感，每天睡眠也不好，学习成绩也不理想，弄得自己很郁闷，并且和同学交往有一些障碍，感觉诸事不顺心。空闲的时候，我静静地想了想，感觉不应该把原因都归咎在同学身上，而是应该从自己身上找问题。所以在选课的时候，我就毅然选了这门大学生心理健康课，我想，这总会对我有一些帮助吧！结果超出了我的想象。”

“上了将近一个学期的大学生心理健康课，我发现我受益良多。说实话，在这之前我从未接触过心理健康的知识。我以为健康就是指人体的各个系统发育良好、功能正常、体质健壮、精力充沛，并呈现出良好劳动效能的状态。”

“通过学习这门课，我知道，这种片面的认识把健康的概念仅仅局限在对躯体的生物学变化的关注上，而忽视了人的心理活动及社会存在对健康的影响。现代社会生活方式的变化，加上激烈的社会竞争，对人们的心理产生了巨大的压力，人们在关注身体健康的同时，也应该关注心理健康。我认识到大学生心理健康有巨大的意义。第一，心理健康是大学生实现人生理想和成才目标的前提；第二，心理健康和生理健康是大学生全面发展的基础；第三，心理健康是大学生培养健全人格的基础；第四，心理健康是大学生掌握文化科学知识的必备条件。我相信，当我会调整自己的心理的时候，在接下来的三年里，我的大学生活一定会是充实而愉快的！”

1.1.2.1 健康的内涵与标准

（1）健康的内涵。

长期以来，人们对健康的认识存在着许多片面性。比如，在一些词典中，“健康”通常被简单扼要地定义为“机体处于正常运作状态，没有疾病”。这是传统的健康概念。在日常生活中，人们往往只注重锻炼身体，而不重视培养健康的心理，一有头痛脑热就往医院跑，而有了严重心理疾病却自觉或者不自觉地掩盖。

1978 年，世界卫生组织（WHO）和联合国儿童基金会对健康的定义是：健康不仅是没有疾病或不虚弱，而且是身体、精神的健康和社会幸福的完美状态。

1988 年，沃林斯基（F. D. Wolinsdy）在其所著的《健康社会学》一书中提出了“立体健康观”（见表 1-1）。

表 1-1 立体健康观模型中的 8 种健康状态

健康状态	类别	心理尺度	医学尺度	社会尺度
1	正常健康	健康	健康	健康
2	悲观者	患病	健康	健康
3	社会疾病	健康	健康	患病
4	忧郁症患者	患病	健康	患病
5	身体疾病	健康	患病	健康
6	自我牺牲者	患病	患病	健康
7	自乐者	健康	患病	患病
8	严重疾病	患病	患病	患病

1990 年，世界卫生组织又重新颁布了健康的定义：一个人只有在躯体、心理、社会适应和道德的各个方面都健康，才算是完全健康。

从健康观的演变过程，我们可以看出，科学的健康观改变了人们传统的没有疾病即健康的观念，它包含躯体健康、心理健康、社会健康、道德健康等多个方面。健康的标准是追求一种更积极的状况、更高层次的适应和发展，是形成一种身心健康、社会幸福的完满状态。

（2）健康的标准。

人人都很关心自己的健康。健康不是一种十全十美的完好状态，而仅仅是一种良好的状态；健康与疾病之间没有绝对的界限；健康是一种积极的生活方式；健康是一种人与环境和谐的关系；健康不但是一种外显行为，也是一种内部状态；健康是一个动态的过程；健康是人生的第一财富。

世界卫生组织给出健康定义的同时，也给出了健康的十条标准：

①有足够充沛的精力，能从容不迫地应付日常生活和工作的压力。这一点很好判断，起床后的状态就是标准。如果有同学觉得自己起床后浑身无力、无精打采，就说明你精力不足，应付事情的能力也就弱了。

②处事乐观，态度积极，乐于承担责任。如果有同学总是把事情想得很糟糕，很担心周围的环境会发生什么不好的事情，此时就建议你最好去找心理咨询老师疏导一下。

③善于休息，睡眠良好。睡眠良好的标准是半小时内能自然入眠，成人维持 7~8 小时睡眠。如果有同学迟迟不能入睡或入睡后很容易惊醒，这就不是一种很好的睡眠状态。

④能适应外界环境的各种变化，应变能力强。如果有同学发现自己身处某种环境中，看什么都不顺眼，或者一有变动就惴惴不安，吃不下睡不着，这就说明应变能力需要得到提高。

⑤能抵抗一般性感冒和传染病。如果经常感冒，就说明抵抗力下降了。抵抗力不仅表现在少生病上，还包括不治自愈的能力。

⑥体重适当，身材匀称，站立时，头、肩、臂的位置协调。大量统计材料表明，反映正常体重可用较为理想和简单的方式——身高和体重的关系。具体计算方法是：BMI＝体重（千克）/身高（米）的平方。BMI 在 18.5~24.9 属于正常范围，如果超过 25 就要注意体重了。

⑦反应敏锐，眼睛明亮，眼睑不发炎。同学如果经常使用电脑，就要注意用眼卫生了。

⑧牙齿清洁、无空洞、无痛感，牙龈颜色正常，无出血现象。

⑨头发有光泽，无头屑。

⑩肌肉和皮肤富有弹性，走路轻松匀称。

从这十条标准可以看出，健康包括身体健康、心理健康和社会适应良好等几个方面，它们相辅相成，缺一不可。严格来说，没有一种病是纯粹身体方面的，也没有一种病是纯粹心理方面的，因此我们在考虑自身的健康和疾病时，要注意身心两个方面的表现，只有身心健康的人，才是完美的健康人。

1.1.2.2　心理健康的内涵与标准

（1）心理健康的内涵。

心理健康是一个十分复杂的概念，不同的国家、不同的民族对之有着不同的认识。心理健康受到社会制度、民族风俗、传统习惯、道德观念、宗教信仰等因素的影响。

我国的心理学者认为，心理健康是指一种持续发展的积极的心理状态，在这种状态下的个体才能良好地适应社会，充分发挥身心潜能。也就是说，一个心理健康的人能够保持稳定的情绪、敏锐的大脑，具有适合社会环境的行为和适度的举止。心理健康的人能经得起各种诱惑和烦恼的考验。正如英国哲学家培根所说："经得起各种诱惑和烦恼的考验，才算达到最完美的心灵的健康。"

事实上，每个人都处在极度健康和极不健康的两端连线上的某一个点上，而且人的心理健康状态又是动态变化的，它只是反映某人在某一个特定时间内的特定状态。我们所说的心理健康是指在较长一段时间内持续存在的状态，而不是一时看到的偶然现象。

【知识链接】

心理健康的不同等级

根据国内外心理健康专家的研究，大致可将人的心理健康水平分为三个等级。第一等级，一般常态心理者。其主要表现为心情愉快，适应能力强，善于与别人相处，能较好地完成同龄人发展水平应做的活动，具有调节情绪的能力。第二等级，轻度失调心理者。其主要表现出不具有同龄人所应有的愉快，和他人相处略感困难，生活自理有些吃力。若通过自我调节或专业人士帮助，可恢复常态。第三等级，严重病态心理者。其主要表现为严重的适应失调，不能维持正常的生活、工作。如不及时治疗可能恶化，成为精神病患者。

资料来源：陈洁玲．心理健康水平一般分为哪三个等级？［EB/OL］．［2019-08-07］．http://idapeng.sznews.com/content/2019-08/07/content_22348597.htm.

（2）心理健康的标准。

1946年，第三届国际心理卫生大会提出了具体明确的心理健康的四个标志：身体、智力、情绪十分协调；适应环境，人际交往中能彼此谦让；有主观幸福感；在工作和职业中，能充分发挥自己的能力，过着有效率的生活。

美国心理学家马斯洛和米特尔提出的心理健康的十条标准（1951年）被认为是心理健康的"最经典的标准"。这十条标准为：

①充分的安全感；

②充分了解自己，并对自己的能力作出恰当的评价；

③生活的目标切合实际；

④与现实环境保持良好的接触；

⑤能保持人格的完整与和谐；

⑥具有向经验学习的能力；

⑦能保持良好的人际关系；

⑧适度的情绪表达与控制能力；

⑨在不违背社会规范的条件下，恰当地满足个人的需要；

⑩在不违背团体的要求下，能做有限度的个性发挥。

我国心理学家郭念锋教授从以下十个方面提出了评估心理健康的标准：

①周期节律性。人的心理活动在形式和效率上都有着自己内在的节律性，比如白天精力充沛，适合工作；晚上进入良好的睡眠，以便恢复体力，养精蓄锐。

②意识水平。意识水平的高低，往往以注意力水平的高低作为客观指标。如果一个人不能专注于一件事情，不能专注于思考问题，思想经常开小差，注意力容易涣散，就可能存在心理健康方面的问题了。

③暗示性。易受暗示性的人，往往容易随着周围环境及人物的变化而产生情绪的波动和思维的动摇，表现为意志力薄弱。

④心理活动强度。这是指对于精神刺激的抵抗能力。如果一个人抵抗力强，就不会因为一次强烈的精神刺激而出现过度反应，甚至生病。

⑤心理活动耐受性。这是指人的心理对于现实生活中长期反复出现的精神刺激的抵抗能力。慢性刺激虽然强度不是很大，却较长久，几乎时时刻刻缠绕着人的心灵，使之受到困扰。

⑥心理康复能力。这是指从创伤刺激中恢复到正常水平的能力。生活中，由于每个人的认识能力不同、知识经验不同、生活阅历不同，从打击中恢复过来所需要的时间也不相同。

⑦心理自控力。情绪的强度、情感的表达、思维的方向和过程都是在人的自觉控制下实现的。

⑧自信心。一个人是否有恰当的自信心是心理健康的标准之一。一个有自信心的人，能适度地表达自己，既不拘谨也不放肆，行为举止自然得体。

⑨社会交往。人作为社会群体中的一员，需要与其他人维持一定的交往水平。交往的形式是多种多样的，但都受着一定的社会准则和规范的制约和协调。

⑩环境适应能力。环境就是人的生存环境，包括工作环境、生活环境、人际关系等。

(3) 大学生心理健康的标准。

大学生要想判断自己或周围的人是否具有健康的心理，只要从自己日常的行为表现与感受分析，就可以检验出心理是否健康。但是，心理健康的标准随着时代的变迁、文化背景的变化而改变。根据我国大学生的实际情况，大学生的心理健康应具备以下八个标准：

①智力正常。智力是人的观察力、注意力、想象力、思维力和实践活动能力的综合。人类正常生活和社会活动应具备正常的智力，而大学生一般智力水平较高。遗传为智力发展提供了可能性，要使智力发展的可能性变为现实，还需要家庭、社会与学校教育许多方面的共同作用。表1-2揭示了血缘、环境与智力相关的程度。

表1-2　不同血缘关系者的智力相关

关系	相关系数
1. 无血缘关系又生活在不同环境者	0.00
2. 无血缘关系在同一环境长大者	0.20
3. 养父母与养子女	0.30
4. 亲生父母与亲生子女（生活在一起）	0.50
5. 同胞兄弟姐妹在不同环境长大者	0.35
6. 同胞兄弟姐妹在同一环境长大者	0.50
7. 不同性别的异卵双生子在同一环境长大者	0.50
8. 同性别的异卵双生子在同一环境长大者	0.60
9. 同卵双生子在不同环境长大者	0.75
10. 同卵双生子在同一环境长大者	0.88

②善于调节与控制情绪。情绪影响人的健康，影响人的工作效率，影响人的人际关系。所谓控制情绪，就是要让情绪适度，变消极为积极，喜不狂、忧不绝、胜不骄、败不馁。

③和谐的人际关系。和谐的人际关系是心理健康不可或缺的条件和途径，也是事业成功与生活幸福的前提。

【知识链接】

人际关系就是对话

对话产生于对别人说话，且得到别人的回应。这是双向的过程，使两个人或更多人讨论关于他们的事。失去了对话中的某一方，人际关系就会中止。

对话是直接和诚实的，要求异常的勇气，因为它是没有防卫的站门。

④意志健全。意志是人们自觉地确定目的，并根据目的调节和支配行动，克服困难去实现预定目的的心理过程。意志是人类特有的现象，是人类意识能动性的集中表现。良好的意志力表现在行动具有良好的自觉性、果断性、坚韧性、自制性。

盲目、优柔寡断、草率行事、缺乏毅力、办事幼稚、缺乏自制力、放纵、怯懦、缺乏信心和勇气都不是心理健全的表现。

⑤人格完整。人格是个体比较稳定的心理特征的总和。人格完整指作为人格构成要素的气质、能力、性格和理想、信念、人生观等各方面平衡发展。心理健康的学生所思、所做、所言、所行协调一致，具有积极进取的人生观，并以此为中心把自己的需要、愿望、目标和行为统一起来。如果个体内心冲突矛盾大、不稳定，就不能叫心理健康。

⑥能保持正确的自我意识，接纳自我。自我意识是人格的核心，指人对自己以及自己与周围世界关系的认识和体验。人贵有自知之明，心理健康的学生了解自己、接受自己、自我评价客观，既不妄自尊大，也不妄自菲薄。

⑦社会适应正常。心理健康的学生在环境改变时能面对现实，根据环境的变化调整自己，使自己的行为符合环境的要求。

⑧心理行为符合年龄特征。人在生命发展的不同年龄阶段，都有相应的心理行为表现，大学生应该具有与年龄相适应的心理行为特征，过于成熟或过于幼稚都是心理不健康的表现。

【知识链接】

幸福的公式

当代的人们更加开放地生活，我们坦言幸福，我们追求幸福。幸福在哪里？当代心理学告诉我们，幸福也是有指数的，总幸福指数是指你的较为稳定的幸福感，而不是暂时的快乐和幸福。看了一个喜剧电影，或者吃了一顿美食，这是暂时的快感；而幸福感是指令你感到持续的、稳定的幸福感觉，包括你对自己的现实生活的总体满意度和你对自己的生命质量的评价，即你对自己生存状态的全面肯定。这个总体幸福取决于三个因素：一是一个人先天的遗传素质，二是环境事件，三是你能控制的心理力量。美国著名心理学家塞利格曼提出了一个幸福的公式：总幸福指数=先天的遗传素质+后天的环境+你能主动控制的心理力量。其英文表达式为：$H=S+C+V$。财富和成功不能永葆幸福，而乐天派的情绪才是稳定的。金钱也买不来快乐！

【心理导航】

下面的这些问题能帮助你初步了解自己的心理健康状况。请认真阅读，并根据自己的实际情况，选择一个与自己最相符的选项（见表1-3）。

表 1-3 心理健康自我测定量表

题目		积分标准			
编号	内容	常有	偶有	罕有	从无
1	害羞	1	7	8	0
2	为丢脸而烦恼很久	0	6	12	6
3	登高怕从高处跌下	0	5	13	10
4	易伤感	0	5	15	8
5	做事常半途而废	0	4	12	4
6	无故悲欢	0	7	12	9
7	白天常想入非非	3	8	9	0
8	易对娱乐厌倦	0	8	11	6
9	易气馁	0	1	15	8
10	感到事事不如意	0	2	16	6
11	行路故意避见他人	0	3	11	10
12	常喜欢独处	0	2	6	0
13	讨厌别人看你做事，即使做得很好	0	8	11	9
14	对批评毫不介意	8	5	3	0
15	易改变兴趣	2	4	8	2
16	感到自己有许多不足	0	5	12	15
17	常感到不高兴	0	4	15	5
18	常感到寂寞	0	4	11	5
19	觉得难过、痛苦	0	1	11	16
20	在长辈面前很不自然	0	7	11	10
21	缺乏自信	0	9	11	8
22	工作有预期目标	8	6	0	2
23	做事无主见	0	7	10	11
24	做事有强迫感	0	4	5	3
25	自认运气好	11	7	6	0
26	常有重复思想	0	9	7	4
27	不喜欢进入地道或地下室	0	3	4	12
28	想自杀	0	3	5	13
29	觉得人家故意找茬	0	1	5	6
30	易发火、烦恼	0	5	18	13
31	易对工作厌倦	0	4	11	15
32	迟疑不决	0	10	10	8
33	寻求人家同情	0	1	9	2
34	不易结交朋友	0	2	9	5

表1-3(续)

题目		积分标准			
编号	内容	常有	偶有	罕有	从无
35	因懊丧影响工作	0	4	14	14
36	在许多境遇中感到害怕	1	0	16	7
37	可怜自己	0	0	11	9
38	梦见性的活动	2	3	6	0
39	觉得智力不如人	0	1	8	7
40	为性而烦恼	0	4	9	3
41	遭遇失败	0	4	14	6
42	心神不宁	0	9	13	6
43	为琐事烦恼	0	7	14	7
44	怕死	0	1	2	13
45	自己觉得有罪	0	0	12	4
46	想谋害人	2	3	5	0

结果评定：题目全部答完后，累计得分。男生 65 分以上为正常，10 分以下为心理疾患；女生 45 分以上为正常，25 分以下为心理疾患。

【心理自助训练】

下面列出的 12 种积极的生活态度可以帮助你保持健康，请与自己进行对照，并在生活中努力进行尝试：

（1）将转变视为机会，把恐惧感转化为能量、变为非常在乎的态度去把握良机。

（2）许下承诺，了解清楚自己人生中要追寻的事物，然后制定目标，全力以赴。

（3）坚守承诺，要有恒心追求目标，要明白面对困难仍有许多可行之计，时刻谨记自己的使命。

（4）面对不同的人生境遇，要知进退，有时应该勇往直前，有时要敢于放弃。

（5）面对逆境，保持信心，相信逆境令人增加斗志，尝试不同方法。

（6）乐观进取，凡事往好处想。

（7）培养幽默的力量。

（8）从错误中学习。

（9）保持客观。

（10）常做运动，身体健康，态度积极。

（11）建立自信，做好准备，掌握基础。

（12）主动沟通，乐于助人。

1.2　成长"助长剂"

大学阶段是大学生世界观、人生观、价值观形成的关键时期。在此期间，他们面临很多生理的、心理的和社会的冲突和挑战，经常会遇到学习、交友、恋爱、求职等各方面的困惑和问题。想要成功地克服这些问题，不仅仅需要自身的努力，同时，也需要其他专业人士的帮助。

【故事导入】

一对夫妇带着他们的儿子来到心理咨询室，希望他们的儿子能够接受心理咨询。他们表示对自己的儿子管教十分严格，他们的想法是自己以前的家境不好，也没有接受什么好的教育，所以一直到现在挣的钱都不是很多，因此他们将自己所有的希望都寄托在了儿子的身上。只为了能让他们的孩子能够聪明过人，能有一个好的未来。于是，儿子 2 岁的时候，就教他认汉字；3 岁的时候，教他背唐诗；4 岁的时候，让他学拼音、学写字；5 岁的时候教他练舞蹈；6 岁的时候，教他写短文。在他们的教育之下，这个孩子在很多方面都表现得十分优秀，最后考上了不错的大学。在高手如云的大学校园里，这对夫妇对他的要求依然很高，这无疑给他增加了巨大的压力。大一学期的第一次大型比赛前一晚，他发了高烧住进了医院，从此以后，他经常在梦中惊醒，心情也越来越糟糕，精力也无法集中，记忆力减退，学习成绩大幅下滑，人也越来越没有精神。

【故事点评】

在这个案例中，这对夫妇的儿子之所以出现严重的心理问题，和他童年时期的经历有很大的关系，这种经历沉淀在了他的记忆里，成为他成长路上的一个阴影，只有及时调整，他的情况才可能会好转。而这种调整单单靠他自身的努力是不够的，必须借助于专业人士的帮助。

【知识链接】

别用"放大镜"看苦恼

现代人常常觉得活得苦、活得累，其中很大的原因是我们常常用放大镜看苦恼，顾影自怜，最终难以自拔。心理学家为了研究人们常常忧虑的"烦恼"问题，做了下面的实验。要求实验者在一个周日的晚上把自己未来 7 天内所有忧虑的"烦恼"都写下来，然后投入一个指定的"烦恼箱"里。过了三周之后，心理学家打开了"烦恼箱"，让所有实验者逐一核对自己写下的每项"烦恼"。结果发现，其中九成的"烦恼"并未真正发生。然后，心理学家要求实验者将记录了自己真正"烦恼"

的字条重新投入了“烦恼箱”。又过了三周之后，打开了这个“烦恼箱”，让所有实验者再次核对自己写下的每项“烦恼”。结果发现，绝大多数曾经的“烦恼”已经不再是“烦恼”了。实验者发现，烦恼原来是预想的多，出现的少。心理学家从对“烦恼”的深入研究中得出了统计数据和结论：一般人所忧虑的“烦恼”，有40%是属于过去的，有50%是属于未来的，只有10%是属于现在的。其中92%的“烦恼”未发生过，剩下的8%则多是可以轻易应付的。因此，烦恼多是自找的。不是我们承受了太多的烦恼，而是我们不善于用快乐之水冲淡苦味。其实，在我们叹息、痛苦、焦虑甚至流泪时，快乐就在身边朝我们微笑。

资料来源：章月娥. 生活中切莫用放大镜看苦恼［J］. 山西老年，2017（10）：65.

1.2.1 心理咨询

人的心理、精神如同人的躯体一样，可以保持正常状态，也可能出现异常、障碍和疾病。人们对于躯体疾病和生理障碍一般容易理解和接受，并主动求医求治，但是对于精神疾病和心理障碍却不甚了解。我们大学生中，有一些人存在着不同类型、不同程度的心理问题，在日常学习和生活中深受其扰，却不知是怎么回事，也不懂去寻求心理咨询专业机构的帮助。

心理咨询与心理治疗都是消除心理疾病、保持心理健康、促进人格发展的重要途径和方法，它们与个体心理健康有着密切的关系。在这里，我们需要大致了解心理咨询与心理治疗的区别，这两者的工作任务不同，心理咨询的主要任务是促进个体成长，强调发展模式，帮助来访者发挥最大的潜能，为正常发展消除路障，其核心是帮助人成长；而心理治疗是要弥补个体过去已经形成的损害，比如精神分裂症、情感精神病等重度心理疾病。心理咨询与心理治疗作为应用心理学的分支在现代社会日益受到重视，应用范围非常广泛。大学生心理咨询就是心理咨询理论和方法在大学生这一特殊群体中的具体运用，其目的是帮助大学生解决心理问题，防止心理疾病的发生，提高其心理健康水平。

1.2.1.1 心理咨询的概念

心理咨询是心理学的一个分支，是指咨询者运用心理学的理论和方法，通过建立起良好的咨访关系，帮助来访者解决心理问题，提高适应能力，促进人格发展的过程。其实质是咨询者协助求助者解决各种类型的心理问题的过程。

1.2.1.2 心理咨询的对象

心理咨询的对象是正常人，是在日常生活中遇到某种精神压力引起心理冲突而寻求帮助的正常人，被称为来访者、求助者。

心理咨询的对象具体可分为三大类：

（1）健康者，其是指遇到了与心理有关的现实问题需要作出理想的选择，以便顺利地度过人生各个阶段而请求帮助的人群。

（2）亚健康者，其是指心理健康水平较低，在出现不同程度的心理问题后需要帮助的人群。

（3）一些临床治愈的精神病患者，心理咨询可以帮助他们恢复社会功能，防止疾病再度复发。

【知识链接】

导管人生

我们常以为人是一个容器，盛着快乐，盛着悲哀。但人不是容器，人是导管，快乐流过，悲哀流过，导管只是导管。各种快乐和悲哀流过，一直到死，导管才会空。

疯子，就是导管淤塞和破裂。

什么时候需要向心理咨询师求助

心理学家杨凤池认为，从广义上来说，没有谁不需要心理咨询师。我们一般在三种情况下应该向心理咨询师求助。第一种是有心理困扰、出现心理危机时；第二种是在面临人生重要决定时，比如在选择爱人、选择工作时，因为心理学认为每个人都有自己的盲点，这时就需要另一个受过专业训练的人来帮助你更清楚地认识自己；第三种是在你的烦恼不断出现、自己又无法排解时，或者是更深层意义上的，比如你老是在同样一类问题上深陷泥潭，那就应该求助。

资料来源：杨凤池. 心理咨询指南［EB/OL］.［2012-02-21］. https://wenku.baidu.com/view/02b7e6c258f5fb1fb7366667.html.

1.2.2　当我需要帮助时，我该如何表达

【故事导入】

入学几个月的小月越来越苦恼，她发现自己对异性没有任何的兴趣，对同性反而比较关注，对于自己的这种状态，她意识到了自己与别人的不同，总会觉得别人用异样的目光注视着自己。她心情越来越抑郁，整个人非常的颓废，什么也不想做。在一次公共选修课上听讲课老师说学生处设有心理咨询室，小月很想去咨询一下。但是她对心理咨询一点都不了解，有很多的顾虑，比如：咨询收费吗？咨询需要多长时间？如果我去心理咨询的事情被同学们知道了，他们会不会觉得我有病？心理咨询师会不会在知道我的性取向后指责我，甚至告诉我的父母和老师？

【故事点评】

在了解了心理咨询应该遵循的基本原则后，下面我们对心理咨询进行更多的了解。

1. 心理咨询收费吗？

目前社会上的心理咨询机构基本上都是收费的，收费标准不一。但是，高校一

般都面向学生开设心理咨询室，且免费为学生咨询。

2. 每次咨询的时间有多长？

人们日常提到的“心理问题”一词，有着多重的含义，它既包括平常极易出现的心理烦恼，也包括一些暂时性的心理问题。因此对于解决心理问题到底要多久，任何人都无法笼统描述，而需要具体问题具体分析。不同问题所需要的时间不同，相似的心理问题的解决也会因个人心理素质不同，需要的时间也有所差异。

一般来说，一次会谈的时间为40~60分钟。这样，有利于来访者对在会谈时间内接收的信息进行消化吸收，并调整自己的行为。如果一次会谈时间太久，超量的信息反而会使来访者的收获下降。

3. 心理咨询=有病？

有的同学会担心，如果我去接受心理咨询，是不是代表我有病？其实不然。我们需要明白心理咨询的核心是帮助人成长。每个人都有“不能”的事情，每个人的成长中都有遗憾的地方，心理咨询是带你回到曾经的创伤中，疗愈自己、打扫自己，绝不是代表“我有病”！并且，去主动寻求心理咨询，是有较强生命力的象征，是你追求更高自我成就的象征。因此，接受心理咨询很正常，也绝不丢人。

4. 正式咨询前，需要做些什么样的准备？

在你与咨询机构进行了电话预约、当面预约或网络预约后，你需要有以下一些准备：

（1）树立信心和勇气，即相信自己有能力在心理咨询师的帮助下，做出自己想要的改变，并且有勇气面对因此可能出现的困难并努力解决它。

（2）有耐心和毅力。心理问题是各种原因长久积蓄的结果，解决它需要时间和过程，更需要当事人的耐心和努力，急于求成的态度不可取。在咨询的过程中，你可能会有退缩的想法，但是要坚持下去。

（3）有承受痛苦的能力。在咨询的过程中，你必须做出一些改变，这就意味着你不得不审视一些原来习惯的东西，克服一些旧有的思维模式和行动方式，建立一些新的思维模式和行为模式。

（4）有自我承担责任的思想准备。任何人（包括心理咨询师）要改变自己都是不容易的，除非是自己愿意改变自己，并有思想准备承担其后果。

（5）有自我承担、接受自我内心体验的思想准备，愿意接受不同的内心体验，并且把它们看成人生中必需的东西。

5. 在心理咨询过程中，应该做些什么？

在咨询过程中，要坦诚地向咨询师表露自己，不必掩饰或伪装。咨询师会跟你讨论你所谈及的问题，但不会对你所谈的东西进行正确或错误的判断。你应把自己个人的限制、内心真正的困惑或咨询过程中产生的问题、感受都及时地与咨询师沟通，以便咨询师更好地了解你的真正意图，更有效地帮助你，从而更快更好地达到咨询效果。

6. 心理咨询中来访者有哪些知情权?

知情权包括：心理咨询的一般目标、心理咨询师的责任、来访者的责任、保密原则的局限性和例外情况、咨询关系中的法律和伦理因素、心理咨询师的资格和背景、咨询的相关费用、整个咨询过程大约持续的时间。另外，还可以包含进一步的内容，比如咨询的收益、咨询的风险等。

7. 作为来访者，有哪些责任、权利和义务?

来访者的责任包括以下几个方面：

①向咨询师提供与心理问题有关的真实资料；

②积极主动地与咨询师一起探索解决问题的方法；

③完成双方商定的作业。

来访者的权利包括以下几个方面：

①有权利了解咨询师的受训背景和执业资格；

②有权利了解咨询的具体方法、过程和原理；

③有权利选择或更换咨询师；

④有权利提出转介或中止咨询；

⑤对咨询方案的内容有知情权、协商权和选择权。

来访者的义务包括以下几个方面：

①遵守咨询机构的相关规定；

②遵守和执行商定好的咨询方案各方面的内容；

③尊重咨询师，遵守预约时间，如有特殊情况提前告知咨询师；

④按规定缴费；

⑤不试图与咨询师产生咨询以外的任何关系。

【心理导航】

心理自测

本问卷的目的在于了解您对心理咨询的看法，其答案没有好坏对错之分，请根据自己的实际情况回答是或者否。

1. 我认为心理咨询是非常有用的。
2. 我大致了解心理咨询的收费情况。
3. 我认为心理咨询师最重要的职业道德是保密。
4. 我认为心理咨询对心理健康是必要的。
5. 我认为心理咨询在平常生活中的应用并不广泛。
6. 我认为心理咨询师可以看透别人的心理。
7. 我认为接受了心理咨询就一定可以解决所有问题。
8. 在心理咨询中，我只对催眠有兴趣。
9. 如果可以的话，我愿意在固定时间去做心理咨询。

10. 我认为去做咨询的人都是心理有问题的。

11. 我喜欢做杂志上的心理题。

12. 我认为心理咨询就是心理治疗。

评分与说明：

（1）是；（2）是；（3）是；（4）是；（5）否；（6）否；（7）否；（8）否；（9）是；（10）否；（11）否；（12）否。

回答一致记 1 分，不一致不记分。分数越高，说明对待心理咨询的态度越正确。

【心理自助训练】

生活在现在

格式塔疗法是由美国精神病学专家弗雷德里克·S. 珀尔斯博士创立的。根据珀尔斯最简明的解释，格式塔疗法即对自己所作所为的觉察、体会和醒悟，是一种自我修身养性的疗法。它的实施简便易行，应用范围非常广泛。格式塔疗法有 10 项原则，基本原理为：①生活在现在。不要老是惦念明天的事，也不要总是懊悔昨天发生的事，把你的精神集中在今天要干什么上。②生活在这里。对于远方发生的事，我们无能为力。杞人忧天，对于事情毫无帮助。所以记住，你现在就生活在此处此地，而不是遥远的其他的地方。③停止猜想，面向实际。很多心理上的障碍，往往是没有实际根据的“想当然”造成的。④暂停思考，多去感受。感觉可以调整、丰富你的思考。⑤接受不愉快的情感。愉快和不愉快是相对而言的，同时也是相互依存和相互转换的。既要有接受愉快情绪的思想准备，也要有接受不愉快情绪的思想准备。⑥不要随意下判断。先要说出你是如何认为的，就可以防止和避免与他人不必要的摩擦和矛盾冲突，而你自己也可以避免产生无谓的烦恼与苦闷。⑦不要盲目地崇拜偶像和权威。既不丧失独立思考的习性，也不要无原则地屈从他人，从而放弃自主行动的能力。⑧我就是我。要从我做起，从现在做起，竭尽全力地发挥自己的才能，做好我能够做的事情。⑨对自己负责。不要把自己的过错、失败都推到客观原因上。⑩正确地自我估计，把自己摆在正确的位置上。

常见的不合理信念

理性情绪疗法由美国著名心理学家阿尔伯特·艾利斯创立。该理论认为引起人们情绪困扰的并不是外界发生的事件，而是人们对该事件的看法、态度、评价等认知内容。因此，要改变情绪困扰不是致力于改变外部事件，而是应该改变认知。通过改变认知，进而改变情绪。

理性情绪疗法认为人的想法应分为理性和非理性，理性想法是指人们对自己、他人或生活中的情况持有健康的想法和信念。非理性想法可以归纳为两种类型：一种是“夸大”，另一种是“不切实际的要求”。艾利斯通过临床观察，总结出日常生活中常见的产生情绪困扰的 11 类不合理信念，分别是：①一个人应被周围的人喜欢和称赞，尤其是生活中重要的人；②一个人必须能力十足，各方面都有成就，这样才有价值；③那些邪恶可憎的人及坏人，都应该受到责骂与惩罚；④当事情不如意的时候，是很可怕也很悲惨的；⑤不幸福、不快乐是由于外在因素所造成的，个人无法控制；⑥我们必须非常关心危险可怕的事情，而且必须时时刻刻忧郁，并注意它可能再次发生；⑦面对困难和责任很不容易，倒不如逃避省事；⑧一个人应该要依靠别人，且需要找一个比自己强的人来依靠；⑨过去的经验决定了现在，而且是永远无法改变的；⑩我们应该关心他人的问题，也要为他人的问题感到悲伤难过；⑪人生中的每个问题都有一个正确且完美的答案，一旦得不到答案，就会很痛苦。

专题 2　认识自己

2.1　我就是我

苏格拉底讲过一句话："认识你自己。"这句话至今铭刻在德尔斐神庙的大门之上。对自我的认识虽然困难却很重要，不论是古今中外的大家，还是已经走过一生的平凡人，都曾思考过这样的问题：我是谁？我从哪里来？我到哪里去？相信同学们自己也有思考过吧。大家试想下，在这一刻你能很自信地回答你对自己很了解吗？我相信大部分同学都是处于迷茫、认识模糊甚至偏差的状态。现在我们一起来学会探索自己、认识自己。

【导入故事】

"丑小鸭"的苦恼

小朱，女，大一新生。她曾经是一位幸运儿，通过自己的努力考上了理想的大学。但是入学后她发现大学生活没有自己想象中的那么美好，觉得自己与大学生活格格不入。她到学校心理咨询中心咨询时说道："老师，你没有发现我长得很丑吗？你看我的眼睛不一样大，是先天的弱视，我的嘴唇比别人的难看，又大又厚……总之，好丑呀！上高中的时候，我一直很优秀，成绩总是在班里排名第一。但是我的内心感到很孤独，心情一直很压抑。因为在高三时我喜欢上了同班的一名男同学，也许这就是'情窦初开'吧！心里感到很幸福，可当我知道那个男生和同班的一个女孩关系很要好，而且从来没有注意过我时，我就理智地告诉自己，尽管我的学习成绩在班上最出色，但肯定是我的长相不够漂亮，所以没能把他吸引过来。因此，我的渴求也是以彻底失望告终……现在，我又遇到相同的问题了。同班一位男孩很喜欢同我讲话，还约我和他一起上自习，可是我很自卑，觉得自己是个失败的人，从来不敢和他正面讲话，说话的时候也总是低着头。每次都是他先和我说话，他主动找我，我没有勇气去主动找他。”

【故事点评】

相貌很大一部分都由基因遗传决定，个人无法选择。处于青春发育阶段的个体，对自己的相貌会过分看重。像小朱这样的女生在大学里并不少见，只是表达的形式和程度不同而已，处于她们这个年龄阶段即使在理智上懂得心灵美重于外在美，但仍然会因自己相貌出众、平平或丑陋而产生满意、自豪、不满意、自卑等不同的情绪体验。这种体验由“情窦初开”而强化。小朱的苦恼正是由此产生，她因为自己的长相问题，觉得自己是只“丑小鸭”，从而产生自卑、不自信、胆怯、退缩等心理。

由此可见，在自我认识基础上产生的自我体验会直接影响人的心理健康，一个善于认识自己的人会更加成熟，也更能把握生活，从而获得幸福和成功。对于类似小朱这样的问题，我们应该帮助她正确看待相貌的美与丑，外在美与内在修养的关系，正视自己，坦然接受自己的缺点，自然、大方、坦诚地与他人（包括那位男孩）交往。

2.1.1 自我意识的内容和形成

2.1.1.1 自我意识的内容

自我意识是指个体对自己身心状态及自己与周围世界的关系的意识。有研究指出，自我意识的形成与发展经历了三个过程：一是生理自我。即对自己生理状态的认识和评价，包括身高、体重、长相、性别等方面。二是心理自我。即对自己思维、情感、意志等心理状态的认识和评价。如“我是一个受欢迎的人”“我的情绪调控能力很强”“我是一个意志力薄弱的人”等，个体对自己进行心理评价时，往往会出现自我认知偏差的情况，对自己的认识常过分夸大或低估自身客观事实基础以及忽视他人的评价。三是社会自我。即主体对自己在社会关系、人际关系中角色的认识、评价和体验。如“我地位高”“我在我的朋友圈子里是最有影响力的人”等。社会自我发展得好，个体将会有一个良性的社交圈子，对外界事物也乐于接纳和开放，体验到更高的幸福感；如果发展受阻，就会出现退缩、逃避、攻击等不良行为，导致自卑、焦虑、抑郁等心理失衡状态，影响社交行为，从而影响自我的意识发展和完善。

自我意识对于个体的成长和发展具有十分重要的作用。首先，自我意识决定个体行为的持续性和目标性。人是社会性的动物，个体的现实行为除受外在社会因素、所在的情境决定外，在很大程度上还与自己的自我意识、自我认知、自我概念及自尊等内在心理活动状态紧密相连。有研究显示，自我意识评价积极的学生，他们的学习动机、学习投入及学习成绩优于那些自我意识评价低的学生；当学生对自己评价和体验不佳时，他们会找出各种理由放松对自己行为的控制。也就是说，个体在决定自己如何行为以及以哪种方式去行动的前提条件在于其对自己的认识和评价(即自我意识的状态)。其次，自我意识决定个体对经验的解释。在日常生活中我们经常发现，同一件事发生在不同的人身上，尽管他们获得完全一样的经历，但在事件的认识和理解上存在很大的差异。这种现象存在的主要原因之一在于他们的自我认识能力不一样。认识经验的方式体现人的意识。比如一个自认为其能力一般，也只能获得普通成绩的学生，对于在某些考试阶段取得优异成绩时，他们会很开心，感到十分高兴；然而，同样的成绩，对于平时就认为自己学习能力很强，在每次考试中都应该取得出众成绩的学生来讲，会认为自己很失败，会产生沮丧、失望等消极情绪。研究证明，当个体存在消极的自我意识状态时，每一种经验都会自动地出现消极自我评价倾向；当个体具有积极的自我概念时，即使是失败的经验，他们也会尽量给事件赋予积极的含义，努力寻求解决途径。最后，自我意识影响个体的期望水平。自我意识不仅对个体现在的行为和个体对过去的经验解释产生影响，而且还会影响个体对未来事情发生的期望。这是因为，个体的期望水平是在自我意识的基础上逐步发展形成的，其期望结果取决于自我意识的性质。相关研究证明，成绩差的学生一直处于不稳定的状态并不是单方因素决定的，而是他们的整体行为动力系统出现自我概念偏差、角色混乱的结果，长此以往的状态容易形成一个新的自相一致的系统，从而使整体系统偏离正常人思维模式。也就是说，差生的成绩长时间处于落后状态是他们自身内在评价系统期待的结果。

2.1.1.2　自我意识的形成

人的自我意识不是出生就具有的，而是经过个体后天在环境中社会化逐步形成与发展起来的。新生婴儿不具有自我意识，最初只能辨认外界客体的属性，然后才开始逐渐认识自己。一岁以前的婴儿没有客体永久性概念，也就是说，他们完全不能意识自己的存在，也不能辨别主客体的差异。比如，他们喜欢把自己的手指放到嘴里作为玩具吮吸，主要是因为他们不知道手指也是自己身体的一部分。

一岁左右的儿童，开始产生了自己的感觉，能将自己的动作和动作的对象进行区别，这是自我意识最原始的形态。比如儿童能察觉和知道自己的手和脚趾头是属于自己身体的一部分，咬自己的手和脚产生的感觉和咬其他东西（毛绒玩具、糖果等）产生的体验不一样。阿姆斯特丹（B. Amsterdam）等人的点红实验也证明，24个月的婴幼儿已经具有了自我意识。20~24个月的婴儿处于自我意识萌芽阶段，他们开始能理解镜子中的“他”是自己，并能与外界的物体进行区别。

【知识链接】

阿姆斯特丹采用动物学家盖勒帕在研究黑猩猩是否能知觉自我时使用的点红实验来研究婴儿的自我觉知。实验中，实验者在88名3~24个月的婴儿鼻子上涂一个无害的红点，然后在旁边观察婴儿自身照镜子时的反应。研究结果发现，如果婴儿在镜子里能立即发现自己鼻子上的红点，并用手去摸它或试图抹掉，这表明婴儿已能区分自己的形象和外加在自己形象上的东西。此外，在研究中阿姆斯特丹发现婴儿对自我形象的认识大体要经过三个阶段。第一阶段是游戏伙伴阶段：6~10个月。在这个阶段，婴儿开始对镜子里面的自己很好奇，但是他们不知道那是自己。第二阶段是退缩阶段：13~20个月。此阶段婴儿关注镜子里出现的物体和镜子外面的物体的相互关系，此时对镜子里面出现的动作伴随自己的动作更是感兴趣，但与镜子中出现的那个“自己”交往的积极性不高。第三阶段是自我意识萌芽阶段：20~24个月。此阶段婴儿开始从成人那里知道自己的名字并学会了使用名字，他们能将自己和别人相区别。儿童能够使用自己的名字，是自我意识发展中巨大的飞跃。儿童在三岁左右时，学会使用了人称代词“我”来代表自己，表示他开始对自己的心理活动过程和内容有一定的意识，这也是个体自我意识的萌芽阶段，由此实现自我意识发展的又一次飞跃，即将自己从客体转换为主体来认识。如小孩子在吃饼干，家长问孩子“你吃的谁的饼干?”孩子会说“我自己的”，而不是说妈妈的或奶奶的等其他人物。不过这个阶段的儿童对自己的心理活动还不具有意识性，不会像成人一样进行推理分析。

资料来源：AMSTERDAM B. Mirror self-image reactions before age two [J]. Developmental Psychobiology，1972，5 (4)：297-305.

随着儿童年龄的增长，身体和智力的快速发展，认识能力提高，对自我的认识及评价也出现了新的飞跃。在进入少年期、青年期时，自我意识发展已经从童年期的认识模糊到逐渐清晰，他们的认识从开始指向外部世界发展到自身内心活动的关注。在这个阶段，自我意识的发展趋向于成熟，基本完成。青年期的个体会考虑很多问题：我的长相怎样？我是谁？我以后想成为什么样的人？我相对于他人来讲有什么特长？我在大家心目中是怎样的形象？他们除了努力思考这些问题外，还会努力探索解决问题的答案。同学们，你们对自己的认识准备好了吗?

2.1.2 大学生自我意识的发展

进入大学的学生，脑海里经常会浮现这样的哲学性的问题：“我是谁?”“我应该成为怎样的人?”“我上大学的意义在哪里?”现在我们回到一个简单的问题：请你向大家做自我介绍时，你首先是对自己的特征进行介绍（比如你的体型是高、矮、胖、瘦，你的性格是内向腼腆还是外向活泼可爱），还是从社会类别角度如哪里人等进行介绍。其实在生活中，大家可以发现我们在向他人介绍自己的时候更喜欢使用概括性的语言进行总体性评价，如“我是一个合格的大学生”“我是一个学习认真刻苦，工作上有较强的责任感，但有时候执行能力比较弱的人”等。这些评价都是大学生自我意识的真实表现。

自我意识是人特有的心理活动，它不是生而有之的，而是个体在社会环境中，在与他人的相互关系中逐步形成和发展起来的。一般而言，大学生对自己的认识可以通过他人反馈、反射性评价、自身行为判断和社会比较四个方面逐渐形成和完善。但是大学生在自我意识发展过程中会经历分化——从冲突到统一的过程。随着自我意识的分化，大学生一方面会出现许多自己尚未发现的“自我”细节，另一方面在自我同一性分化过程中也会出现许多冲突，这些冲突具体表现如下：

2.1.2.1 理想自我与现实自我的冲突

理想自我是指个人想要达到的完美形象，是个人追求的目标，它引导个体实现理想中的个人自我。现实自我是指个人从自己的角度出发，对现实中自我的各种特征的认识，具有很强的主观性。在现实生活中，理想自我和现实自我两者之间存在一定的差距，适度的距离能激励人奋发向上，让现实自我朝理想自我发展，形成良好的自我同一性，获取相应的成就。但是，若两者之间差距过大，就可能引发一系列认知失调等心理问题，比如自我设限现象，自卑、消极逃避，严重的甚至演变为人格分裂。

青春期的大学生，尤其是刚踏入校园的他们，对大学校园充满了无限的期待，渴望通过大学这个平台来实现他们心中承载的梦想和抱负。尤其是当今市场经济多元化发展的状态下，人们更多强调个人成就价值，许多大学生心中都藏着如乔布斯、马云、马化腾等成功的职业领军人物一样的理想，但是当他们踏入大学校园，面对同学之间关于家庭背景、学习、生活方式、人际适应等方面的差异时，就出现了理想与现实的严重脱节。尤其是大一新生会出现“动力缓冲带”和“理想真空带”，原有的豪情壮志在现实环境中处处碰壁，部分甚至因找不到方向而自暴自弃，放弃原有的理想抱负。理想自我与现实自我之间存在矛盾性是这一阶段大学生自我意识发展的主要组成部分。当两者之间发生冲突时，积极的自我调节显得非常重要，这时大学生需要平衡这两者之间的冲突，学会调整和评估自己的目标，直到两者协调发展。

2.1.2.2 独立与依附的冲突

从高中进入大学，大学生一方面具有很强的独立意识，他们希望自己在生活、学习、经济、思想等方面免受家长的教条式管束，真正地像成人一样独立地生活；但另一方面由于自我意识发展不够完善，在宽松的环境和较大的自主性下，他们在心理上无法处理生活中遇到的各种棘手问题，又必须依附于成人，进而无法实现真正的人格独立。这样，独立意识和依附心理的矛盾就成为大学生苦恼的问题之一。

当然，独立并不代表我行我素，不需要任何人的指点和帮助，不需要依赖他人，而是强调责任性，个体有意向对自己的行为负责。“小溪只能泛起破碎的浪花，百川纳海才能激起惊涛骇浪”。个体固然重要，但有时候也需要与他人团结协作才能发挥更大的能量。需要强调的是，独立的人往往喜欢依靠自己的能力和意志去攻克难题，他们具有审时度势、掌控事态发展的能力，具有很强的判断和决策能力，能够对自己的行为结果负责。

过分的依附容易导致大学生对客观事物缺乏判断能力和决策能力，做事犹豫不决，毫无主见；而过分的独立也会使部分学生过于自信，做事情以自我为中心，自我膨胀，不考虑他人感受，毫不利人，在遭遇挫折的时候缺乏社会支持，处于孤立无援的状态。

2.1.2.3 自负与自卑的冲突

大学生在自我意识的发展过程中，对自我的认识比较理性、客观、全面，就会形成积极的自我肯定，这是一种健康的心理，是健全自我意识与成熟人格的标志。但是，大学生的自我意识尚未发展完善，有时对自身的认识评价和现实状况之间悬殊太大，失去自我平衡，导致心理冲突，形成自我认识偏差，出现过分抬高自己——自负或自恋、过分贬低——自卑等不良自我评价。自负对于大学生来讲主要表现为“我行，你不行”。部分大学生高估自己，有很强的自我优越感，常常觉得自己高人一等，喜欢放大自己的长处，同时也喜欢拿自己的长处同他人的短处相比较。这部分人有很强的自尊心，当别人成功时，其嫉妒之心油然而生，会想尽办法去打击和排斥他人，并把对方的成果归因于运气等外在因素；同时，当别人失败时，他们会心中窃喜，不会同情他人，也不向对方提供任何帮助。

自卑对于大学生来讲主要表现为“我不行”。自卑感是普遍存在的心理状态，它是因为个体过于贬低自己而产生的一系列焦虑、悲伤、压抑等情绪表现。个体心理学家阿德勒曾讲过，每个人都存在不同程度的自卑，合理利用自卑情结就能超越自我，完善自我。但是，少部分人会因为自卑感而消沉甚至是自我毁灭。在大学生群体中因为小小的考试失败、宿舍关系处理不好、恋爱受挫、大学生生活方式不适应等，他们就倾向于怀疑自己的能力或是怀疑自己是否存在性格缺陷等，进而产生自我怀疑、自我拒绝，甚至是不接纳自己，其结果则是陷入自卑状态，失去进取的驱动力，丧失自我调控的能力。

自负也好，自卑也好，归根结底还是与大学生在自我认识的发展过程中存在偏差有关，自我认识偏差的状态不利于他们的健康发展、成长成才。大学生应当正确客观的认识自我，避免自我认识偏差的出现。

2.1.2.4 渴望交往与自我保护意识之间的矛盾

青春期的大学生渴望得到同辈群体的认同和归属感，渴望经验交流与分享，渴望友情与爱情的呵护，渴望自我价值得到体现，渴望成为大众之中最闪耀的明星。但是，部分同学在成长过程中长期受到父母等长辈的精心呵护，并时刻被教育不要和陌生人讲话，要学会提防他人，再加上社会环境各种事故的频繁发生，使得大家有很强的自我防范意识，导致自我封闭，不善言谈。这种渴望交往与过强的自我保护意识所形成的自我封闭间的冲突，使部分大学生不善于人际交往，不知道如何同老师、同学交流，从而造成一定的心理困扰，甚至是人际交往障碍。

2.1.3 大学生自我意识的培养

2.1.3.1 自我意识的健康标准

健康的自我意识对人的心理健康起着关键作用，它影响着健全人格的形成与发展，在人的发展中发挥着举足轻重的作用。健全的自我意识是心理健康的重要标准，是人类自我内在的一种成功机制，在个体的人生发展过程中起着关键作用。健全的自我意识标准如下：

自我意识健全的人有自知之明，能够清晰地认识到自己的优势和劣势，并且能够正确评价自我和促进自我发展。

自我意识健全的人具有协调自我认识、自我体验及自我控制三者关系的能力。

自我意识健全的人善于自我肯定，独立并能与外界步伐保持一致。

自我意识健全的人能妥善处理理想自我和现实自我，实现自我统一，对待外界时有积极的目标意识和自省意识，保持乐观心态，积极进取。

2.1.3.2 完善大学生自我意识的途径

（1）以他人为镜。

美国社会学家库利提出了“镜中我”理论，他认为人的行为主要取决于对自我的认识，而这种认识必须通过与他人的社会互动形成，他人给予自己的评价、态度等属于“镜中我”反应的主要部分，个体往往倾向于通过这面“镜子”获取自我价值。因此，个体建立合理的参照体系和立足点对正确认识自我非常关键。在以他人为镜时需要注意从两个方面进行比较：一是可以通过与他人比较认识自我，二是可以通过他人评价认识自我。

（2）自我反省。

古人有云：“吾日三省吾身。”我们可以通过写日记、自我对话、同自己的过去和现在进行比较等方式进行自省。自省是指通过自我意识的反省特征来发展自我意识的独立性和积极性。韩进之通过大学生自我意识反省调查发现：完全能进行自我反省和自我调节的学生中，大一学生占10%，大二学生占6.25%，大三学生占28.75%，大四学生占46.25%；具备自我反省能力但需要他人帮助的，各年级均在50%以上；没有自我反省意识的，各年级比例占2.25%~6.25%。研究结果还发现部分大学生意志消沉，缺乏责任感，安于现状不思进取。因此，人们就必须通过自我反省来随时了解、认识自己的思想、情感与行为表现，从而在吸取经验教训过程中不断完善自我。同时这也是追求自我发展的一种积极向上的表现形式。

（3）有效自我控制。

自我控制是指个体有意向主动改造自我的过程，是个体能理性认识自己态度的细化过程，同时也是大学生发展健康自我意识和完善自我的渠道。

通常来讲，大学生的自我控制能力主要可以从以下几方面来完善：

其一，建立合理的抱负水平，确定适合现实自我发展的理想自我。即通过现实环境分析，建立自己的具体奋斗目标。通过小步子教学法，把远大的理想分解为大小不等的子目标，由低至高，由近及远，循序渐进，逐步实现。需要强调的是每个子目标必须合理、科学，经过奋斗可以实现；否则，个体容易出现挫败感，导致无疾而终。

其二，增强自尊和提升自信心。激发个体为实现理想自我而主动积极奋斗的驱动力，达到做任何事情都充满自信，在看清形势下，满怀信心地思考和付诸行动，努力争取自己所需的理想状态。

其三，培养坚韧的意志和健康的性格，发展忍耐力和自制力，增强受挫折的心理品质，让自己能够认清目前状况，为了自己的梦想而披荆斩棘，排除万难，正确地面对成功与失败。

【心理导航】

1. 认识自我

巴纳姆效应：人贵在自知，难在自知

“巴纳姆效应”是一种现象，是指人们很容易受到外界信息的暗示，出现自我知觉的偏差，认为一种概括性的、十分模糊及普遍的人格描述是自己的真实写照。

这个效应是根据一位叫肖曼·巴纳姆的魔术师的名字来命名的。他曾经在评价自己的表演时讲，他之所以受欢迎是因为节目中囊括了每个人都喜欢的成分，所以使得观众“每一分钟都会有人上当受骗”。后来，心理学家为了证实巴纳姆效应的有效性，设计了一个著名的实验：他们让一群人做完人格特征测试后，拿出两份结果让被试者判断哪一份是自己做的结果。第一份是被试者做的结果，第二份是多数人回答平均起来的结果。实验结果令心理学家感到十分吃惊，三分之二的被试者都坚定地回答说，第二份测试更准确地描述了自己的人格特征。

根据这个效应，我们可以认识到：

人们通常总认为自己很了解自我，而且也相信对自己的处境能进行正确地判断，但事实发现，人们在生活中实际上很容易受到外界因素的暗示，习惯于以外在的标准去判断和衡量自己，因此常常导致对自身认识不准确。

此外，通过巴纳姆效应，我们可以发现：

人贵有自知之明，唯有自知才能认清自身的长短，从而扬长避短，使自己在社会中更好地赢得一席之地。同时，巴纳姆效应也告诉我们：人难有自知之明。虽然人们总是自认为了解自己，可真正具有自知之明并非易事。也正因为难在自知，所以有很多人经常看不到自身的缺点与不足，也不能很好地利用自己的优点与长处。他们常常选择了不适合自己的发展方向或人生道路，甚至在选择朋友与伴侣时也要走很多弯路。

因此，人们在分析自身优劣势的时候，一定要尽可能地保持冷静和客观。既不要一味地自我膨胀，也不要过分地自轻自贱。在面对别人的评价时，也要理性分析，既不要盲目听从，也不要一味排斥，要积极地吸收和借鉴那些对我们来说客观有用的指导，有效地甄别和过滤那些不负责任的猜测与妄断。

心理学与生活：

《吕氏春秋·先己》中说，要想战胜别人，必须先战胜自己；要想品评别人，必须先品评自己；要想认识别人，必须先认识自己，这是对“自知”最好的阐释。一个对自己都不了解的人是无法对自己今后的人生与未来发展道路作出科学判断的。人们若能做到客观理性地分析自己，认真清醒地反省自己，充分利用自身长处，积极修正自身缺陷，那么必然能够在未来的人生道路上获得巨大收益。

资料来源：佚名. 巴纳姆效应：人贵在自知，难在自知［J］. 心理健康医生，2011（4）：30-31.

独特的我

目的：协助学生认识自己的长处和短处，学会欣赏自己的长处，接纳自己的短处，扬长避短，并找到优化自我的方向。

操作：

第一步，分小组，每人分发表格“独特的我”。

第二步，老师先说明每个人都很独特，有自己的所长所短，了解自己非常重要，可以充分发挥自己所长，走自己独特的发展道路。再让学生独自填写表格。

第三步，写完后在小组内交流。

第四步，每组派代表在大组内分享。

练习：独特的我

我的长处：	我的短处：
这些长处和短处是怎样影响我的？	
当我发现了这些以后，我的感觉是：	

2. 关于自我的相关理论

（1）弗洛伊德人格结构理论。

弗洛伊德认为人格结构由本我、自我和超我构成。本我和超我是人格的两个组成部分，它们不断进行斗争；而自我是人格的另一部分，负责协调两者的矛盾。具体内容见表 2-1。

表 2-1　弗洛伊德的人格结构理论

人格结构	层级	追求原则	表现
本我	最低层	快乐原则	本我是原始的潜意识聚居地，在此蓄积决定我们人格的基本内驱力、动机及本能欲望。本我像个小孩子一样，喜欢凭冲动办事，总是把满足各种本能欲望放在首位，尤其表现为性、生理和情绪的快乐，而不计行为的后果

表2-1(续)

人格结构	层级	追求原则	表现
自我	中间层	现实原则	自我需要担负起协调本我和超我冲突的责任。自我是头脑中有意识、有理想的一部分。自我需要在满足本我欲望的同时，又不违背个人道德原则或者不采取产生不良后果的行为。比如，你的银行卡里多了一笔意外的收入，这时你的本我会引诱你默默地收下这笔钱，但是超我则会坚持这是不属于你的劳动成果所获，你应该想办法物归原主。这时，自我就会站出来协调两者的冲突并寻找办法，比如把多的钱退还银行，自己做件开心的事情奖励自己。也就是说，自我会想各种办法使本我和超我的需要得到满足，但是当本我、超我和环境压力不断增强的状态下，自我就很难处理两者关系，最终的结果可能是自我思维紊乱或者行为异常，甚至会出现精神疾病
超我	最高层	完美原则	超我是负责个体价值观和道德观的“警察”。超我所坚守的这些价值观和道德感基本是从父母和后天社会环境中学来的。超我和我们平时所讲的良心很相似。当小孩在成长过程中，受父母和其他社会群体规则的约束形成一套自我评断标准，超我也就逐渐形成。它扮演着时刻在内心告诫我们可以做什么、不能做什么的角色。超我还包括理想的自我，即个人通过努力想要成为的那个人。超我经常会和本我的欲望起冲突，主要是本我想要做能让自己感觉愉悦的事情，而超我则会要求所做的事必须是合乎道德的

（2）乔哈里视窗理论。

乔哈里视窗理论最初是由乔瑟夫（Joseph）和哈里（Harry）在20世纪50年代提出的。他们认为人对自身的认识是一个不断探索的过程。每个人的自我都有四部分：公开的自我、盲目的自我、隐秘的自我和未知的自我。为了让人对自己能更客观的了解，可以同他人分享隐秘的自我，通过他人的评价减少盲目的自我。乔哈里视窗理论见图2-1。

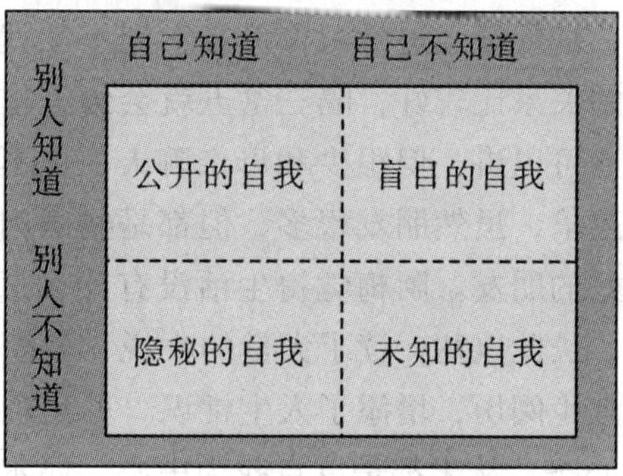

图2-1　乔哈里视窗理论

谁塑造了我

目的：协助学生探索个人的发展历程，增强自觉性。

准备："谁塑造了我"练习表。

操作：

第一步，老师阐述重要人物的概念，同时解释在每个人的成长过程中，其塑造与成形往往是有迹可循的。让学生仔细回想，并填写练习中不同人物对自己的看法、评语及任何难忘的正面和负面的经历。

第二步，思考下列问题。

（1）你对哪一个人的看法最为重视，为什么？

（2）最难填写的或资料最少的是哪一部分？原因是什么？

第三步，分小组交流。

第四步，小组派代表在团体内分享。

练习：谁塑造了我

人物	看法、评价	难忘的经历
自己		
老师		
父亲		
母亲		
一位重要的人物		
另一位重要的人物		

【心理自助训练】

找回自己

阿梅，女，20岁，文科生。她出生在四川某一个农村家庭，父母没有什么文化。母亲从不喜欢看书，被外婆强迫学习，父亲上到小学就退学回家了，经常在麻将馆打牌。自己和父亲的关系比较好，隔三岔五就会给家里打电话，每次都是同父亲聊很长时间，有很多话可以讲，但很少和母亲聊天，也不知道给母亲讲什么，很是尴尬。父亲没有什么追求，虽然朋友很多，但都是些酒肉朋友或麻友，几乎没有什么可以谈心、特别要好的朋友。阿梅觉得生活没有什么意义，每天除了吃饭、睡觉，就是看小说、名著，长此以往，读了大量的小说、名著，能够体会书中人物角色，极大程度上丰富了人生阅历，增添了人生常识。可是现实中的她却持"事不关己，高高挂起"的处事心态，从来都是以自我为中心，偶尔会想到帮助他人（但都是一些小事情），极少向人求助。即使是遇到情绪不好的时候，也是一个人独自处理，基本上就没有贴心的朋友。

虽然阿梅已经上大三，但不知道以后自己该做什么，也不知道自己能做什么，很难控制自己的想法，听天由命，总是觉得“不是我的终归努力了也不是我的，是我的最终还会是我的”，这种状态持续了一个多月，尤其是很希望回到以前，一个学习努力、大家都很喜欢和尊重自己的状态。（这也能发现阿梅的动力资源——渴望改变，过去很积极阳光。）

课后思考：

1. 该案例中反映出大学生常见的心理问题是什么？
2. 结合本节内容，思考大学生可以通过哪些方法来探索自己、认识自己？

2.2 我爱我

一位16岁的少年去看望一位年老的智者。他问：“我怎样才能成为一个让自己快乐的人，同时也让他人快乐呢？”这位智者送了四句话给他，其中一句是：“把自己当成自己。”这句话主要强调的是一种自信，学会接纳自己。当我们遇到困难、面对自身缺陷或者不足时，我们应该学会悦纳自我，正视问题，分析问题，积极寻求解决问题的办法，而不是一味自我否定、怀疑自己的能力。

【导入故事】

爱上“白痴”

前段时间，我去了一趟科罗拉多州，为一对开广告公司的夫妇和职员做心理辅导。丈夫叫麦克，妻子叫玛丽琳。我在和麦克夫妇及他们的子女吃午饭的时候，就个人反映整个世界的“全息理论”进行讨论。麦克和玛丽琳对全息理论很熟悉，所以我们很聊得来。但在回去的路上，麦克边开车边对我讲：“不过有几种特质我身上是没有的。”我并不诧异他讲的，因为很多人都会有如此反应，即他们认为自己的内心世界充满无限可能。我自己当初也是这样认为的。所以我问麦克：“哪些特质是你没有的？”他回答：“我不是个‘白痴’。”我透过后视镜看着他的眼睛，告诉他：“既然你具有全人类所持有的特质，你当然也是个‘白痴’。”当时，车里一片安静，之后麦克向我描述他见过的各种各样的“白痴”，以及他跟那些人是多么不一样。他在讲的时候非常激动。回到麦克家，所有人都下了车，室外温度低至零下十八摄氏度，我从没来没有在这么冷的环境中生活过，所以在屋外一边发抖，一边急着想进门。麦克花了好几分钟，找遍了身上的每一个口袋，又去车里翻个底朝天，最终给我们讲，他好像把钥匙放在家里了。大家沉默后，我开口讲：“什么样的人会在零下十八度的天气里忘记带钥匙，把自己困在外面？”

包括麦克自己在内的所有成员异口同声讲到：“‘白痴’才会！”大家都笑了。

最后玛丽琳找到了备用钥匙，大家进了门。

资料来源：佚名. 活出真实的自己：接纳不完美的自己［M/OL］.［2014-03-01］. https://www.douban.com/group/topic/496416941.

【故事点评】

那些被我们所压抑、所忘记的特质，常常对我们的生活有很大的影响，尽管我们平时毫无察觉。我们越是克制某些特质，它们则会越反抗，并在无意识状态下凸现出来，吸引我们的注意力。就拿案例中的麦克来讲，他一方面不愿意承认自己有“白痴”的一面，另一方面却又在无意间与各式各样的“白痴”来往，这样他才能从他人身上看到自己具有“白痴”的影子。他恨自己“白痴”的一面，同时也讨厌做出“白痴”举动的人，因此，他同他手下的员工难以相处，并且员工会认为他是一个十分苛刻、冷酷无情的老板。

正因为麦克不愿承认自己“白痴”的一面，才吸引了那么多“白痴”进入他的生活。其实我们的心灵天生具有自我防御机制，如果我们故意去压制某些特质，反而容易吸引更多类似特质的人出现在我们周围，通过他们我们可以看见自己的映像。因此，我们需要理解、接纳和包容自己身上的一切特质，因为我们如果连自己都排斥自己，又怎么有资格期望世界接纳我们呢。

2.2.1　悦纳自我

每个人都知道，人无完人，总会存在一些不能做到真正爱惜自己、相信自己、尊重自己的事情。其实，我们每个人都是“被咬过的苹果”，都存在不同程度的缺点或不足，也正是我们的不完美，才造就了我们不断自我发挥、自我完善的机会。在大学生群体中会发现部分学生宁愿羡慕同学朋友、喜欢自然、喜欢知识，也不愿意相信自己、喜欢自己，最后容易导致焦虑、抑郁等不良情绪，变得不开心，影响正常生活。人生，是一个需要不断完善自我、实现自我的过程，在不断发展自我的过程中让生命变得有意义。因此，作为大学生我们更应该学会相信自己、接纳自我，进而不断完善自我，为自己谱写最华丽的生命之歌。

悦纳自我是自我意识的重要组成部分，它是指个体完全和无条件地接纳自己的一切，无论其行为是好是坏，无论他人是都赞成或都不同意，均愿意主动去接受自己的优点、缺点或者不足。它是个体实现自我客观化的前提，同时也是健全人格的重要途径。

具体来讲，自我接纳有四层含义：

第一，无条件接受自己，包括自己的优点或缺点，能客观和理性地去评价自己的价值，并认可这一现实，不会盲目自傲和自卑。

第二，改变过分追求完美的习惯，对自己宽容以待。失败乃是成功之母，每一次的失败其实是你距离成功又进了一步。

第三，建立和巩固良好的自我感觉。既不通过夸大自己的形象来弥补内心的空虚，也不通过自我设限来逃避和漠视现实。

第四，从错误和失败中吸取经验教训，允许自己失败，但不自怨自艾，积极追求成功。

【导入故事】

为什么绝望的心态比绝望的环境更可怕

1954年，对巴西人来讲，巴西足球队夺世界杯冠军是十拿九稳的事，但是，天有不测风云，足球最大的魅力在于不可预测。在半决赛的时候，巴西队输给了法国队，与冠军无缘。

足球是巴西的国魂，这点足球队员比任何人都明白。当他们输掉了比赛时悔恨至极，觉得对国家和国民来讲是耻辱。在输掉球后，球迷们嘲笑、谩骂、砸汽水瓶等行为都在他们的预想之中。

当飞机抵达巴西利亚机场时，原本紧张、担忧、不安的心情顿时消失了，因为在他们面前出现的是这样一幅情景：巴西总统和两万球迷默默地在机场，并且在人群中有两条很醒目的横幅：

“失败了也要昂首挺胸!”

“这也会过去的!”

球员们看到这两幅横幅，顿时泪流满面，感动万分。总统和球迷们什么都没说，只是默默地目送他们离开。

四年后，巴西足球队不负众望，再次夺回了世界杯冠军。

【故事点评】

美国心理学家赛利格曼讲过：“只要自己不跪着，没有人会比你高。”也就是说，我们在很多情况下无法改变环境，但不妨换个思维方式，关注自己，改变自己的心态，做自己生活的主人。环境不能决定一个人的成就，真正起作用的是心态。

巴西足球队最终能够再创辉煌，除了来自国民的大力支持，最主要的还是因为他们拥有阳光心态，从他人的支持中学会了接纳自己。即他们知道很多事情暂时没有获得成功，并不是没有能力，而是容易陷入“习得性无助”的心理状态中。这种心理容易让人产生自我设限，把失败归因于自身不可改变的因素，从而放弃一切可能成功的机会。

2.2.2 是什么束缚了我们的快乐成长——完美主义

常常听到学生讲“我为什么这么笨，这么简单的事情都会搞砸”“我唱歌不行”“我能力还不够”等。善于认识和评价自己固然很好，但是，究竟有多少次我们做到了真正客观地评价自己，有多少次是对自己要求过于苛刻反而迷失了自我？凡是不能悦纳自我的人，总喜欢拿着一把完美主义的直尺，反复衡量自己。在他们眼中，充满了完美主义和浪漫主义，他们虽然懂得“金无足赤，人无完人”，但是当身体力行时就会自动地按完美主义标准（自我强加的高标准、自我评价过于依赖成功、较高的自我批评和恐惧失败）行事，其态度和行为方式都比较偏执。

完美主义被描述为苛刻的要求以及和现实情境相比，对自己或他人具有很高的工作质量要求。它属于一种“认知网络”，包括期待、对事件的认识、自我评价、对他人评价，是一种充斥在我们生活中的对失败的失能性恐惧，主要表现在我们在意的方面。在这里，“失能性”不仅指我们通常所遇到的对失败的恐惧、担心失败或因失败而沮丧或懊悔，它对完美主义者来讲还表现为面对失败的恐惧会让他们在面对问题时出现裹足不前的畏惧。比如我们在玩游戏时，大部分都是以娱乐心态对之，但是完美主义者会侧重于游戏的成败。在我国，大学生具有较高的文化素质和自我价值感，对自己各方面都倾向于高标准要求，当前大学生具有好面子、压力大和期望过高的心理特点，当现实目标与理想目标发生冲突的时候，各种心理问题就会随之产生。因此，大学生的完美主义倾向对他们的心理健康水平有一定程度的影响。

【导入故事】

小赵，大三的学生，主要依靠做文案兼职赚来的钱供自己上大学。工作和学习几乎占据了他所有的时间，每天的时间都是无空隙的，总是有种内在的声音在告诉他必须把每件事情做完、做好。小赵是一个工作和学习都追求精益求精的人，因此，为了让工作做得更好，经常在工作上一点不满意都会返工。他在工作没有结束前是不会离开的。他可以在一份文案已经返工三次还不停地校对和修改，心里却因为其他的事情而自责不已，如自己的作业还没有做好，没有时间看书怎么办，自己来不及和同学们一起去参加活动，等等。每件事情看起来都是必要的。如果他的文案做好了，他会自动地将没有时间学习和没时间去参加活动这些事情来比较损失。

【故事点评】

通常情况下，完美主义者会对自己设置高于实际的目标，并以是否能够完成设定标准来进行自我价值判断。完美主义者常常对自己要求太高而接纳不了当前的自己，导致情绪、身体、认知或行为等方面出现心理问题。小赵怎么会对自己感到满意呢？他衡量自己工作是否有成就的标准是看他还有多少事情没做。即便他做完了所有事情，而且都做得很出色，他可能还会为自己找出更多的事情来。在生活中，像他这样用可望而不可即的完美目标来衡量自己努力的人大有所在。

完美主义者的痛苦大部分来自他们内心的比较。他们总是会对现实与理想的差异很敏感。他们会认为自己肩负把现实状况与完美理想联系起来的使命。在他们心中，这个世界非白即黑，要么应该是完美的，要么就是存在种种缺陷和弊端。

自尊的第一个基础是悦纳自我，而完美主义者从来不会自我悦纳，他们总会遇到长期且不可避免的挫折使自尊心受伤。值得注意的是，完美的人根本不存在，所以对每个人来讲失败都会是常态，而为失败所痛苦的完美主义者，他们把注意力只专注在失败方面。

对完美的追求是人类成长的动力，追求成就的需要本身是健康的，但如果变成压制性的内驱力，就成了神经性需求。因此，对于完美主义者要改善对自身吹毛求疵的倾向并获得健康人格发展的关键在于能够学会接纳自己。首先，是需要增强自己的成就目标，工作取向的信念，塑造理性、坚韧和只要有进步就是成功的自我意识。其次，建立和完善来自父母、朋友、同事及亲密爱人的社会支持系统。例如，可以时刻提醒完美主义者，要学会多看自己已经取得的成功，学会合理设置自己的目标等。

每个人都会有不完美的地方，每个人身上都有自己不愿去触碰的阴暗面，同时也都会犯错。我们没有必要苛求自己，更不能因为一次失败就全盘否定自己。阴暗面也是我们生命的一部分，只有学会真心拥抱它，接受不完美的自己，才能在积极的心态中最大限度地发展潜质，实现成功。

2.2.3 人人皆有金佛——学会悦纳自我

2.2.3.1 积极的心理暗示让你更优秀

心理学家马尔兹曾讲到："我们的神经系统是很'木讷'的，你用眼睛看到的是开心的事情，它就会产生愉悦的反应；看到的是忧伤的事情，它就会做出悲伤的反应。"如果我们经常想一些快乐的事，我们的神经系统便会自动地让大家拥有乐观的心态。所以，我们应该学会对自己进行积极的心理暗示，这样会变得更加快乐、幸福。

根据经济学家统计，地球上20%的人掌握了80%的财富。原因是什么？难道是因为其他80%的人不够努力吗？世界上努力却失败的人很多。难道是其他80%的人不够幸运吗？也不一定，很多幸运儿今天成功了，但却很快遭到了失败。难道是其他80%的人不够聪明、缺乏智慧吗？非也，其实这个世界上有很多有才智的穷人。

那么，导致那20%的人能够拥有80%的财富是什么原因呢？那是因为他们知道某些事情，懂得人生的道理。

这个道理就是——善于运用吸引力法则。

吸引力法则最初是由查尔斯·哈尼尔提出的，它是指在你的生命中，你会吸引你所注意、关心和聚焦的事务。我们每个人都是一个活磁铁，生命中的财富、幸福、健康和成功，如果你意识到了，并能根据吸引力法则行事，便能取得成就；而有的人在失败方面运用吸引力法则，便会导致失败。吸引力法则其实如同心理暗示一样，给我们最大的启示是不要去预想你不想要发生的事，不畏惧还没有发生的事，也不要去设定一个连自己都觉得不切实际的目标，而是要学会对自己进行积极的心理暗示，给大脑灌入积极的语言，想着自己想要的，你就会变得乐观、自信。如："我的事业会越来越好""我是一个积极乐观的人""具有金钱意识的人会吸引更多的金钱，而具有贫穷意识的人会招来贫穷"等。

日本有位心理学家讲过，当我们的大脑处于半意识状态时，是潜意识最愿意接受意愿的时候，此刻进行潜意识的工作是最理想的。因此，睡前和醒后花几分钟时间进行自我暗示，比如描述自己的优势、想象自己想成为的人、用简短的话语进行自我激励、对着镜子微笑几分钟等都有助于增强自我人格魅力。

此外，有位心理学家还讲过："无论什么想法、建议、目标，只要以强烈的信仰和期望进行反复思考，它将会在你潜意识中扎根，成为积极行动的驱动力。"比如"我虽然有许多缺点，但我是一个积极乐观的人"，其实是给自己积极的心理暗示，反复使用这种暗示，可以内化成自己的思想，并朝着有益于自己的方向发展。

2.2.3.2 自信心的塑造

【导入故事】

"火箭班"的奇迹

钱致榕，美籍物理学家，在一次来华采访中谈到他中学时候的一段感人经历。那时很多学生不求上进，经常作弊，一位很负责任的老师从300名学生中挑选了60名组成了"火箭班"，当然，钱致榕也在其中。当时老师明确地给他们讲，之所以选他们，是因为他们非常优秀，以后会有一定的成就。因此，选上的这部分人十分开心，对自己的未来信心百倍，同时在那以后刻苦学习，在班级事务中表现积极，最后大部分人在各领域中成了佼佼者。钱教授遇到那位老师后才知道，他们当时是被随机选出来的。

【故事点评】

钱教授等人之所以能取得成功，最重要的是因为他们获得了自信心，因自尊、自爱、自立而取得了成功。由此可见，自信心对一生的发展起着基石作用。心理学上著名的"罗森塔尔效应"也讲到自信心的培养对学生发展的重要性。罗森塔尔效应暗示教师的行为反应对学生的行为影响很大：如果老师给予学生积极的暗示和鼓励，他们则会积极主动学习，克服一切困难，产生一种努力改变自我、完善自我的进步动力，获取成功；相反，如果老师忽视学生，对他们常常批评，学生则会自怨自艾，认为自己不行，从而自暴自弃。

自信心是自我意识的重要组成部分，属于积极的心理品质，是培养良好心理素质的基础。心理学中将自信心定义为一个人相信自己能力的心理状态，即确信自己有能力实现既定目标的心理倾向。大学生涯是大学生实现社会化的重要阶段，也是人生观、价值观和人格形成的重要阶段。然而，当前阶段大学生自信心缺失的现象普遍存在，主要表现为对自己的长相、身材不够满意而产生的自卑感，因学习方式不适应、过高估计自身能力而产生的落差感，就业竞争压力过大而产生的挫败感，在人际交往中怕出错而不敢在公共场合讲话和发表意见等方面。因此，当前大学生自信心的培养刻不容缓。

2.2.4 培养大学生自信心的途径

2.2.4.1 改变认知，树立正确的信念

美国著名心理学家阿尔伯特·艾利斯提出了著名的合理情绪理论（简称 ABC 理论）。该理论认为，激发事件 A（activating event）只是引发情绪和行为后果 C（consequences）的间接原因，而导致 C 的直接原因是个体对事件 A 的认知和评价而产生的信念 B（beliefs）。即人的情绪和行为不是由刺激事件本身所导致，而是由经历的这一事件的人对本事件的认知和评价所引起的。也就是说，事件本身本无好坏，当大家给予事件本身赋予自己的喜好、偏见和欲望的时候，便产生了各种各样的烦恼。令人们产生错误评价的是那些非理性的想法，它们会使人们不断陷入情绪紊乱。那么生活中常见的不合理信念是什么呢？在表 2-2 中可以看到一些例子。

表 2-2 合理情绪疗法中不合理信念的例子

我必须做一个让大家感到开心的人	我必须做一个完美的妻子或丈夫
让家庭幸福快乐是我的责任	我必须做一个完美的家长
在我身上发生的事情毁掉了我的正常生活	我必须做一个在父母看来是完美、成熟的孩子
我不应该自私，我必须把每个人的需要都放在我自己的前面	如果我心爱的人离开我，我就没法活下去
对我来说，没有 件事情是顺利的	也许我命中注定生来就是受苦的
我的一生都是失败的	现在已经没有机会改变生活了
我必须过自己的生活才不会树敌	好人都是幸福的，不会遭受不幸

随着人们的成长，人们追求的目标会令大家容易陷入无休止的痛苦中。而且当人们经历挫折，就会变得抑郁、自卑、焦虑、贬低自尊，当人们永远完成不了那些贴上“应该”做的事时，也会导致消极的自我评价和情绪状态。我们如何把那些不合理的观念从身上赶走呢？在这个时候，可以使用合理情绪疗法，不妨问问自己为什么不开心，是因为自己把事情看得过于重要还是自己曲解了其中的意思？换个想法，找出不合理的想法及时调整，你的心情可能会得到及时改善，提升满足感和幸福感。

2.2.4.2 改变心境，积极悦纳自己

心境是指个体的心理活动持有某些色彩的、弱小而又持久的情绪体验。心理学研究表明情绪具有传染性，持有积极情绪的人，能够以积极乐观的态度面对生活和他人，勇敢地接受压力、挫折等带来的困境，且能够带给他人快乐，间接地帮助他人。这也就要求我们要正确认识和评价自己，既要看到自身的优势，学会与自己和谐相处，喜欢独特的自己，也要学会接纳自己的缺点，不低估或高估自己，只有学会爱自己、喜欢自己、客观地看待自己，才能增强自信，获得积极心态和良好的心境，形成健康的心理品质，获取进一步发展的机会。

2.2.4.3 通过实践增强成功体验

俗话说“艺高人胆大”，当我们能把陌生变为熟悉，我们就不会畏惧。比如一个害羞和害怕与他人交往的学生，如果他要改变这种现状，最有效的方式是将他置于社交场合中，通过实践经历去发现和证明自己的力量，获得与人交往的乐趣，克服害羞和恐惧心理。此外，大学生需要寻找不同的途径，做一些力所能及的事情，获得成功的体验，从而增强积极行动的动力。

2.2.4.4 学会处理人际关系，建立平等、包容、互助的处事原则

人际关系是大学生获得自信心的重要途径之一。因此，大学生首先要改变对自身不利的社会交往态度，学会建立和维护和睦的人际关系。在交往中一方面需要正确给自己定位，认识自己；另一方面也要学会正确认识他人，赞扬、欣赏、关心帮助他人。其次，在交往过程中，要有意识地选择与那些具有积极心理品质的人进行交往，这样你也会变得乐观、善良、包容和理解他人。在真诚的交往中感受他人的喜怒哀乐，他人的问候会让你感受到温暖，他人的支持和鼓励会增强你的自信心。

【心理导航】

预言自动实现效应

预言自动实现效应又称自我实现预言，是指对事情最初的错误认识，会引起某种预料的行为，使错误想法成为现实。

预言自动实现效应的经典实验来自1960年哈佛大学罗森塔尔教授做的著名的期望效应实验。在此项研究中，他给小学老师错误信息，让他们误以为自己班上的学生有20%在学业上有潜力以及在将来的事业中会有所成就。具体来讲，学生在经过标准化测试后，老师被告知，一些学生在来年学业上会有很大的进步，实际上，学生们的测试结果并没有什么过人之处，他们只是研究者随机挑选出来的“潜力者”。实验结果发现，这些被告知学业上会有优秀表现的学生，他们在一年之后确实成绩进步了很多，而且若干年后发现，他们大部分都在自己的行业里取得了不错的成绩。

正是老师对学生的不同期望，才导致了学生心理状态和行为具有很大的差异性。当学生被给予积极的期待时，他们所接受到的信号是：老师是喜欢他们的，他们是优秀的，他们是被老师重视的那一部分学生。当这些信号内化到学生大脑后，就会

产生奋发图强、乐观、积极向上、坚强等良好的心态，达到不断肯定自我、创造积极的预期。这种期盼将美好的愿望转变为现实的心理，罗森塔尔把它称为“预言自动实现效应”。

此外，研究发现打电话也会发生自我实现预言效应。心理学家施耐德在1977年做过一项实验，给男士发放一些女性的照片，照片有些是伪装的，这些女子照片有的被描述得非常美丽动人，具有吸引力，但有的则说得平淡无奇。然后让参加实验的男士给她们打电话，随意聊天10分钟，电话内容通过磁带记录。结果表明，得到的资料说对方女子具有吸引力的男士较其他的男士来讲，他们在电话中更加多情，同时也认为有吸引力的女孩子更温柔、更合群、更可爱。

因此，当你下一次准备给自己或别人贴标签的时候，请注意你是否运用了预言自动实现效应。这就如正面的标签可以创造积极的结果一样，给予错误的标签也会产生负面的预期。

【导入故事】

心理学案例：理性情感疗法记录

来访者来到治疗室，目标（G）是“能够约会”。当一个同学对她表示好感的时候，这正是引发事件（A），她的想法（B）反映出她的焦虑，导致她想放弃这门课的结果（C）。这个时候，咨询师反驳她认为自己是“废品”的想法。如果这个挑战成功，结果就将是一个对自己的新感觉，能帮助她达成约会的目标。达娜曾在10~15岁的孩童时期成为乱伦的受害者，她已经为此接受了几次咨询。

达娜：我觉得它（乱伦）毁了我的生活。

咨询师：如果它毁了你的生活，那么为什么你还能咨询，你为什么不向你的不幸屈服？

达娜：我希望你有点同情心。

咨询师：你要我怎么说…… 难道是说“哦，你真可怜，我为你感到难过”吗？

达娜：你在挖苦我。我只是想让你明白我的处境。

咨询师：我明白你的处境。关于这一点你已经谈了很多。这是你的困扰，但是你也许并不想克服它。你好像抓住它不放，就像抓住一个玩具熊。你需要改变态度。

达娜：你说的不对。

咨询师：你不是唯一个遭受乱伦的女子，还有很多妇女都有过这样的遭遇。

达娜：会有那么多人吗？

咨询师：毁了你的生活的唯一事情是你认为“乱伦毁了你”的这种不合理的想法。

达娜：它没有毁了我的一切，至少它没有毁了我工作的能力。我的工作做得不错。

咨询师：很好，恭喜你！你终于说出了一句理性的话。既然它没有毁掉你的全部生活，那么它毁掉的是什么呢？

达娜：嗯，它毁了我对男人做出情绪反应的方式。

咨询师：什么情绪反应？

达娜：我感到羞耻。我觉得自己是个“报废品”。

咨询师：我们都是“报废品”，那是我们成长的一部分。没有人拥有完美的“幸福童年”。那是一个错误的现代谬论。

达娜：没有哪个男人愿意要一个和她的父亲发生过关系的女人。

咨询师：你怎么知道呢？你问过他们吗？

达娜：没有。我觉得与他发生的事是我自己的错。

咨询师：好吧，先让我们把这一点弄清楚。他是个大人，你是个孩子。他是施暴者，你是受害者。你说。

达娜：他是施暴者，我是受害者。

咨询师：再来！大声地说！

达娜：他是施暴者，我是受害者！对！这不是我的错！

咨询师：对于这一点你想通了吗？

达娜：（平静的）是的。

咨询师：你活回来了。你现在是一个成人生还者了。恭喜你！

资料摘自：阿普里尔·奥康奈尔，文森特·奥康奈乐，洛伊斯·孔茨. 心理学与我［M］. 王飞雪，罗虹，冯奕斌，译. 北京：中国人民大学出版社，2011：页码不详.

心灵游戏：画出你的生命线

一、材料

一张16开的白纸，两支彩笔（深浅颜色各一支，如红色、蓝色）。

二、活动目的

通过画生命线理解生命的“长度”和“宽度”的含义；引发学生对自己生命三个阶段（过去、现在、未来）的思考；帮助学生正确分析过去发生的事情对自己现在和未来的影响，并学会正确认识自己、接纳自己。

三、活动过程

（1）请大家跟着音乐，抽出一点时间来回想你的过去、现在和设想自己的未来。

（2）现在，我们开始一起来探讨我们的心灵游戏——生命线。这个游戏将画出你的人生路线图。

（3）请大家拿出白纸、一支亮色的笔和一只暗色的笔（如红颜的笔和蓝颜色的笔），用颜色区分心情。

（4）把纸横放，然后从中部画一条长长的横线，并在末端加上箭头符号。在起始处写上“0”这个数字，在线条右方及箭头旁边写上为自己预计的寿数。比如可以写68，也可以写100。

（5）请你在这条线的最上方写上某某的生命线。这条线展示了你的一生，是你脚步的蓝图。

（6）现在，请按照你规划的生命长度，找到你现在所在的那个点，标注出来。比如说你现在19岁，就标注19岁那个点。这点的左边代表你走过的岁月，右边代表你的将来。请把过去对你影响重大的事情用笔标出来。如3岁上幼儿园，就找到和3对应的位置，并写上“上幼儿园”。注意，如果你觉得是开心的事，就用颜色亮的笔来写，并写在箭头上方；如果你觉得十分开心，你就把这件事的位置写得更高一些。反之，用颜色暗的笔写在箭头下方。例如你20岁时恋爱失败对你的打击很大，就用颜色暗的笔将这件事写在生命线的下方。如果这件事让你遭遇更多的痛苦，你就将它的位置写得更低。按此操作，通过不同颜色的笔和不同高低的位置记录你自己在今天之前的生命历程。

（7）我们来到未来，把你一生想做的事情都标出来，并尽量注明时间。根据这些事情给予你的期待和快乐程度，标注不同的高度。当然，也要记得把一些可能会出现的苦难用颜色暗的笔一一勾勒出来。这样我们画出了完整的生命线。

四、讨论分享

（1）找到自己现在所在的点，同过去和未来的路进行比较，你有何感想？

（2）当画完生命线后，对自己过去已经发生的事，你怎么理解？这些事对现在的你和以后的你在人生发展中有什么影响？

（3）纵观你的生命线，是线上的事情多还是线下的事情多？这说明什么？如果线下的事情多，是否考虑重新审视自己？

（4）现在如何理解生命的“长度”和“宽度”？

五、根据学生讨论交流的结果，老师做简单的小结。

【心理自助训练】

平安快乐

如果你不能做一棵青松屹立山巅，
就去做峡谷中的一丛灌木——
但要做最好的小丛摇曳在溪边；
如果你不能做参天大树，
那就做一棵矮树乐而无怨。
如果你不能做一棵矮树，
何妨就做一棵小草，给道路带来一点生气！
如果你不能做一条大马斯基鱼，
那你做一条小鲈也好——
但要做最快活的小鲈在湖中游戏！
如果你不能做船长，

那就做水手，
在这里我们都有广阔的天地。
要做的事有巨有细，
而我们必须急事优先。
如果你不能做大道，
何不做条小道。
如果你不能做太阳，
又何妨当颗星星，
大小并不决定成败——
但是做什么都要出类拔萃，精益求精。

课后思考：

1. 看完这首诗歌，你有何感想？
2. 你对自己满意吗？表现在哪些方面？如何通过接纳自我去发展自我？

2.3 破茧成蝶

“山重水复疑无路”之时，突破自我，你会发现“柳暗花明又一村”的局面。“沉舟倾覆”“病树歪斜”之时，突破自我，你会迎来“千帆过”“万木春”的蜕变。“畏途巉岩不可攀”之时，突破自我，你会唱响“一览众山小”的绝句。

【导入故事】

著名艺术家梅兰芳先生年轻的时候想要拜师学曲艺，但是师傅因他眼睛呆滞无神拒绝了他，说他不是学戏的料，因为对于注重“眉目传情”的表演艺术来讲，眼神无光是个大忌。最后，梅兰芳只好默默地离开，但他并没因此沮丧颓废、一蹶不振放弃演艺生涯，而是去市场买来了鸽子和金鱼，每天给自己安排一定的时间去观察鸽子敏捷的翔姿和金鱼轻盈的游动，同时训练自己的目光同鸽子和金鱼一般灵活地翱翔在天际、水域。这样，随着他日复一日地辛勤训练，终于造就了一双清澈的明眸，在之后的戏曲演艺生涯征服了所有的观众。

【故事点评】

记得李嘉诚曾讲过一句话：鸡蛋，从外打破是事物，从内打破是生命。人生也是如此，从外打破是压力，从内打破是成长。他用鸡蛋生动形象地说明了人突破自我的重要性。人生就像鸡蛋，外表看上去很容易击碎并且毫无吸引力。但是，如果这个人能够突破自我，他就能打破束缚自己的那层蛋壳，不仅可以来到外面的世界，而且能以一种全新的面貌出现在这个世界上。相反，有些人畏惧外面的世界，认为外面的世界充满了敌意，躲在鸡蛋壳里才更安全、更舒适，因此这一生就只能在蛋壳里面怨天尤人地过日子。是打破蛋壳突破自我，做自己人生的主人，还是等着他人来掌控你的命运，关键在于你自己的选择。就像故事中的梅兰芳先生，他正是选择了坚持不懈、超越自我，才能破茧而出，主宰自己的人生。大家试想一下，如果梅兰芳先生听取了师傅的话，从此放弃了演艺生涯，一直生活在自己为自己做的蛋壳里，那他还会有如此精彩的人生吗？

2.3.1 突破自我——让人格城堡里洒满阳光

关于人格的理解，荣格认为，应认识到人的终极目的是人格的完整，而绝非所谓的完美。完美是一种来自外在的标准，而完整才是来自主观现实的判断。我们每个人的心中都包含了宇宙的全部信息。当你把一张全息照片剪成许多碎片时，透过每一小片都可以窥见整张照片的内容。所以，如果我们把人格比作一座城堡的话，那么，即使每座城堡的结构略有不同，但本质上都是城堡，都包含有一座城堡所应当包含的所有组成部分，例如大厅、卧室、走廊等。

我们把人格比作一座城堡，那么，这座城堡里的每一个组成部分就代表了一个子人格。在生命之初，每个人的人格城堡都是明净透亮的，每个房间的门都敞开着。然而，个体成长过程中，受到防御机制的影响，我们会有意或者无意地否认一些子人格的存在，就好比把城堡里某些房间的门关起来然后假装这些房间不存在一样。当然，严格来说，一座城堡的各个组成部分并不是简单分开的，甚至可以说，一座城堡作为一个整体，本身是不可分的，但在人们运用抽象的符号来反映现实世界时，人格被细分为一些子人格，子人格又可以再次细分，所以，每种分出的子人格都可以用城堡的一个单独空间来类比。随着个体的成长，我们会被告知某些房间是“好”的，另一些房间则是“坏”的。于是，迫于社会压力和价值条件化，个体动用大量防御机制来忽视某些子人格，就好比关闭城堡中的一些房间一样。然而，关闭房间，假装它不存在，可它依然还在那里存在着。一个房间在暗无天日中持续久，自然会变得污浊肮脏。这时，如果不打开房间的门，不去打扫这个房间，那么，城堡的完整性就会大受影响，甚至就连其他房间也会受到污染，使得整个城堡都处在一种严重的不洁净状态中。

同理，如果我们对人格的某些部分有意或无意地压抑、忽视或否认，那么，这部分被压抑的人格就会蠢蠢欲动令人心神不宁。最直接的影响就是让人觉得不自由。不自由是指无法完整地按照自己的本来面目去生活，因为害怕一不小心会触碰到自己不愿意触碰的那部分人格。当看到他人呈现出这种人格特质时，不自由的人就会感到慌乱，他会采取愤懑、鄙视或者嫉妒等压迫性情绪来应对。

因此，我们应该针对自己城堡的子人格各个击破，最终拥抱自我、突破自我。

2.3.1.1 对价值条件化的去除

价值条件化是个体启用防御机制的重要原因，而防御机制会导致个体对某些子人格的忽视，或者对某些经验的回避和否认。因此对价值条件化的去除是通往拥抱自我和突破自我的第一步。去除价值条件化的开端是个体对其成因和危害的深入理解。只有这样，个体才会有去除价值条件化的动机。去除价值条件化并不意味着要去除对事物的好恶，而是说个体在面对事物的时候，能够把个人的好恶和价值判断暂时放在一边，不令其影响对事物的认知和判断。新兴的辩证行为疗法特别强调全盘接受对心理健康的意义，该流派认为“全盘接受态度提倡的是承认你目前的处境，无论怎样，不去评判它或自责”。可见，全盘接受就是对价值条件化的去除。以下采取几个实例来说明去除价值条件的方法：

在生活中经常遭遇一些不公平现象，你可能对不公平现象深恶痛绝，因为你相信追求公平是人类社会的普世价值。于是，对不公平现象的厌恶就是一种来自价值判断的感受，如果你任由这种价值判断以及随之产生的情绪所影响，那么，当面临不公平现象时，你很可能愤怒、埋怨，甚至破罐子破摔，而不会采取有效策略来应对。你不妨换一个角度看待这个问题，一方面，你承认不公平现象是丑恶的，如果可以，你当然宁可社会更公平一些；另一方面，当现状已然如此的时候，你就暂且把自己的厌恶感和美好愿望放在一边，就事论事，在这样的现实条件下，你只把现实看清楚，就像看待一片云彩的飘散或一朵鲜花的败落一样，把它视为一种自然现象，观察它，了解它，然后考虑在这样的现实面前自己可以做些什么。这是一种坐看风云的闲适和安宁，也是一种充分尊重现实的态度。

对待自己也是一样。如果个体认为自己应该是勤奋的、善良的或者能力强的，那么，当他浪费了一天时光，忘记给一位难过的室友送去安慰，或者经历了一次失败的考试时就会感觉非常内疚而自责。这种价值判断的去除同样会帮助个体直面纯粹的现实，以一种不带批判的态度看待自己和自己的行为，也可以用一种务实的态度来调整自己接下来的行为。

去除价值条件化可以促使个体以一种纯粹关注事实的态度来看待客观事物、看待自己和看待他人。价值判断就像一把无形的枷锁，卸掉枷锁后不仅可以享受到释放自我的畅快和自由，更可以有效改善个体的人际关系和社会适应力。

练习催眠可以帮助个体更好地学会放下评价并全神贯注于一件事。催眠是指一切在我们有意识的注意力控制之外的状态。例如，当我们正在阅读一部扣人心弦的小说时，会暂时忘记身体姿势的不舒服以及时间的流逝，对周围噪音的打扰也充耳不闻。这就是一种催眠状态。

催眠状态的核心特征是忘我。一般在清醒状态下，个体总会分出一部分的意识关注自身，然而，催眠状态中的个体没有自我意识。试着回忆一下当置身于绝美的风景中时那种忘我的陶醉感，或者当阅读一段充满禅趣的小诗时的那份宁静和悠然，以及仰望星空时的那种窒息和压迫感，全都无可名状却极其耐人寻味。

2.3.1.2 语义分析技术

语义分析技术是借助语言学的原理，对个体过度概括化的语言表述进行具体化的过程。例如，某人内心深处认为“我是一个不擅长人际交往的人”，在这句话中的主语“我”和宾语“不擅长人际交往的人”都是过度概括的符号。“我”指的是“我的行为或言谈”，而“不擅长交往”具体指的是“在人群中发言的时候会表现得紧张不安”。于是，语词符号的过度概括化得以纠正，变为“当需要在人群面前发言时我常常表现得紧张不安。”后一句更加具体，句子中的每个语词所表征的客体都具有更高程度的指向性，这样一来，个体就可以更加清晰地了解自己，并能够更有针对性地发现问题和解决问题。苏格拉底式辩论是从语句符号的层面进行具体化，而语义分析技术则是从语词符号的层面进行具体化。但本质上，两者都是力图将模糊的符号化过程变得清晰，将过度概括化的符号变得具体。就好比将一个马赛克程度太高的图片进行一步一步清晰化的过程一样，这一过程将帮助个体在符号化水平下更加清晰地发现自我。

2.3.1.3 自我肯定陈述

我们需要跟自己的不合理信念作斗争，但同时，还需要尝试建立客观理性的信念来代替过去的不合理信念。例如，我们可以基于事实告诉自己“我有一些谈得来的朋友”“我在过去的几次考试中做得不错”等。我们可以经常告诉自己“我爱我自己”“我是一个有价值的、值得爱的、有能力为自己和他人带来福祉的人”“我值得被人尊重”“我应该得到且能够得到我理应得到的事物”等。然而，自我肯定式陈述首先必须基于现实，一旦脱离现实，盲目自夸，那样的自我肯定就像建筑在空中的浮华的梦境，根本没有任何作用。

首先，自我肯定陈述不宜将个人能力过度概括化。例如，一次考试的成功，我们不能因此告诉自己“我很善于考试”，或者“只要我够努力，我就可以打胜每一次考试之仗”。因为你无法预测下次考试是否依然成功，你也不能保证每次考试都取得成功，那么，你对自己擅长考试的信念就有可能惨遭摧毁，这样的打击就好比先把自己捧上天后又自由落体一样，会伤得更重。相反，如果你针对这次考试成功，仅仅告诉自己我表现不错，然后用理性的态度分析成败得失，或许会更有利于以后的成长。

其次，自我肯定要以无条件自我接纳为主基调。例如在上面所举的各种肯定式陈述中，都包含了对自己身为一个人的爱和尊重，这样的自我肯定没有任何条件，不以成败论英雄，我爱我，因为我是我。就这么简单。

最后，自我肯定陈述中不宜包含否定词。我们需要区分一下实词和虚词。实词是那种直接对应于内部现实的词，而虚词则是那种表明内部现实各个部分之间相互关系的词。所以，听到一个实词，我们可以较为容易地构建一个表象，而一个单纯的虚词却无法对应于内部现实中的任何事物。譬如说“打”这个词，对应了一个具体的动作，而“不”“很”这些词则什么都指代不了。作为否定词的虚词“不”，如果出现在自我肯定陈述中，它无法对应于任何内部现实，所以无法激发任何对于内部现实的感受。举例说，“请你不要想象一头紫红色的大象”，但此时，你会无法克制地在脑海中想象出这样的一头大象。否定词“不要”的作用就会完全消失。同理，当你告诉自己“我不应该被遗弃”时，实词“遗弃”对应了一个具体的内部现实，你的否定句式的自我肯定反而让你立刻体会到被遗弃的痛苦和落寞。

2. 3. 2　自我实现——潜能的开发

人本主义心理学家马斯洛主张人的行为动机是受内在需求驱动的。他在《动机与人格》一书中将人的需求分为三个部分：意动需要、认知需要和审美需要。其中，他最重视意动需要的研究。他把意动需要从低到高划分为生理需要、安全需要、爱与归属需要、尊重需要和自我实现的需要。他认为，在普遍情况下人们只有当满足了低级需要的时候，才会转向对高级需要的追求，而追求自我实现的人的这些高层动机和需要称为“超越性需要”，这种需要属于突破自我的一种表现形式。追求自我实现的人通常有自己的生活方向，并致力于达成他们的目标和梦想。在自我实现道路上的人持有强烈的信念，他们相信自己是命运的主人。虽然他们也会面临挫折和困难，但是具备迅速从逆境中恢复的能力。例如，追求成就需要强烈的人，他们可能会执着于令他们感到有成就的任务，渴望通过努力获得更多的成就感；若是渴望极度安全的人，他们在遇到困难的时候会偏向于选择风险较小的事情。

有学者讲过，人脑的潜力只开发了10%。虽然这个数字的真实性有待研究，但其说明的问题是得到普遍认可的。即每个人的潜力只开发了一小部分，如果加大开发力度，都具备自我实现的可能。

2. 3. 3　突破自我的途径

2. 3. 3. 1　自知之明和自我理解是通向突破自我的重要途径

这个过程一般受到父母、老师、地域文化的影响，而这些影响因素要么是促进人们自我发展，要么是阻碍其发展。一个人只有学会认识自己、悦纳自己，才能明确自己的生活目标，并按正确的方向去行动。同时，自我理解能够帮助个人去理解他人，同他人相处，在和谐的人际关系中建立健全的社会支持系统，促进自身发展。

2. 3. 3. 2　具备自我约束和自我控制的能力

心理学研究发现，但凡成功实现自我突破的人，他们大多不是享乐主义者。他们通常会用工作、未来的幸福或者道德追求来不断延迟自己的满足感。他们之所以能够成功，做到不受外界缤纷世界的诱惑，最重要的在于他们懂得自我约束和自我控制。对于大学生来讲也应如此，我们应该通过积极参加社会实践活动、设定符合意志品质的可行性目标、每天坚持做一项有益于自己发展的事等途径来培养顽强的意志力，增强自制力，使自己学会认清目标，为实现目标而排除万难。

2.3.3.3　不要压抑个性，为发挥创造力制造条件

一个人要开发潜能，就不要压抑个性，因为刻板、过分严肃和苛刻是发挥潜能的大敌。对于当代大学生来讲，心理冲突少、不过多自我批评，尽量做喜欢的事，就可以使记忆力、智力和创造力有所提高。大学生创造力的开发有如下一些要诀：

①要有目标，且目标必须是自己的兴趣所在。因为只有切合实际的目标才能激发潜力。

②不能从众，要善于独立思考。

③不能盲目迷信权威，要敢于打破常规思维，追求新意。

④学会专注于问题，善于解决问题。

⑤善于放松，不要急于求成，思考问题切记保持冷静，随时等待灵感。

⑥学会使用顿悟策略。

【心理导航】

合理利用抱负水平，做一个更好的自己

抱负水平是指个人从事某项任务之前，预先估计自己所能达到的成就目标。比如某大学毕业生在参加工作之前，有人问他有多大的把握找到一份合适的工作，他在这时会根据所学专业、在校参加实践活动情况和考取相关证书情况等给出一个答案。这个回答就是那位毕业生对自己在找到合适工作这件事上为自己预定的目标。换句话讲，这也是他用以衡量自己的量尺。抱负水平对人们的行为结果起催化剂作用，它可以鼓励大家不断向前，以达到目标。但是，抱负水平制定得过高或过低都不利于目标的达成。一个人若是抱负水平制定得过高，超过他自身的实际能力，尽管他已经全力以赴，但始终也不能实现预期目标，就会产生挫败感；若是抱负水平制定得过低，尽管目标容易完成，但是不能带给他真正的满足。因此，在制定抱负水平时，一定要根据自己的实际情况，参照已有的经验，对自己设定的目标做出适当的调整。美国心理学家艾金逊做过抱负水平相关方面的研究。在实验研究中要求参加实验的成员做投环实验，投环的距离由参与者自己选择。结果表明那些平日里辛勤工作、勇于挑战、追求目标的人即成就动机比较高的人，他们多倾向于中等位置投环；而成就动机比较低的人，大多选择很远或者很近的位置。也就是说，前者之所以能有很高的成就感，在于他们把握有度，知道在适度冒险的情境下做出努力收获最大；而后者则是希望在十分有把握或者完全凭借机遇的情况下工作，这种情况会导致抱负水平不是过高就是过低，从而无成就感。

因此，大学生在建立自己的抱负水平时，要合理利用自己的资源，在制定目标的时候除了考虑自己的性格、能力、兴趣爱好、价值观等内在因素外，还需要结合自身经济条件、社会环境等外在资源因素，只有立足现实，从自身实际出发，才能建立合理的抱负水平，才能发挥所长，突破自我，实现高水平的成就动机。

【心理自助训练】

剑桥的钟声为她响起

邓亚萍首次进入剑桥城时，恰逢剑桥大学举行毕业典礼，全城街道挤满了熙熙攘攘衣冠楚楚的人，他们是剑桥的毕业生和来庆贺的亲朋好友。不论男女毕业生，一律都是白衬衣、黑皮鞋。本科生披着白色的羽毛，博士们则是大红色的呢子。当校长宣布毕业典礼开始后，剑桥城里所有教堂的钟声同时响起，热闹的街道霎时庄严肃穆。邓亚萍被眼前的场面深深打动，她足足看了一个钟头，对这些骄子充满了羡慕，自己心中也升腾起上剑桥读博士的熊熊火焰。

邓亚萍拿着清华老师的推荐信，迫不及待地拜见了剑桥大学校长艾莉森·理查德，把读博士的想法和盘托出。理查德对她说："剑桥只招收最出名的学生。虽然你是世界顶尖级人物，但学术背景一定要过硬。当然，我们还会考虑别的因素，比如推荐信、个人求学计划、面试表现等。如果能让萨马兰奇给你写封推荐信，那当然再好不过。"

邓亚萍觉得，让萨马兰奇写封信不算什么难事，但令她意外的是，萨马兰奇并不支持她上剑桥。萨马兰奇对她说："你已拥有两个学位，应该马上回国效力，而不是读什么剑桥博士。"

她诚恳地对萨马兰奇说："请您放心，即使我读完剑桥博士，也绝对要回到我的祖国去，我上剑桥，是希望以后能更好地为我的祖国效力。"

萨马兰奇被邓亚萍的诚恳和决定所打动，为她写了推荐信。

这是一次难得的机会，又是一次艰难的起步。最初几个月，邓亚萍很难适应剑桥的环境，总有一种"云山雾罩"的感觉。她买了一辆自行车，第一天，让房东领自己从出租房到学校走了一遍，但第二天却怎么也找不到路，只好边走边问到了学校，但还是迟到了，受到了老师的严厉批评，让她很窘迫。

邓亚萍拿出打球时不服输的劲头玩命地学习，把研究方向定为"2008 年奥运会对当代中国的影响。"而此时，作为国际奥委会委员，她一边要忙于北京奥委会的筹备工作，一边还要进行博士论文的准备。2004 年春节假期，她为了赶写博士论文，放弃了与亲人团聚的机会。她买来一堆速冻饺子度过了假日。朋友们劝她："你得到了那么多令人羡慕的荣誉，不攻读剑桥博士学位，以后照样可以生活得不错。即使读学位也不必和自己较真，找个'抢手'代笔写论文不也能过关吗？"但是她说："在你们眼里，我纯粹是自讨苦吃。我读博士绝不是为了'镀金'，我既然上了剑桥，就绝不投机取巧走捷径，更不会弄虚作假！我盼望着那一刻，当我带上剑桥博士帽时，剑桥大学城里所有教堂的钟声都为我响起来！"

2008 年 11 月 29 日，当剑桥大学校长理查德在学校礼堂前的草坪上亲自授予邓亚萍经济学博士学位，并为她带上剑桥博士帽时，剑桥大学城内所有教堂的钟声顿时响起来，在丈夫林志刚和两岁的儿子林翰铭以及当地朋友的陪伴下，邓亚萍按照剑桥的古老传统完成了全部仪式。那一刻，她泪流满面，哽咽着说：“在经历了11年的艰辛后，今天我终于圆了剑桥博士的梦，激动的心情绝不亚于夺得奥运会金牌。”

后来，邓亚萍应邀参加央视“咏乐会”访谈节目，有观众问她：“你是剑桥大学建校800年来唯一拥有世界冠军头衔的博士，支撑你实现这一目标的力量是什么？”

邓亚萍胸有成竹地回答道：“简单说就是四颗‘心’。首先是决心，在你有了一个目标或是方向之后，要坚定不移地朝着这个目标努力；其次是恒心，在努力的过程中势必遇到一些困难，但这就是人生，如果不能克服困难，你也上不了一个台阶；再次是信心，最后离目标也许会差那么一点点，但一定不要丢掉信心；最后是平常心，不论结果如何，都要以平常心来对待。”

从运动员到博士生再到北京市委副书记，邓亚萍看似平步青云，对此她幽默地说：“因为我个子矮，所以所有的球对我来说都是高的，都是我进攻的好机会。”

摘自：张达明. 剑桥的钟声为她响起［J］. 半月选读，2009（22）：18-19.

课后思考：

1. 读完这篇文章，你有何感想？

2. 作为当代大学生，如何完善自我，突破自我？

专题3　学习心理

3.1　我的大学轨迹转向何方

亲爱的同学们，你们经历了“黑色六月”的煎熬，“灰色七月”的等待，“银色八月”的期盼，终于等到了“金色九月”，迈进了理想中的大学校门。当然，你们也一定对自己未来的四年大学生活有着美好的憧憬。但是，在这份梦想开启之前，我想请大家先静下心来回想几件事：

（1）是否曾经后悔自己所选的专业；

（2）是否曾经抱怨校园学习环境；

（3）是否曾经指责学校教学条件；

……

上面的这些列举，其实是大多数学生目前在学习上的主要心理问题。在大学，不怕你一度茫然，就怕你始终找不到自己的目标和方向；不怕你曾经徘徊，就怕你一成不变、缺乏思考……大家当下最应该思考的问题是：我为什么读大学？我的大学学习到底是什么样子？我怎样去适应大学生活？

【导入故事】

一大学的辅导员老师收到过所带学生发来的这样一条短信：

××老师，您好！就要毕业了，但是我却半点高兴劲都没有。反思自己的大学四年学习之路，我只想哭，不是因为不舍，而是因为全是遗憾，我后悔自己浑浑噩噩地过了四年。

要毕业了，面对将来的面试、工作，我却不知道简历该怎么写，因为我平时花在学习上的时间实在是太少了，而我掌握的知识也实在是太少了，获奖的证书几乎没有……

【故事点评】

这条短信也代表了不少大学生的心声。其实怀揣“念大学就是混文凭”想法的大学生大有人在。寒窗苦读 12 年，就为一个目标：考上大学。但是一旦上了大学后，就进入了自我迷乱期，不知道自己该做些什么，该学些什么，像高中那样苦学是没有人提倡也没有人去实行的，结果虚度了大学四年美好的时光，到最后才后悔莫及。

3.1.1　大学生常见的学习心理问题

大学是人生的关键阶段，其核心任务还是学习。其实大学生在同龄人中间是学习方面的佼佼者，但是大学学习和高中学习之间也存在很大的差异，比如学习任务、学习兴趣、学习内容、学习方法、学习目的、学习态度等，所以，很多新进入大学的学生往往一时难以适应这种学习生活，或多或少存在不同程度的学习心理问题。

目前，大学生学习的心理问题主要有以下 10 个方面（见表 3-1）：

表 3-1　大学生学习的心理问题

序号	心理问题	主要表现
1	学习适应不良	在大学，因为课程内容多、教学进度快、抽象性较强，学生一时难以适应，还习惯于高中那种被动、机械的学习方式。
2	目标计划不明	学习目标不够明确合理，易受他人影响和同化，缺乏具体可行的学习规划。
3	学习策略不多	只满足于机械识记、题海战术，而缺少高水平的思维操作。或因所学课程和需考的证书较多，不会很好地分配时间。
4	学习热情不高	有的学习懒散，耽于玩乐；有的要求不高，浅尝辄止；有的厌倦冷漠，畏缩逃避。长期如此，产生了懈怠和惰性。
5	学习动机不强	一方面是因高考发挥失常，没考上理想学校，心理落差大，没有动力学习；另一方面因为对未来就业前景感觉迷茫，觉得学习也没有用，所以就安于现状，不思进取。
6	忽略知识应用	忽视对知识的灵活应用和创造，或所学知识简单用于应付作业和考试。
7	知识基础不实	在学习的过程中，过于崇尚实用，从而产生浮躁、冒进的情绪，缺乏刻苦敬业的学习精神。
8	学习毅力不足	在实际的学习过程中，一遇到学习困难，就难以坚持，缺乏自觉性和自制力。
9	学习考试焦虑	紧张不安、注意力分散、记忆力减退、思维迟钝、情绪烦躁，甚至头痛失眠。
10	缺少学习反思	为什么要上大学？为什么要学习？为什么选择这个专业？对于这些问题，很多学生没有清醒的认识。

3.1.2 大学学习特点

古语说："玉不琢，不成器；人不学，不知义。"毛泽东说："好好学习，天天向上。"培根说："我愿意为了学习而活着，不愿意为了活着而学习。"托夫勒说："21世纪的文盲是不会学习的人。"为什么要提倡学习？因为学习是个体生存的必要手段，学习可以促进人的成熟，学习可以提高人的素质。

概括起来，大学的学习主要有以下特点：

3.1.2.1 学习的主动性

大学与中学阶段相比，有许多不同。

进入大学，告别了父母督促学习的唠叨；告别了做不完的试题；告别了早起晚睡的煎熬；告别了字母、公式的压迫，一遍又一遍的复习。大学的课程有太多选项，专业必修课、公共必修课、推荐选修课、文化素质课、任意选修课……关键还有大学的很多知识都需要靠自己私下花时间去理解和掌握，再也不可能像高中那样，为了应考，老师、学生"同仇敌忾"。

教育家钱伟长曾说："一个人在大学四年里，能不能养成自学的习惯，不但在很大程度上决定了他能否学好大学的课程，把知识真正学通、学活，而且影响到大学毕业以后，能否不断地吸收新的知识，进行创造性的工作，为国家作出更大的贡献。"俗语也说，"师傅领进门，修行在个人。"大学的学习不能单纯地接受和掌握课堂上老师的教授内容，而必须充分发挥学习的主动性和积极性，将一些问题研透弄明。当今社会，知识更新速度加快，因此，培养和提高自学能力，是大学生进行终身学习的基本条件。

马冬晗，清华大学精仪系81班本科生。她就是一位将学习主动性发挥到极致的大学生。2011年，她获得清华大学本科生特等奖学金。进入大学后，她三年学分成绩始终班级第一，同时也连续两年综合测评成绩名列第一。她担任过精仪系团委副书记，曾是精仪系学生会第一位女主席，并历任精仪系乒乓球队、排球队、羽毛球队队长。

她还有一个双胞胎妹妹马冬昕，和她一样也是保送进清华大学，她们姐妹俩在高中就双双成为预备党员。马冬昕也是特别奖学金的获得者，同时还是海淀区的人大代表。

在2012年10月，一段《清华大学特别奖学金答辩——马冬晗》的视频在微博上走红。视频中提到，马冬晗同学多门功课均超过了95分，被戏称为"清华学霸"。她的学习计划表密密麻麻地记载了自己的学习安排，有人感叹："相比较而言，深刻感觉自己连呼吸都在浪费时间。"

3.1.2.2 学习的专业性

在大一第一学期期末的时候，教务处会经常接到学生的申请书，要求更换专业。

询问原因，有的说是自己高中填报志愿时稀里糊涂地选择了现在的专业；有的说是报考志愿时听从了父母的要求，但读了一学期才发现自己对这个专业根本不感兴趣；还有相当一部分同学也不知道自己究竟喜欢什么，需要换一换来调剂一下目前的学习状态。

其实大家从高考前填报大学志愿的那一刻起，专业的选择就放在了每一位同学的面前。这也同时提醒着大家：大学教育具有专业性特点，教育的目的是培养高级专门人才。明白自己所选的专业之后，接下来要做的事情就是如何有效地将专业学好学精，这也是自己以后踏入社会必跨的门槛。

当然，需要明确的是，明白自己的所需，了解所学的专业，预想未来的工作，在此基础上做出选择，对所做决定做出承诺，是大学生在大学里应该学习的技能。

3.1.2.3 学习的广泛性

一个人如果只满足于学书本知识，那么他永远也不会独立思考。

——朱棣文

在竞争激烈的社会中，同学们如果仅仅满足于专业知识的学习，是不能算作合格的人才的，专业知识的掌握不过是拥有未来人才竞争的入场券而已。要想以后取得事业上的成功，一个人必须同时具备人文素质和科学素质，这两方面犹如一枚硬币的正反两面，不可分割。换句话说，一个人要想拥有最好的竞争力，意味着他的知识结构应该既有深度，又有广度；既精通专业，又融会贯通。

大学的课程不如高中那样集中。在正式的上课时间之外，同学们有较多的时间可以自由支配，可以选择很多方式为自己充电，进行更为广泛的学习。例如聆听学术报告、参与假期实践、进行社会调查等。在这些丰富多彩的学习过程中，可以通过各种不同的途径和渠道吸收广泛的社会知识。专业精通，知识广博的人，才是社会最需要的人才。

3.1.2.4 学习的创新性

知识经济的本质是创新。

诺贝尔物理学奖获得者朱棣文在接受《中国青年报》记者采访时曾说过：科学的最高目标就是要不断发现新的东西，因此，要想在科学上取得成功，最重要的一点就是要学会用与别人不同的方式、别人忽略的方式来思考问题。

在21世纪，只有那些善于将创新和实践结合起来的人，才有可能获得最大的成功。微软公司原全球技术中心的总经理唐骏明确表示过，潜力比专业经验和在校成绩都重要，微软公司最需要的人才是具有潜力的人才，而潜力不仅包括聪明才智，更包括创造力和创新素质。微软公司在招聘员工时有一套自己的方法，比如给出“3388”四个数字，看应聘者能不能在最短时间内通过加减乘除得出24。类似带有创新性的招聘试题在中兴通信公司也出现过，比如要求应聘者在唐僧、孙悟空、猪悟能、沙悟净师徒四人中选择一个人做助理，应该怎么选择？还有一些知名大公司的面试题，也是“刁钻古怪”，比如会问应聘者“上海有多少个加油站”？“英国每年买几个高尔夫球”？这些问题当然不会是考查应聘者的记忆力和常识，事实上问题也没有什么标准答案，关键是考察应聘者分析问题的能力，知道在面对这些问题时怎样创新性地找到一个恰当的切入点。

【心理导航】

情景剧表演

学生小方，在他们家乡以高分考进了某某大学，父老乡亲都为她感到骄傲。但是进入大学后，她对于学校采取双语教学的方式却一直不能适应，因为在他们家乡，基本上不曾用英语交流过，而同寝室的同学上课却能用英语对答如流。学习上的竞争压力使得小方产生了退学的念头，幸好辅导员老师及时发现，在老师和班级同学的帮助下，终于使小方走出了困境，认识到自己的问题，敢于直面学习上的挑战。

请小组内自行分配，完成该情景剧的角色表演。

【心理自助训练】

制订一份大学四年的学习计划书。

要求：

1. 细化四年目标。比如大三时能达到什么程度？大二时要达到什么标准？大一时必达到什么标准？这个学期要达到的标准，这个月要达到的标准等。

2. 制订较为科学的学习计划，将自我认知和学习需要相结合。

(1) 思考我的特点。

什么科目学得最好？

什么科目学得最不好？

什么时候学习效率最高？

什么时候最想休息？

什么样的休闲方式最适合我？

……

(2) 思考大学可能会参加的考试。

期末考试

计算机考试

英语四级、六级

考研、托福、GRE

……

3.2 学习的“发动机”

获得良好的学业成绩虽然不是大学生活的全部意义，却是一名合格大学生的最起码要求。但是，由于社会环境和自身因素的影响，大学生群体中出现了不同的学习状态。

【导入故事】

小高来自一偏远山区，他高考成绩非常不错。然而迈入大学后，从高中紧张的学习状态放松了下来，他一下子无所适从，学习激情逐渐淡去，后来就逐渐逃课，躲在寝室打游戏或者睡懒觉。大一第一学期期末测试，他挂了5科，学分负债近20分。在第二学期开学初时，学校教务处给他送达了学业警示通知单。他开始有些慌了，也决心第二学期一定要重整旗鼓。但是因为惰性太强，只断断续续坚持了一个月，又陷入颓废的状态之中。第二学期期末考试，他又有6门功课不及格。由于所挂学科的学分已经达到学校关于强制性降级的标准，小高不得不重读大一。

【故事点评】

小高这样类似的经历不是个案。这种情况的出现，主要原因还是小高对学习缺少足够的动力。当没有外在的学习压力和严格的纪律约束，自己又可以有更多自由支配的时间时，很多大学生都会陷入迷茫之中。

在准备高考的阶段，家长和老师们都会给我们灌输这样的观念：“好好学，你们现在累一点，但是一考上大学就随便你玩，大学就是天堂，轻松得很。”可事实上，大学真的是玩乐的天堂吗？

3.2.1 学习动机

3.2.1.1 学习动机的定义

学习动机是指引发与维持学生的学习行为，并使之指向一定学业目标的一种动力倾向。

大学生学习动机是直接推动学习的内部力量，是社会和教育对学生学习的客观要求在学生头脑里的反映，表现为学习的志向、愿望或兴趣等形式。

学习动机包含学习需要和学习期待两个部分。学生一旦有了学习需要，即学习自觉性，他就能够对学习产生极大的热情，在学习上产生积极的行动。

3.2.1.2 学习动机的分类

（1）直接性的近景学习动机和间接性的远景学习动机。

根据学习动机的作用与学习活动关系，学习动机可以分为直接性的近景学习动机和间接性的远景学习动机。

直接性的近景学习动机与学习活动直接联系，是由对学习活动的直接结果的追求所引起的。例如，学生的求知欲、对某一专业或者某一学科浓厚的兴趣，或者教师上课的风格、教学内容的形式等都会直接影响学生的学习动机。

间接性的远景学习动机与人生意义和社会意义相联系，是社会要求在学生学习上的反映。这类动机一旦形成，就具有较大的稳定性和持久性，不易为生活中的偶然因素所改变，能在较长时间内起作用。例如，大学生如果认识到学习不是为自己的个人前途，而是为了国家的未来和发展、是为了争取班级的荣誉等都是间接性的远景学习动机。

（2）外部学习动机和内部学习动机。

根据学习动机的动力来源，学习动机可以分为外部学习动机和内部学习动机。

外部学习动机又称为外部学习动机作用。它是指由外部诱因所引起的动机，如分数与文凭、奖励与惩罚等。有些学生是为了得到同学的肯定、老师的夸奖、父母的赞赏而努力学习。他们从事学习活动的动机不是在于学习任务本身有什么意义，而在乎学习活动之外的东西。

内部学习动机又称为内部学习动机作用。它是指由内部因素支配和推动的动机，如好奇心、自尊心等。学生自身对学习的兴趣、希望提升自己的能力等内部因素，都会促使学生更加主动积极地学习。

（3）正确学习动机和错误学习动机。

根据学习动机的社会意义，学习动机可以分为正确学习动机和错误学习动机。

正确学习动机，其关键点是利他主义。例如，学生非常勤奋地学习，是因为他意识到自己是祖国未来发展的重要力量，即现在时常说的“少年强则中国强”。他知道自己必须学习好，以后才能担负起祖国发展的重任。

错误学习动机，其中最具代表性的是利己主义。例如，有学生刻苦努力只是为了个人的出路等，很少能考虑报答父母、回馈社会、报效祖国。

3.2.2 学习动机与学习效果的关系

大学生的学习效果受多方面因素的影响，比如学习兴趣、学习态度、学习志向以及外来的鼓励等，但最主要的还是受学习动机的支配。在大学阶段的学习过程中，不断调节自己的学习动力是学习积极性、主动性发挥的前提和基础。

美国芝加哥伊斯诺大学教授沃尔伯特在研究了动机水平与学习成就的关系后得出这样的结论：学习动机越强烈的被试，其学习成绩越好，其正相关达98%。可见，学习动力对学习行为起着重要的导向作用。因为一旦学习动力不足，将缺乏学习热情，后面的学习行为就难以持续。

图3-1反映的是著名的耶克斯-多德森定律，其指出，在各种任务中存在着一

个最佳的动机水平，但是最佳的动机水平并不是固定不变的，它会因任务难易度产生变化。在简单的任务中，学习效率随着学习动机的提高而上升，中等偏高的动机水平时，效果最好；中等难度任务中，动机水平为中等时，学习效果最好；随着任务难度的不断加大，动机的最佳水平随之下降。这一现象在心理学上被称为耶克斯-多德森定律。这其实是不难理解的，当学生的学习动机过弱时，他们往往对学习持漠然态度，效果必然不好；而在动机过于强大时，学生又处于高度的焦虑紧张状态，他们的注意和知觉范围会变得狭窄，限制思维活动，从而降低最终效果。

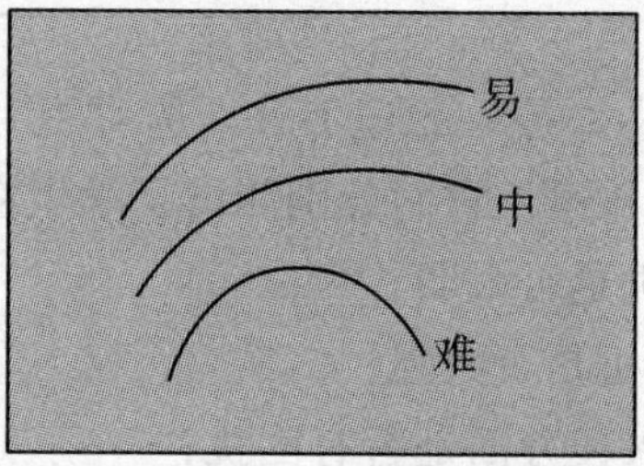

图 3-1 耶耶克斯-多德森定律关系图

斯迪帕特（Stipet，1998）认为，学习动机可通过外在的学习行为反映出来。表 3-2 是大学生学习动机的自我诊断量表，包括 20 个问题。请根据自身的实际情况，对每个问题做“是”或“否”的回答。

表 3-2 大学生学习动机的自我诊断量表

序号	题目	是	否
1	在学习中遇到不懂的知识，我根本不想弄懂它。		
2	我读书时，需要很长的时间才能提起精神。		
3	如果别人不督促我，我极少主动地学习。		
4	我一读书就觉得疲劳与厌烦，只想睡觉。		
5	除了老师指定的作业外，我不想再多看书。		
6	我迫切希望自己在短时间内就能大幅度提高学习成绩。		
7	为了把功课学好，我放弃了许多我感兴趣的活动，如体育锻炼、看电影与旅游等。		
8	我常想：自己不用花太多的时间，成绩也会超过别人。		
9	为了及时完成某项作业，我宁愿废寝忘食、通宵达旦。		
10	我常为短时间内成绩没能提高而烦恼不已。		
11	我觉得读书没意思，想去找个工作。		
12	我花在课外读物上的时间比花在专业书上的时间要多得多。		
13	我常认为课本上的基础知识没啥好学的。		
14	我平时只在喜欢的科目上狠下工夫，对不喜欢的科目则放任自流。		

表3-2(续)

序号	题目	是	否
15	我把自己的时间平均分配在每一科课程上。		
16	我几乎毫不费力就实现好几个学习目标。		
17	我给自己定下的学习目标，多数因做不到而不得不放弃。		
18	为了应付每天的学习任务，我自己感到力不从心。		
19	为了实现一个大目标，我不再给自己制定循序渐进的小目标。		
20	我总是同时为实现好几个学习目标而忙得焦头烂额。		

评分解释：评分时，选“是”的记1分，选“否”的记0分。

上面20道题目可分成4组，它们分别测试了学生在四个方面的学习问题：

1~5题，测试学习动机是否太弱；

6~10题，测试学习动机是否太强；

11~15题，测试学习兴趣方面是否有困扰；

16~20题，测试学习目标方面是否有困扰。

最后将各题的得分相加，即可算出总分来评估学习动机的整体情况。

0~5分，说明学习动机上有少许问题，必要时可调整；

6~13分，说明学习动机上有一定的问题和困扰，可调整；

14~20分，说明学习动机上有严重的问题和困扰，急需调整。

3.2.3 学习动机的培养

苏联心理学家阿列克谢·列昂捷夫（Alexei Nikolaevich Leontyev）曾说过：“学生学习的自觉性是和动机分不开的。有正确学习动机的学生才有主动性。学习动机是学生学习活动的主观意图，是推动学生进行学习的内在力量。”因此，学习动机的培养是使学生把社会和教育对他的客观要求变为自己内在的学习需要的过程。不过，外来学习动机是通过激发内部动机来发挥作用的。因此，培养学习动机的关键在于内部动机的形成。

3.2.3.1 寻找适合自己的“强化物”

想想自己平时在学习的过程中，做什么能感觉高兴和舒服，那就可以在完成任务之后给自己适当奖励，是看电影还是逛街？是吃美食还是打游戏？

3.2.3.2 寻找适合的榜样

选择身边或者同龄人中的优秀学习代表，将他们的学习方式借鉴到自己的学习行为中，鼓励自己坚持努力学习，成为自己学习的最佳动力。

3.2.3.3 发动周围同学帮忙监督

比如在寝室里宣布自己的学习计划，以此获得周围人的支持。

3.2.3.4 设立合理学习目标

有句谚语说："只有跳起来能够得到的果子是最甜的。"所以，设定合理的目标才能激发实现目标的动机。

【导入故事】

覃某某，是一名广西老、少、边、山、穷地区的贫困大学生，他的父亲在他上小学二年级时就去世了，母亲年过六旬但因患病基本丧失劳动能力，家庭仅靠他的兄长一人务农勉强维持生计。

跨入大学校门，面对清寒的家境，他在心中坚定了"用知识改变命运"的人生信念。虽然在物质上，他不及大多数同学，但好强的他在学习上却始终与同学竞争。别人吃早餐的时候，他在学习；别人睡懒觉的时候，他在学习；别人出去玩的时候，他也在学习。清苦的生活成为他刻苦拼搏以改变人生命运的动力。

由于之前所受教育的差异，刚开始到学校时，他的基础相对较差。为了尽快赶上同学，他坚持请教老师与同学，课余时间就将同学们的笔记借来参考并综合到自己的笔记里。当课程繁重时，他每天六点十分起床，有时还要复习到凌晨一点。学习成了他大学生活的主题。

在他读大学的前六个学期，他期末加权平均成绩达到87.38分，名列全专业第二名，综合素质测评名列专业第一名，大四的时候被学校推荐为免试硕士研究生。

【故事点评】

大学是进入社会的提升"跳板"之一，很大程度上为个人未来的成长道路奠定了坚实的基础。

【心理导航】

情景设置：有这样一个教学班级，班级中的一部分学生喜欢学习，觉得学习是快乐有趣的，常常能主动配合老师的学习任务；一部分学生不是很喜欢学习，但是又因为担心老师点名，挂科，学分问题、毕业问题、就业问题，不得不每天按时坐在课堂上，但是经常处于纠结和痛苦中；少数学生确实不喜欢学习，但是又不愿意让自己痛苦，于是，干脆直接逃课，万一运气不佳，被老师点名了，再去想各种办法，避免被老师记上"旷课"而导致取消考试资格；还有个别学生完全不适应大学的学习生活，由于双语教学等教学难度的增大，上课完全听不懂，就开始破罐子破摔，甚至谋生了退学的念头。如果你在教学这门课，你会怎么做呢?

请以小组为单位，设计一个方案，以有效培养和激发学生的学习动机，尽可能帮助所有学生认真有效地完成学业。

下一节课，小组所有成员都需上台展示，特别注意成员的参与意识和表达能力。小组需介绍本小组方案中的研究方法和主要成果，以及在研究活动过程中遇到的困难和对本次活动的感受，其他小组成员打分。

网络上有非常多的关于学习动机的资源，大家在查找网站的相关信息时，注意信息的有效性和专业性。

【心理自助训练】

学生分小组讨论出现在自己身上的学习动力不足的原因和表现：

1. 你有没有学习懈怠的时候？
2. 具体原因是什么？
3. 具体表现是什么？
4. 你是怎么自我调节的？

审视自己前面讨论总结出的原因，根据归因理论进行分类，给自己一个可参考和调节的依据，学习怎样有效地提升学习效果。

3.3 打通学习的“任督二脉”

【导入故事】

下面是三位大一学生的对话：

“今天我们老师一节课讲了两个专题内容，而且课件上的顺序与教材的内容根本就对不上，这样下去，期末考试咋办啊？”

“你还算好的，我们有门课程居然连教材都没有，上课之前都要先在校园网的慕课平台上学习相关视频。我时间好像根本安排不过来……”

“我们的双语教学，更让人着急。课本是全英文的，上课老师说的也是全英文，每次课后我翻牛津字典，查得头昏眼花的，结果复习还是只能明白50%。”

【故事点评】

从上述的对话中可以看出，大一学生刚进大学校园，开始上课都存在着不适应的状态。因为在高中，老师会将所有的高考知识点细化、提炼，直接灌输到学生们的脑中，而大学老师则会将原有的知识点尽量扩展，以此拓宽学生的知识面，但具体怎么吸收和选择，则是由学生们自主的学习方式决定。

3.3.1 大学生的学习途径

对于学习，如果只是端正了学习态度但没有良好的学习途径，结果也只能是事倍功半。其实，任何事物都是有规律可循的，大学的学习也不例外。有些细节的问题，稍加注意，就能大大地提高学习效率。

3.3.1.1 合理利用互联网

在当今信息化普及的时代，上网已成为大学生学习生活的重要组成部分。大学校园里的传闻是："饭可以不吃，觉可以不睡，网不可以不上。"比如在西南财经大学天府学院，学生人手一台电脑，校园网无线网络全面覆盖，学生的慕课课程、云教育，都是通过互联网来学习的。

目前，大学校园里使用最多的两种网络资源是BBS（电子公告板）和FTP（学校网络资源）。校园BBS是大学生发表观点、展开讨论的理想去处，其中有关于学术研究的版块，这些版块有涉及经济、法律的，有涉及计算机知识的，有涉及哲学历史的……通过上校园的BBS，大学生们可以相互讨论交流，分享学习的心得体会。这无论是对于学习还是以后就业，都是有好处的。

通过FTP，大学生们可以获取更多的学习资源。FTP站点上有很多学习资料，可以免费下载。同时，学习中需用的一些软件，也都可以在这里找到，为学习提供了很大的便利。

3.3.1.2 充分利用图书馆

互联网再丰富也代替不了图书馆。一方面，网络上并非什么都可以查到；另一方面，互联网上的资料良莠不齐也是众所周知的。

教师队伍、试验设备和图书馆被称为高校的"三驾马车"，图书馆也被称为学生的"第二课堂"。因为课堂上老师所讲的内容只是沧海一粟，要想在本专业有所发展，必须全力开采图书馆这座金矿。

不过，在图书馆选择书籍也有很大的学问。诺贝尔文学奖获得者大江健三郎说过："要多读好书，只有不读坏书。"比如，重点读一些专业理论图书；系统读一些自然、社科、人文名著，定期翻阅专业研究领域动态信息，等等。

同学们，试着爱上图书馆吧，因为你已经为享用图书馆的资源付了学费，那儿也是专门为你而设的。

3.3.1.3 抓住各种机会听讲座

有同学曾戏称：大学里，课可以不上，但讲座绝不可以不听。因为听讲座是大学生获取知识的一个重要途径，是与名师、名家进行思想对话的一种重要方式。在信息技术高度发达的今天，大学里举行的各类学术讲座往往成为社会瞩目的焦点。比如，湖南卫视与湖南大学在岳麓书院定期举办的名人讲座，香港凤凰卫视的"世纪大讲堂"，这些讲座吸引了很多大学生，他们可以直接感受到专家、学者们的思想火花。

不过，对于讲座的选择还是大有技巧的。一是要有计划性；二是要有选择性；三是要会听。有讲座不听是损失，但是如果因听讲座过多而打乱了自己的计划也不好。所以，关键是根据自己的时间和精力来适当安排。

听讲座一定要做好笔记。通过笔记，可以记录下讲座的核心观点和令你耳目一新的概念以及你心中存疑的一些内容。如果是名师讲座或者是特别精彩、启发性强的讲座，要尽可能地用录音设备记录下来，方便以后随时聆听。

讲座结束后，稍等片刻。一般讲座最后都要安排时间供主讲者和听众互动，这通常也是讲座最精彩的时段。在自由提问时，你可以大胆提问，将心中的疑问告诉主讲人以得到他的回应；或者聆听别人的发言，从而拓宽你的思路，这有助于你更好地消化讲座内容。

3.3.2 大学里有效的学习方法

良好的方法能使我们更好地发挥天赋的才能，而笨拙的方法则可能阻碍才能的发挥。

——贝尔纳

大学的学习不单单是掌握知识，更重要的是掌握学习知识的方法。授人以鱼不如授人以渔，每个人都要找到适合自己的学习方法。

3.3.2.1 学会记笔记

俗话说：“好记性不如烂笔头。”因为大多数人在24小时之内就会遗忘70%的信息。

（1）5R笔记法。

5R笔记法又称康奈笔记法。这一方法几乎适用于一切课程。这种方法是记与学、思考与运用相结合的最有效方法。具体步骤见表3-3。

表3-3 5R笔记法的步骤

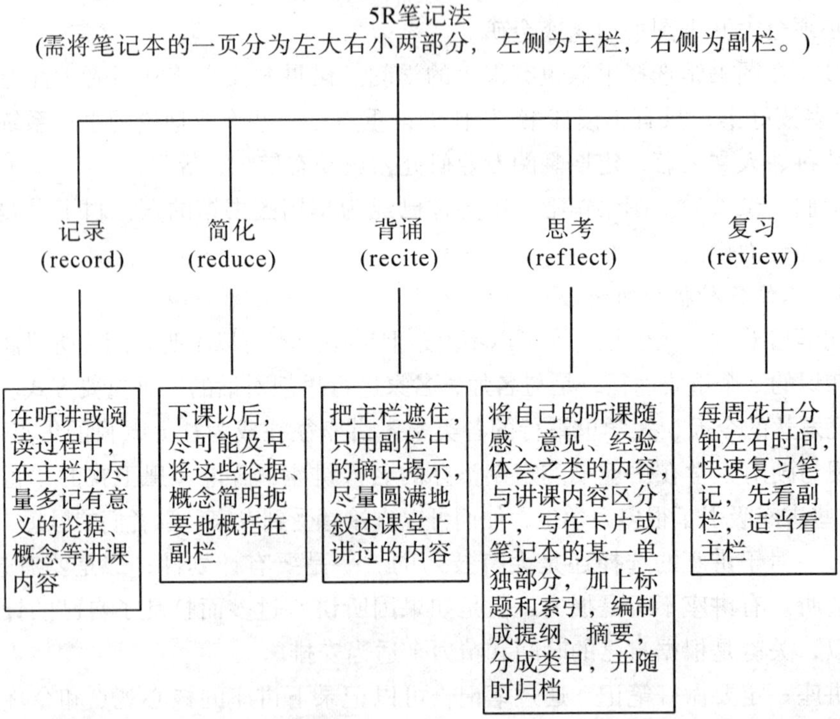

（2）符号记录法。

符号记录法的步骤见表3-4。

表3-4　符号记录法的步骤

符号记录法就是在课本、参考书原文的旁边加上各种符号，如直线、双线、黑点、曲线、箭头、蓝线、三角、方框、着重号、惊叹号、问号等，便于找出重点，加深印象或提出质疑。什么符号代表什么意思，可以自行掌握，但最好形成一套比较稳定的符号系统。 在实际情况中，应该注意以下一些准则：	
读完后再做记号	在你还没有把整个段落或有标题的部分读完并停下来思考之前，不要在课本上做记号。在阅读的时候，你要分清作者是在讲一个新的概念，还是只是用不同的词语说明同样的概念，你只有等读完这一段落或部分以后，才能回过头来看那些重复的内容。这样做可使你不至于抓住那些一眼看下去仿佛很重要的东西。
要善于选择	不要一下子在很多项目下画线或草草写上许多项目，这样会使记忆负担过重，并迫使你同一时刻从几个方面来思考问题，也加重思维负担。你要少做些记号，但也不要少得使你在复习时又只好将整页内容通读一遍。
用自己的话	页边空白处简短的笔记应该用自己的话来写，这是因为自己的话代表自己的思想，以后这些话会成为这一页所述概念的一些有力的提示。
简洁	在一些虽简短但是有意义的短语下画线，而不要在完整的句子下面画线，页边空白处的笔记要简明扼要。
迅速	不可能一整天的时间都用来做记号。先要阅读，再回过头来大略地复习一遍，并迅速做下记号，然后学习这一章的下一部分内容。
整齐	做的符号要尽量整齐，而不要胡写乱画，否则会影响以后的复习和应用。当以后复习的时候，整齐的记号会鼓励你不断学习，并可以节省时间。

（3）笔记整理法。

由于老师上课速度较快，一般来说，在课堂上做的笔记往往比较杂乱，以至于课后复习也看不清楚明白，不太好用。为了巩固学习成果，需要对笔记进一步的整理，使之成为有条理的参考资料。

对课堂笔记进行整理的方法见表3-5。

表 3-5　对课堂笔记进行整理的方法

笔记整理法

- 忆
  课后抓紧时间，趁热打铁，对照书本、笔记，以及回忆有关信息，这是整理笔记的重要前提
- 补
  课堂上所做的笔记，因为是跟着教师讲课的速度进行，讲课速度要比记录速度快一些，所以笔记会出现缺漏、跳跃、省略等情况，在忆的基础上，及时作修补，使笔记更完善
- 改
  仔细审阅课堂笔记，对错字、错句及其他不够确切的地方进行修改
- 编
  统一的序号，对笔记内容进行提纲式的、逻辑性的排列，注明号码，梳理好整理笔记的先后顺序
- 分
  以文字（最好用色笔）或符号、代号等划分笔记内容的类别。例如：哪些是问题质疑、哪些是课后练习题解答，等等
- 舍
  省略无关紧要的笔记内容，使笔记简明扼要
- 记
  分类抄录经过整理的笔记。同类的知识，摘抄在同一个本子上或一个本子的同一部分，也可以用卡片分类抄录。这样，日后复习、使用就方便了，按需所取，纲目清晰，快捷好用，便于记忆

3.3.2.2　记忆术

有的学者曾指出：人脑的记忆容量相当于 5 亿本书籍的知识容量，人脑的记忆潜能近乎无限。在 1957 年，一位英国人打破了背诵圆周率的世界纪录，他可以正确无误地背诵到小数点后 5 050 位；在 1958 年，一位 17 岁的加拿大学生，背诵到了小数点后 8 750 位；1980 年，日本索尼电器公司的一名职员，背诵到了小数点后 20 000 位。

那他们是靠什么样的方式记住这些枯燥复杂的数字的呢？他们记住了之后不会遗忘吗？

德国的心理学家艾宾浩斯研究调查发现：遗忘是在学习之后立即开始的，人最初的遗忘速度会很快，以后逐渐缓慢，且遗忘的进程并不均匀。艾宾浩斯的遗忘曲线见图 3-2。

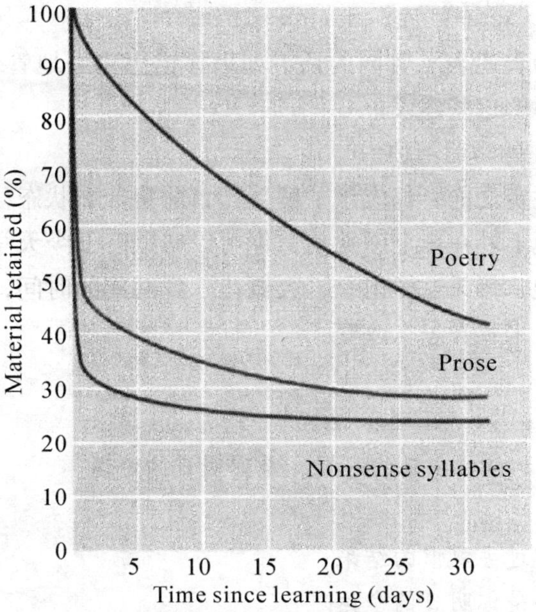

图3-2 艾宾浩斯的遗忘曲线（先快后慢）

这说明记忆是有迹可循的。

一个叫米克海尔·切乌尼的人，运用了记忆术，曾经在10秒内记忆40多个无序排列的数字。

目前最流行而又取得公认的记忆法是PQ4R记忆术（见表3-6）。

表3-6 PQ4R记忆术

PQ4R记忆术	预习（Prepare）	涉猎全部学习材料，以确定要探讨的一些课题，并确定作为重点来阅读的各分段
	提问（Question）	提出有关分段的问题把各分段的主题改为适当的问句
	阅读（Read）	仔细阅读各分段的内容，尝试回答各分段所拟定的问题
	思考（Reflection）	在阅读时思考内容，力图给予理解，想出一些例子，把材料和自己已有的知识联系起来
	复述（Repeat）	学完一个分段后，尝试回忆其中所包含的知识，力图回答自己对各分段所提出的问题。如果不能充分回忆，就重新阅读记忆困难的部分
	复习（Review）	学完材料后，默默回忆其中的要点，再次尝试回答自己所提出过的各个问题

3.3.2.3 科学安排时间

高中阶段的学习，同学们每天有固定的上课时间，有定期要交的作业，好像一切已经由老师安排好了，没有太多可以自由安排的时间。但是到了大学以后，所有的事情都变了。课程量不大，时间充裕，每天不知道做了些什么，就恍恍惚惚地过去了。

如果你对上面的表述表示赞同的话，如果你也想更好地管理自己的学习时间，你可以试试采取下面的这些建议：

（1）了解你现在的学习习惯。

大家在做任何决定之前，都应该了解自己目前是什么状态，否则怎么知道该改变些什么呢？每天晚上躺在床上睡觉前，你可以回顾一下今天学了些什么。你可以把这个叫作学习日记。每天这样记录，大概花一到两周的时间，你就可以清楚地了解自己的习惯，接下来就看怎么改变。

【知识链接】

今日的习惯，是你明日的命运

有这样一句话：

今日的你，是你过去习惯的结果；

今日的习惯，将是你明日的命运。

改变所有让你不快乐/不成功的习惯模式，你的命运将改变，

习惯领域越大，生命将越自由、充满活力，成就也会越大。

成功有时候也并非想象的那么困难，每天都养成一个好习惯，并坚持下去，也许成功就指日可待了。每天养成一个好习惯很容易，难就难在要坚持下去。这是信念和毅力的结合，所以成功的人那么少，也就不足为奇了。

“一个人要有伟大的成就，必须天天有些小成就。”穷人和富人不仅仅是金钱上的差别。这里有个小故事：一个富人送给一个穷人一头牛，穷人满怀希望开始奋斗。可牛要吃草，人要吃饭，日子难过。穷人于是把牛卖了，买了几只羊，吃了一只，剩下来的用来生小羊。可小羊迟迟没有生出来，日子又艰难了。穷人又把羊卖了，买成了鸡，想让鸡生蛋赚钱为生，但是日子并没有改变，最后穷人把鸡也杀了，穷人的理想彻底崩溃了，这就是穷人的习惯。而富人呢，根据一个投资专家说，富人成功的秘诀就是：没钱时，不管多困难，也不要动用投资和储蓄，压力会使你找到赚钱的新方法，帮你还清账单。这是个好习惯。性格决定了习惯，习惯决定了成功。

有人说，上帝对人类最公平的两件事之一，就是每个人一天都只有24小时。记得小时候曾经念过“一寸光阴一寸金，寸金难买寸光阴”的话，虽然我们并不知道所谓“一寸光阴”到底有多长，但是既然光阴与黄金相比，其价值昂贵也就可知了。那么如何利用好每天这24小时，好好管理自己的时间，以求得最大的效用，这无论对个体或集体而言，都是十分必要的。

美国富兰克林时间规划公司的创办人海蓝密斯在其大作——《打开成功的心门》一书中，提出了十大自然法则：

①掌握生活大小事——通过掌握时间而掌握生活。

②确立核心价值——核心价值是自我实现和个人成就的基础。

③排定优先顺序——当日常生活反映了你的核心价值，你就能体验发自内心的平静。

④设定明确可行的目标——为达成重要目标，必须远离安逸区。

⑤规划每日工作——每日规划做得好，时间宽裕效率高。

⑥检视行为与信仰一致——行为是真实信念的反射。

⑦改变行为以符合要求——当信念与事实相符时，需求就自然得到满足。

⑧重新开信仰之窗——改变错误想法，克服负面行为。

⑨以个人价值为依据——自尊必须发自内心。

⑩在奉献中成就自我——付出越多，收获越大。

一个人是否每天都有明确的目标，是否每天有合理的时间安排，而不是乱七八糟、混乱不堪的生活，这对于他离成功的远近无疑有着重要的影响。随着时代的发展，在现代化的大都市生活的人们，行色越是匆促，日子过得越是紧张，每个人的时间就像高速公路上面瘫痪的交通状况一样，应该做和不得不做的琐事塞得满满当当，真正想做的事却又找不出空档来，“忙、盲、茫”是他们生活的真实写照。只有保持好的生活习惯，有明确的时间管理观念，才能够在匆忙的人群中寻找到一丝安逸的步伐。

（2）用更多时间来复习上课内容。

大学的课程已经不像高中时期那样，40 分钟课程可能就是一个丰富的专题，课堂上的时间不足以让自己完全消化理解。所以，需要花课余时间来完成这个反复和记忆的过程。如果按照这样的方式做，它的效果不仅在于使你听下一节课时游刃有余，好处在考试前也会体现出来。

（3）避免长时间的学习。

很多同学喜欢在没课的时候，一天到晚待在图书馆，这样做当然没错，不过一定要记得：隔一个小时短暂休息一下，而且也不要总学一门课程。这些间歇的休息有利于提高学习效率。

（4）把握状态最好的时间。

有同学喜欢清晨看书，因为清醒；有同学喜欢晚上阅读，因为安静。但无论如何，在精神最佳、状态最好的时段来解决那些难的或者你不喜欢但是必须要学的课程上，一定会有意外收获。

（5）学会利用零散时间。

当你在等公交车或者等人时，可以温习随身携带的单词卡片，复习课堂的内容等。虽然零散的时间很短，容易被我们忽略，但其实 5 分钟可以做很多的事情，等待的时间加起来也是很可观的。

（6）建立一个日程表。

很多同学都知道这样的方法，把自己的作业、考试、课程等内容都放到这个日程表里面，以此让自己更好地了解需要做些什么事情。

【心理导航】

成长体验活动

活动主题：头脑风暴。

活动目标：激发学习动机，培养创造性思维。

活动时间：25 分钟。

活动人数：每组 8~10 人。

活动要求：分小组讨论，每组想出尽可能多的答案，最后由小组代表分享。

题目：

1. 有两个房间，其中一个房间里面有三盏灯，另外一个房间里面有控制这三盏灯的三个开关。但是这两个房间是分开的，没有联系。现在要求每个房间只能进去一次，你能判断出这三盏灯分别是由哪个开关控制的吗？

2. 五个海盗抢来 100 枚金币，大家一起决定分赃。方法是：海盗 A 提出一种分配方案，如果提出方案的海盗之外的过半数海盗同意该方案，该方案就可付诸实践，如果提议没有通过，提议人将被扔入大海喂鲨鱼。然后，接下来的海盗继续重复提议过程。假如每个海盗都聪明绝顶，也不互相合作，并且都想尽可能多地得到金币，那么，第一个提出方案的海盗将怎样提议，才既可以使提议被通过又可以最大限度得到金币呢？

【心理自助训练】

1. 美国教育家斯金纳有一句名言："如果我们将学过的东西忘得一干二净时，最后剩下来的东西就是教育的本质了。"那"剩下来的东西"是指什么？结合自己大学期间的学习生活，谈谈对"剩下来的东西"的理解。

2. 请根据对学习的界定，回忆从小到大一次成功的"学习"经历。

从开始到学会，花了多长时间？经历哪些过程？

有哪些人、事或情绪促进你的学习过程？

有哪些人、事或情绪阻碍你的学习过程？

对现在的你有什么启发？

专题 4 情绪管理

4.1 情绪“温度计”

情绪就是一条河，如果没有及时观察，这条河流会汇聚越来越多的小溪流，变得越来越大。河流平时很平静，但一旦爆发，力量将无法控制。

【导入故事】

某天早上，××大学小王起床后半天没找到拖鞋，有些恼火，但是此刻他并没有意识到自己正在生气，于是去卫生间洗漱，挤完牙膏后，他开始接水，一不小心，挤好的牙膏掉在水槽中，此刻小王的怒气一直在增长，他气冲冲地再次挤好牙膏，结果还是掉了，小王最终以生气的状态完成了整个洗漱过程。回到宿舍，看到寝室一个同学正坐在他的凳子上，按照小王平日里的个性，他不会因为这样的小事生气，但是那天他很生气，对室友呵斥，引起室友不愉快，于是两人发生了争执。争执过后，小王抓着书包就去了教室上课，到了教室发现书忘带，懊恼不已，整天上课不在状态。

【故事点评】

这样的事在我们生活里并不少见，回顾一下整个事情，起因居然是早上起床没有找到拖鞋。如果小王没找到拖鞋就能意识到当时自己的情绪，那么就不会有之后的生气了，因为我们犯不上为一双拖鞋而生气；挤好的牙膏掉了，如果当时能观察到自己的情绪，也不会生气，因为我们犯不上为牙膏生气；当然也更犯不上因为室友坐了自己的凳子与室友发生争执，以至于影响整天上课的状态。

在我们的日常生活中，总会遇到不同的事，可能会直接影响到个人情绪体验。这些情绪体验有积极的，也有消极的，本案例为我们呈现的就是一种消极的情绪体验。作为大学生，保持心理健康，学会观察和调试个人情绪非常重要。在本节，我们将对情绪进行认识和了解，并掌握一些调试个人情绪的方法。

4.1.1 情绪概述

4.1.1.1 情绪的定义及构成

心理学家和哲学家已经为“情绪”的确切含义辩论了一百多年，一直没有一个统一的结论。在本书中，我们将情绪定义为：伴随着认知和意识过程产生的对外界事物态度的体验，是人脑对客观外界事物与主体需求之间关系的反应，是以个体需要为中介的一种心理活动。

人类拥有上百种情绪，但是归纳起来只有四种最基本的情绪，即：喜、怒、哀、惧。艾克曼指出，人类的情绪是具有普遍性的，因为四种基本情绪（喜、怒、哀、惧）所对应的特定面部表情得到了世界各地不同文化的认可，这之中还包括没有文字、尚未受到电影电视污染的人群。

情绪的构成包括三种层面，分别是：①认知层面上的主观体验；②生理层面上的生理唤醒；③表达层面上的外部行为。当人类有情绪产生时，这三种层面会共同活动，从而构成一个完整的情绪体验过程。

情绪的主观体验是人的一种自我觉察，即大脑的一种感受状态。人类拥有多种不同的主观感，包括喜、怒、哀、乐、爱、惧、恨等。当人类面对不同的事物的时候，会随之产生不同的主观感受。如同情朋友的遭遇，仇恨敌人的凶暴，事业成功之后的欢乐，考试失败带来的悲伤……所提及的这些主观体验只有个人内心才能真正感受到或意识到，如自己知道“我很高兴”，我意识到“我很痛苦”，我感受到“我很内疚”等。

生理唤醒多发生在人的情绪反应时，如一个人非常激动，他的血压会升高；当他感到愤怒的时候，会浑身发抖；紧张的时候，其心跳速度加快；害羞时会满脸通红……脉搏加快、肌肉紧张、血压升高及血流加快等生理指数，通常是伴随着不同的情绪产生的，以上均属于内部的生理反应过程。

一个人的生理反应通常会伴随一些外部反应过程，这一过程也是情绪的表达过程。当你感到悲伤的时候，会痛哭流涕；当你觉得激动的时候，会手舞足蹈；当你感到高兴的时候，会立刻开怀大笑。情绪所伴随出现的这些相应的身体姿态和面部表情，就是情绪的外部行为，这些经常成为人们判断和推测情绪的外部指标。但有时候也会有例外，因为人类心理呈现出复杂性，人们的外部行为会与主观体验不一致。比如在一大群人面前演讲时，明明心里非常紧张，却还要做出镇定自若的样子。

4.1.1.2 情绪与情感

美国哈佛大学心理学教授丹尼尔·戈尔曼认为，情绪指情感及其独特的思想、心理和生理状态，以及一系列行动的倾向。

情绪与“情感”一词常通用，但两者之间还是有区别。我们所谓的情感，是同人的社会性需要相联系的态度体验，道德感、理智感以及美感均为人的社会性情感。当人类用一定的道德标准去评价自己或者他人的思想和言行的时候，会产生情感体验，这就是道德感；而在智力活动中对事物认识和评价的过程，所发生的情感体验即为理智感。举例来说，面对未知事物，人们所表现出来的兴趣、好奇心和求知欲，抑或是对科学研究中的新问题产生惊讶、怀疑和困惑，又或者是解决问题、发现新问题后人所具有的喜悦感和幸福感，以上种种均是人类在探索活动、求知过程当中产生的理智感；用一定审美标准来评价事物时，也会产生情感体验，这便是美感。从客观出发，只要能够符合我们审美标准的各种事物均能引起美的体验：一方面，客观景物所引起的美感，就像长城那种蜿蜒壮美，让人感受到、体验到大自然的魅力和人类创造之美；另一方面，引发美感的还有人的容貌举止和道德修养。

在《心理学大辞典》和中国大部分心理学教材中提及情绪，均认为其与人的自然性需要相互联系，有情境性、暂时性以及明显的外部表现；同时，情感也与人所具备的社会性有一定联系，特征是稳定、持久，不一定有较为明显的外部表现。情感和情绪会相互作用，情感产生会出现情绪反应，情绪变化也受到情感控制。一般情况下，满足人某种需要的对象，必然会引起肯定的情绪体验，例如满意、喜悦、愉快等；相反地，则引起人否定的情绪体验，例如不满意、忧愁、恐惧等。

4.1.1.3 情绪与情商

情商即情绪智力，由两位美国心理学家约翰·梅耶（新罕布什尔大学）和彼得·萨洛维（耶鲁大学）于1990年首次提出，但并没有引起全球范围内的关注，直至1995年，由时任《纽约时报》的科学记者丹尼尔·戈尔曼出版了《情商：为什么情商比智商更重要》一书，才引起全球性的情商研究与讨论。因此，丹尼尔·戈尔曼被誉为“情商之父”。

丹尼尔·戈尔曼接受了萨洛维的观点，认为情绪智商包含五个主要方面：①了解自我，监视情绪时时刻刻的变化，能够察觉某种情绪的出现，观察和审视自己的内心体验，它是情感智商的核心。只有认识自己，才能成为自己生活的主宰。②自我管理，调控自己的情绪，使之适时适度地表现出来，即能调控自己。③自我激励，能够依据活动的某种目标，调动、指挥情绪的能力，它能够使人走出生命中的低潮，重新出发。④识别他人的情绪，能够通过细微的社会信号、敏感地感受到他人的需求与欲望，是认知他人的情绪，这是与他人正常交往，实现顺利沟通的基础。⑤处理人际关系，调控自己与他人的情绪反应的技巧。

4.1.2 情绪产生的原因

4.1.2.1 情绪的早期理论

关于情绪生理机制的第一个学说是詹姆斯—兰格情绪学说，其在情绪状态和生理变化有直接联系的基础上，提出情绪是对机体变化的感知，是机体各种器官变化时所引起的感觉的总和，认为情绪刺激引起身体的生理反应，而生理反应进一步导致情绪体验的产生。

另外还有坎农—巴德学说，该学说认为，情绪的中心不在外周神经系统，而在中枢神经系统的丘脑，情绪体验和生理变化是同时发生的，它们都受到丘脑的控制。

4.1.2.2 情绪的认知理论

20世纪50年代，美国心理学家阿诺德针对情绪的概念提出了“评定—兴奋学说”，强调情绪的产生来自人对外界环境影响的评价和估量，是在大脑皮层上完成。例如，当我们走在森林里，看到一只熊会感到惧怕，但是当我们在动物园看到一只关在笼子里的熊时，就不会有惧怕的感觉，这便是个体对情境的认识和评价在起作用。

到了20世纪60年代，美国心理学家沙赫特（S. Schachter）和辛格（J. Singer）提出两因素情绪理论。在他们看来，特定的情绪需要具备两个必要因素：第一，个体一定要体验到一定高度的生理唤醒，诸如心率加快；第二，个体面对生理状态变化的时候一定要进行认知性唤醒。这个理论并没有否认情绪变化与生理变化和环境因素有关，它将对当前刺激的知觉分析和记忆系统中过去的经验通过认知比较器联系在一起，从而更加符合人类情绪产生的过程。

另外一位心理学家拉扎勒斯（R. S. Lazarus）则将情绪视为人与环境相互作用的产物。在情绪活动中，人不仅反映环境中的刺激事件对自己的影响，而且要调节自己对于刺激的反应。按照这种观点，个体对环境、事件察觉到有害或是有益的反应就是情绪。人们在各种情绪活动中，需要不断地评价、刺激事件与自身的关系。其具体有三个层次的评价，包括：①初评价，个体确认面对的刺激事件是否与自己有利害关系以及程度；②次评价，个体调节和控制自己的反应行为，涉及的是能否控制刺激事件和控制的程度；③再评价，当个体面对自己的情绪和行为反应时，能够有效、适宜地进行评价。

4.1.2.3 情绪ABC理论

美国心理学家埃利斯创建了情绪ABC理论（ABC theory of emotion），A（activating event）即激发事件，是引发情绪和行为后果C（consequence）的间接原因，直接原因应是个体对激发事件A的认知、评价产生的信念B（belief）。换一种说法，人出现的消极情绪和行为障碍结果C，并非A（某一激发事件）直接引起，而是经受该事件的个体不能正确认知、评价，由此产生错误信念B直接引发，这里的错误信念也是非理性信念。

图 4-1 中，事情的前因用 A（antecedent）表示，事情的后果用 C（consequence）表示，我们知道，事情的发生有前因必有后果，但是，假如碰到同样的前因 A，在这样的情况，产生不一样的后果 C_1 和 C_2 也是存在的。为什么会出现这样的状态？这是桥梁 B 所起的作用，从前因到后果之间，通常都会通过一座桥梁 B（bridge），这就是信念，也包含了我们对该情境的评价和解释。还有一个原因，同一情境（A）之下，不同的人的理念以及评价与解释不同（B_1 和 B_2），所以会得到不同的结果（C_1 和 C_2）。因此，事情发生的一切根源缘于我们的信念、评价与解释。

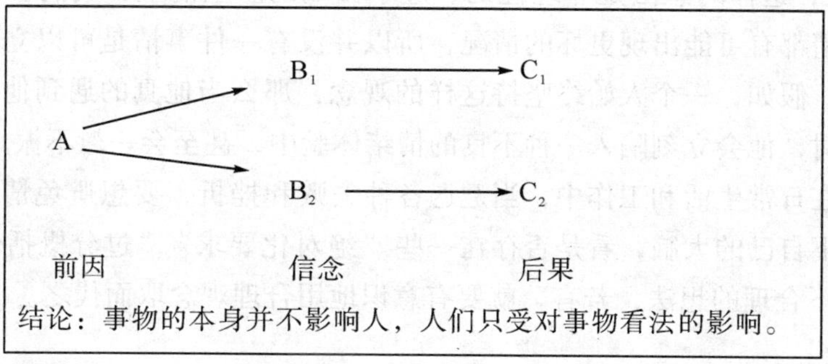

图 4-1 ABC 情绪理论原理

在埃利斯看来，我们产生情绪困扰的原因是我们的不合理信念，这些对很多人来说都是经常会有的，情绪障碍一般就是由长期存在的不合理信念导致的。这样看来，我们对不合理的信念需要合理规避，避免不良情绪影响我们的身心健康。基于以上，我们可以通过情绪 ABC 理论来引导自己的情绪，在该理论中：A 表示诱发性事件；B 表示个体针对此诱发性事件产生的一些信念，即对这件事的一些看法、解释；C 表示自己产生的情绪和行为的结果。

首先，来看一下一些常见的不合理信念，主要有：

一是绝对化的要求。人们认定某事一定发生或一定不发生的一种想法，这是从自己意愿出发。“希望”“想要”这样的想法被人为地转变成“必须”“应该”或“一定要”等。例如，很多大学生有这样一些想法，“我必须成功”“别人必须对我好”，等等。这样的要求是不合理的，客观事物有其自身的发展规律，个人意志无法转移这样的规律。就像我们常说的“成功”，对于某个人来说，他不会在每一件事上都能够成功，在他周围不断出现发展的人或事物也不会按照他的意愿来改变。所以，很多情况下，当他绝对化地要求事物与事物的发展相违背的时候，这个人会感到无法接受，更不能适应，非常容易陷入自我情绪困扰中。

二是过分概括化。过分概括化是一种典型的以偏概全的不合理思维方式，通常表现是：把“有时”“某些”过分概括化为“总是”“所有”等。在埃利斯看来，一本书的好坏如果仅仅从它的封面来判断，将过于片面。其主要表现在人们对自己或他人的不合理评价上，最重要的特征就是：以一件或几件事作为依据，来评价自身或他人的整体价值。我们周围经常会有这样的人，当他遭受到失败，就会开始认为自己“一无是处”“毫无价值”。一个人片面否定自我，随着时间发展，往往会出现各种自卑自弃、自罪自责的不良情绪。如果这样的评价指向他人，指责别人，怨怼、敌意等消极情绪就会随之而来。在我们生活中，应该认识到“金无足赤，人无完人”，无论是谁，都有犯错误的可能性。

三是糟糕至极。这种观念认为如果一件不好的事情发生，那将是非常可怕和糟糕的。例如，“我没考上大学，一切都完了”“我没当上学生会主席，不会有前途了”。很明显，这样的想法是非理性的、过于极端的。生活上，我们会遇到各种事情。任何事情都有可能出现更坏的情况，所以并没有一件事情是可以立刻被定义为糟糕至极的。假如，一个人始终坚持这样的观念，那么当他真的遇到他认为百分之百糟糕的事时，他会立刻陷入一种不良的情绪体验中，甚至会一蹶不振。

因此，在日常生活和工作中，当遭遇各种失败和挫折，要想避免情绪失调，就应多检查一下自己的大脑，看是否存在一些“绝对化要求”“过分概括化”和“糟糕至极”等不合理的想法，若有，就要有意识地用合理观念取而代之。

4.1.3 情绪对人的影响

4.1.3.1 影响智能的发挥、学习和办事效率

通过心理学的研究表明，学生的情绪同其智力活动呈正相关。当你处于精神愉快、情绪乐观的时候，智力发挥会处在一个最佳的状态。研究表明，一种积极向上的情绪会激起人们学习办事的动机和激发人们的热情，效率会得到大大地提高；但是，如果处于低沉、忧郁的状态，则会对自我思维加工过程产生破坏作用，导致个人的知觉范围狭窄，思维活动呆板，将会影响正常水平的发挥。比如我们在考试的时候，如果一直焦虑，对成绩发挥必然有影响；在学校因为不喜欢某教师或某学科，对自己的听课效果也有影响；还有一些同学会因为心情抑郁而出现不愿吃饭、易失眠等问题。

4.1.3.2 影响人际关系的协调

大学生校园是群居生活，人和人相处是无法避免的，所以协调好人际关系是学生健康成长的重要条件之一。一般来说，我们所熟知的情绪是有感染性的，一个人要在校园内建立一个稳定的人际圈，需要具有积极、稳定、适度的情绪反应条件。想要在人群中更容易获得他人赞赏，务必保证正性情绪大于负性情绪，这样才容易形成良好的人际关系。如果成天情绪不好，愁眉苦脸，唉声叹气，或者经常跟人发脾气，人际关系不可能太好。

一位大学生这样形容宿舍另一位同学：他的情绪正如六月的天，喜怒无常，无法把握，与他相处有些如履薄冰，我们时刻要受他情绪的支配与感染。我们认为：

他没有用坏情绪影响我们好心情的权利，因而我们选择逃避，尽量少与他交往。

情绪健康，心胸开阔，个性得到全面和谐的发展，是维系正常人际关系的纽带。一个微笑，一次握手，一个诚挚的眼神，一个友好的动作，一句温暖的话语，会起到沟通心灵、增进友谊的效果，而冷漠、悲伤、暴躁等不良情绪会影响人际交往，妨碍团结和友谊。

4.1.3.3 影响身心健康

情绪不仅仅是一种心理活动，同时也是一种生理活动。生理会伴随情绪的变化而变化。大量事实表明，青少年生理机能正常运行的前提是拥有一个良好的情绪，这也是防病治病的重要因素。青少年的情绪如果长期处于高度的唤起状态，尤其是不良情绪，如愤怒、恐惧、悲伤、忧郁等，对其健康成长会造成不良影响，严重者会诱发各种疾病，甚至精神病。《内经·素问》中谈道："怒伤肝、喜伤心、思伤脾、忧伤肺、恐伤肾。"现代生理学、心理学和身心医学的研究表明，胃病、高血压、冠心病、癌症等都与不良情绪有关。

【心理导航】

1. 得了溃疡病的猴子

在心理学发展历史上，约翰·霍普金斯大学医学中心的行为生物学教授布瑞迪曾做过这样的一个实验：两只猴子同时关在铁笼里，在板子上捆绑住一只猴子的四肢，让其无法动弹，而另外一只猴子保持自由活动的状态。在实验的进行过程中，插进一根棍子到笼子里，只要拨动一次棍子，猴子就可以免一次电击，实验开始后两只猴子被不断电击，能够自由活动的猴子为避免电击，每次会去拨动棍子避免电击。实验了一些时日后，人们就发现那只可以活动的猴子反而得了胃溃疡，被捆绑的猴子基本健康。布瑞迪把这一实验结果解释为：这可能提示了胃溃疡是由需要始终处于紧张的警戒状态、持续做决定并采取行动所产生的应激而非电击造成的伤害所致。这只可以自由活动的猴子，成天提心吊胆，长期处于紧张、焦虑的情绪之中，情绪上的不健康最终导致生理问题的出现。

通过这个实验，我们可以得出这样的结论：导致疾病的重要原因是不稳定的情绪。我们新一代大学生，毕业之后会面对迅速变革的社会，对个人承受的心理压力的要求在日益增大。如果在这样的环境里，我们无法保持一份坦然，而是企图逃避危机，那么我们也会像那只可以活动的猴子一样，终日忧心忡忡，情绪上下波动，最后就有可能得病。

2. 踢猫效应

关于踢猫效应有这样的一则故事，××公司董事长面对重整公司的各种事务，曾许诺自己将早到晚回。某一天，一份新闻报纸让他忘记了时间，为了不违背自己的许诺，避免迟到，他超速驾驶，结果在公路上被警察发现，警察对此违规行为开了罚单，导致该董事长误了上班时间。这位董事长回到办公室的时候愤怒至极，他在办公室里通过训斥销售经理转移他人注意。这个销售经理被训之后，一肚子委屈，一走出董事长的办公室就在自己的办公室里对秘书的工作进行了一番挑剔。这位秘书自然也是十分愤怒，就开始故意找接线员的茬，接线员回家后因工作不顺，又狠狠地批评了自己的儿子，儿子莫名其妙挨了训，心里难受，便一脚踢了自己家的猫。这只猫也认为自己委屈，带着怒气离了家，正巧碰到××公司董事长，猫为了防止自己再被踢，于是使劲儿挠了董事长一下，然后立即逃走。

“踢猫效应”为我们描绘了一种典型的坏情绪的传染。从这则故事中，我们可以知道，当一个人有不满的情绪和糟糕的心情时，一般会沿着等级、强弱所组成的社会关系链逐个传递，就像是金字塔般，从顶端一直扩散到底端，而那些无处发泄的最弱小的那一个元素，将会成为坏情绪的最终受害者。实际上，“踢猫效应”是一种心理疾病的传染。

普遍认为，环境和一些偶然因素会影响到一个人的情绪，如果这个人的情绪开始变坏，其潜意识就会使他向下属和较自己弱的人发泄，这些被发泄的人又会去找自己的出气筒，从而形成一条清晰明了的愤怒传递链，最终的承受者就是“猫”，也就是最弱小的群体，同时，这个群体也是受气最多的，因为他所面对的是来自多渠道的怒气。

当今社会高速发展，带来的工作和生活压力越来越大，对我们大学生来说竞争也越来越激烈。有时候，我们情绪的不稳定就来自于这样的紧张感，稍微遇到一些不如意就会使自己烦恼，甚至会发怒。如果我们不能正确对待这些负面影响，“踢猫”队伍中就会看到我们的身影，被别人踢，又或者是踢别人。

当我们受到批评时，很多时候我们不是冷静下来想想受到批评的原因，而是压抑在自己心里面，很容易不舒服，总是想找人发泄心中怨气。该表现的实质是并没有正确认识自己的错误，也不愿意接受批评。人因为受到批评心情确实容易受影响，这些可以理解，但是受到批评后产生的“踢猫效应”，会激发人与人之间更大的矛盾，这并非好事。

3. 心理训练

心理游戏

（1）情绪识别与表达——我来编故事。

游戏目的：帮助学生从他人的面部表现观察出别人的心理感受，并让学生进一步思考哪些事情让被观察人的情绪发生了变化。

游戏准备：硬纸板、彩色纸、剪刀、纸盘、胶水、彩色笔。

游戏过程：

①用剪刀将硬纸板剪成几个圆形，然后用彩色纸剪出能够表达各种情绪的五官形状：快乐的、悲伤的眼睛，微笑的、不悦的嘴巴等。

②让学生使用这些材料，在圆形纸片上用彩纸排列组合五官，快乐、悲伤、生气、害怕、无聊、疲倦等表情通过纸片创造出；当然，可以添上几笔，让排列出的

表情更加生动。

③根据所拼凑出的表情，让学生编一个简短的故事。

④编完故事后，分小组讨论，在什么情况下，人们会有喜悦、寂寞、愤怒、得意的情绪出现。

请同学们想一想：

①什么时候会觉得骄傲、快乐、伤心、无聊、寂寞、兴奋、生气、难堪？

②参加生日派对、进入教室、看电视、赢得比赛的时候，心情好不好？

③怎么样去判断某人正在伤心（得意、兴奋、寂寞、难堪）？

（2）乌龟与乌鸦的故事。

游戏目的：让学生在游戏中体验不同的情绪。

游戏过程：

①全班同学按 10 人/组进行分组，分好组之后，每个小组分别围成圈。

②请每一位参与的同学将左手的食指垂直伸出，并将右手掌心朝下伸出，每个人的左手食指顶着左边同学的掌心，右手掌心对着右边同学的食指，围成一个封闭的圈。

③接下来，主持人会念一段文字，当念到“乌龟”“乌鸦”时，左手食指迅速往下，以避免被抓到，同时右手迅速去抓同学的食指。注意：左手指只能向下移动，不能抽回。

文字内容如下：

一只小乌龟住在森林里的池塘边，它拥有一双大眼睛。有一天，小乌龟在外面玩耍时，一只乌黑羽毛的乌鸦从天上飞过，一边飞一边大喊：“兄弟，快跑，巫婆来了！”乌龟听闻，立刻把头缩进壳里，池塘边有一间茅屋，乌鸦立刻躲了进去。

许久，周围没有动静后，乌龟探出自己的头，看了一看，才知道乌鸦看到的并非巫婆，而是乌云。

天气沉闷，此刻天空乌云密布，眼看就要来一场狂风暴雨。乌鸦被好心的乌龟请到屋中避雨，可是当乌鸦看到乌龟家的情景时，就开始喋喋不休数落乌龟，原因是乌龟家里满地污泥，乌漆抹黑。乌龟听到乌鸦的话之后就非常生气，骂乌鸦无理取闹。之后，乌龟的家被乌鸦弄得乌烟瘴气，乌龟一生气，不得不将乌鸦赶到屋外，乌鸦呜呜大哭起来。

森林深处，有一间城堡，可怕的巫婆和她的仆人乌鸦住在里面。某天，一片片乌云飘了过来，瞬间整个森林就变得乌黑乌黑的，伸手不见五指，不一会儿工夫就下起了倾盆大雨。在暴雨中，有人敲响了巫婆家的门，巫婆过去打开门一看，一只乌龟站在门外，旁边还有一只乌贼。它们希望巫婆能让它们进屋。巫婆同意它们进屋，可是巫婆的仆人乌鸦并不同意，因为它和乌龟是宿敌。雨越来越大，大家的争吵声也变得大起来，乌贼指着乌云，面对巫婆，说：“这么大的雨，您的仆人乌鸦却不让我们进去，这样下去，我和乌龟都会生病的，如果再不开门，您的城堡会被我们弄得乌烟瘴气。”巫婆到最后也没有给它们开门。雨下了没多久之后停了，乌云逐渐散去，门这会儿才被打开，看见门口的乌龟已经冻得缩成一团。

几天后，天气非常不好，空气异常沉闷、阴沉，乌龟不得不躲进自己乌黑的茅屋里，这会儿门铃响起，开门一看，原来好朋友乌贼带着乌鱼来乌龟家做客。乌贼一进到屋里就开始讲自己在路上遇到的故事：乌贼在半路碰到了之前不给自己开门的巫婆与乌鸦，一想到此事乌贼就非常气愤，立刻追赶着想要把乌鸦的腿打折，也想把巫婆的腿打骨折，可是巫婆利用自己的法术立刻逃跑了。乌龟听了这一段故事以后，感觉很开心，原来一直孤僻的它也拥有了乌贼和乌鱼这两个好朋友。其实之前有一次乌龟与乌鸦也做过好朋友，乌鸦被乌龟请到家里做客，可是乌龟家满地污泥、乌漆抹黑，乌鸦就开始喋喋不休地数落乌龟，乌龟听了这样的话，感到很生气，就骂乌鸦无理取闹。后来，乌鸦把乌龟家弄得乌烟瘴气，乌龟不得不把乌鸦赶到屋外，乌龟打乌鸦，乌鸦打乌龟，乌龟打乌鸦，乌鸦打乌龟，两个人都呜呜地大哭，然后谁也不理谁了。乌贼和乌鱼听了这个笑话使劲地嘲笑了乌鸦和乌龟。

④分享：当你在游戏的时候，你有什么感觉？

（3）心理情景剧表演——《小红的故事》。

请四名同学用表情把小红在四个情景中的不同情绪表演出来。

情景一：爸爸妈妈给小红买了一个新书包。

情景二：早晨起床时，小红发现自己长出了青春痘。

情景三：上课了，老师公布了考试成绩，听到自己的成绩很低，而且老师要找家长。

情景四：下课了，同学又因为小事和她吵架。

提问：这四位同学的表演你看懂了吗？哪些又不太像？为什么？

【心理测验】

测试你是否是个情绪化的人

导语：情绪化倾向多指你的为人处世是热情激动还是理智冷静。两者应该说各有长处与不足，重要的是能否扬长避短。你是个情绪化的人吗？

1. 你喜欢成为一名：

A. 设计摩天大楼的建筑工程师　B. 不确定　C. 著名的文科教授

2. 你喜欢阅读：

A 自然科学书籍　B. 不确定　C. 理性书籍

3. 你最倾心哪种行业：

A. 音乐　B. 不确定　C. 机械工作

4. 你乐意：

A. 负责指挥几个人的工作　B. 不确定　C. 和同事合作

5. 你偏爱观看：

A. 军事、历史题材的电影　　B. 不确定

C. 富有感情、充满幻想的言情片

6. 希望自己成为一个艺术家而不是工程师：

A. 是的　　B. 不确定　　C. 不是的

7. 你最爱听的音乐是：

A. 欢快活泼的　　B. 不确定　　C. 感情沉郁富有激情的

8. 你时常想入非非：

A. 是的　　B. 介于 A、C 之间　　C. 不是的

9. 对于那些文化素养高的人，如医生、教师等，即便他们犯了错误，侮辱他们也是不应该的：

A. 是的　　B. 介于 A、C 之间　　C. 不是的

10. 各门功课中，你最偏爱：

A. 语文　　B. 不确定　　C. 物理

计分标准：

1、3、4、6、7 题的 A、B、C 选项分别得 0、1、2 分；2、5、8、9、10 题的 A、B、C 选项分别得 2、1、0 分。

结果分析：

14~20 分：你敏感，好感情用事，通常心太软，有点多愁善感；富有幻想，不切合实际，缺乏恒心，不喜欢粗鲁豪放的人。在团体中，你常常由于不太切实的想法和行动而影响团体的工作效率，最好避免做事务性的工作。

10~13 分：你一般都能较为理智和客观地处理生活中的一些事务，但偶尔仍然会有冲动、感情用事的时候，要学会控制自己的感情。

0~9 分：你富有理智，注重现实，能以客观、独立的态度处理现实问题，但有时可能会表现得傲慢冷酷和缺乏弹性。

【心理自助训练】

今天上课，李同学的同桌打翻了他的文具盒，他心想：“肯定是因为上次我弄脏了他的书，所以他在报复我。”越想他就越气愤。请根据所学的情绪 ABC 理论，说明这个案例中的 A、B、C 分别是什么？同时，反思当你面对这种情景时应当如何平复自己愤怒的情绪。

4.2 做最好的自己

有一位哲学家曾经说过："心若改变，你的态度跟着改变；态度改变，你的习惯跟着改变；习惯改变，你的性格跟着改变；性格改变，你的人生跟着改变。"

人生犹如跌宕起伏的海洋，我们人就是那航海的船，而情绪无疑就是那船上的帆。只有我们适时地来调整帆的方向，也就是学会控制自己，才能避免有可能发生的"船毁人亡"，阻止可能由此带来的一系列不良因果链的产生。

【导入故事】

小A，男，某校工科三年级学生。通过该生自述了解到，他在校外学习外语时，与本校一女同学相识，因为对她印象很不错，便主动接近。这个女生当时已经面临毕业，比小A高一年级。五月中旬，姥姥去世的消息让小A悲痛欲绝，主动找到该女生向其倾诉，回忆了自己与姥姥之间共同生活的情景，以及对从姥姥处得到的母亲般疼爱的深深眷恋。该女生听了之后，对他的故事非常感动，并立刻表示愿意与他交朋友，进一步来讲，此刻的小A犹如抓住救命稻草一般，投入了自己的全部感情到其中，在之后两人的交往中，他的感情越陷越深，不能一日不见，一时不想。但是，这位女同学在答应与他交朋友后，自己却是后悔的，觉得自己在处理事情中欠考虑，尤其该女生的父亲对他们之间的交往持反对态度，所以该女生多次向小A表示想结束恋爱关系。但是，他不愿意断绝关系，为了不断绝关系，小A还写过血书，向该女生表示过要断指、自杀。从开始，他一直处在极度波动的情绪中，为了处理他们俩的关系，主要精力并未放在学习上，以致期末考试有三门挂科。到女生毕业后，找到了一份本地的工作，女生表示与他只能做一般的朋友，并且希望他不再打扰她，退回了他给她的所有信件。当他面对这一切，非常冲动地到该女生工作的单位，并当着很多同事的面动手打了她，最后该女生和单位领导找到小A所在的学校。他当着众人的面，痛哭流涕，并表示不再与她来往。可是他知道自己喜欢对方，并不想失去她，因为他无法控制自己的感情，经常给女生打电话，尤其是在节假日，甚至到这个女生家门口或者上班路上等她，尽管他心里明白这样会让对方离他更远，也是违背自己做人的基本原则，但是他自己无法控制。还有半年就要毕业，他已经累计八门功课不及格，肯定拿不到学位，如果最后一个学期毕业设计出现问题，就无法顺利毕业。小A的内心非常痛苦，不知道自己该怎么做。

【故事点评】

小A失恋后的情绪反应是非常强烈的，超过一般人，并且不良情绪持续的时间长。分手已经半年，小A仍无法自制，情绪异常激动，这里面有深层次的心理原因。从小A的叙述来看，他认为这个女孩是他第一个真正的恋人，离开姥姥后第一次感到被人疼爱、珍惜，这个女孩让他的情感饥渴得到补偿。从小A内心来说，他很怕自己会回到没有“爱”的状态，不希望自己的恋爱失败，所以一直纠缠不肯放手，希望能够挽回。但是，他的做法不但没有让自己摆脱情感纠葛，反而让自己变得更加糟糕。作为小A来说，他让自己走出来的最好方式是，认识到问题所在，将精力转移到工作和自己的学习上去，不能只沉浸在回忆之中，要努力克服困难，战胜自我。

4.2.1 大学生常见的情绪困扰

4.2.1.1 焦虑

焦虑是一种类似担忧的反应，是十分常见的，也是一种自尊心受到潜在威胁时会产生的反应倾向，这种不安感来源于个体主观预料不良后果，是一种包含了紧张、害怕、担忧，各种混合的情绪体验。这种体验会在人们面临威胁或是预料到某种不良后果时产生。

大多数人的生活都会有焦虑存在，其他一些心理障碍也会存在焦虑症状，如我们常说的抑郁症与恐惧。人类的身体特征可以将焦虑体现出来，如肌肉紧张、出汗、嘴唇干裂、眩晕等，因为焦虑是一种情绪感受。有人认为认知成分中也有焦虑，以为将来会发生不愉快的事情，与恐惧、担心、惊慌等相关。

大学生群体中常见的一种情绪状态就是焦虑，他们面对学习、工作、生活等方面时可能会遭遇挫折，或者担心需要付出巨大努力时，很多时候会出现这种体验。这给学生群体带来的影响是比较复杂的，从正面出发，它可以成为大学生成才的动力，起到促进的作用，但是达到某种程度时，会阻碍学生身心发展。通过大量实验表明，如果一个学生有中等焦虑，能让他维持适度的紧张状态，注意力容易集中，对学习有促进作用，但是，如果焦虑过度，也会带来很大的不良影响，有些学生会在临考之前失眠，抑或是在考场“怯场”，这些多是高度焦虑所致，会影响学生的正常水平发挥。较强的焦虑感会让大学生内心极度紧张，不能安定，导致注意力无法集中，思维出现混乱，甚至记忆力下降，严重者则会出现食欲不振、肠胃不适。过度焦虑的大学生，其内心深处无法得到解脱，他们不愿意正视自己的心理问题。焦虑仅仅是矛盾、冲突的内部反映，需要的是做好防御机制，以此方式避免那些更深层次的困扰。

大学生常见的焦虑有学习焦虑、情感焦虑、自我形象焦虑等。

4.2.1.2 愤怒

当客观事物与人的主观愿望相互违背的时候，又或者是不能实现自己愿望的时候，人们的内心会出现一种较为激烈的情绪反应，这便是愤怒。愤怒是人的一种基本情绪反应，从其程度来看，一般分为不满、气愤、愤怒、暴怒、狂怒等。

这是在大学生之中比较常见的一种消极情绪。因为年轻，大学生通常会处于精力充沛、血气方刚的精神状态，当面对情绪情感问题的时候，处于青年期的大学生容易激动，也很容易动怒。有一部分会因为某些不顺心的小事情而立刻暴跳如雷；还有一部分会因为自己和别人意见不一致而恼羞成怒。这些现象在一些大学生身上时有体现，其实这种愤怒的情绪对大学生的影响是极其有害的，因而有人说："愤怒是以愚蠢开始，以后悔结束。"

4.2.1.3 抑郁

除了感觉以外，抑郁症状还指情绪、认知以及行为特征。压抑的心情，是抑郁症最明显的一种症状，怀有这种心情就好像是掉入无底洞，逐渐被淹没或者窒息；可能还会存在其他感觉，容易发火，感到愤怒或负罪感。焦虑通常会在抑郁中表现出来，当一个人有这样的心情时，他会对所有活动失去信心和兴趣，更加渴望独居。个体思维方式的转变也会表现在抑郁之中，是属于一般性的认知改变，例如无法集中注意力、记忆力逐渐衰退，又或者是很难作出决定。在思考的过程中，或许还会有更多的心境转变，以消极的世界观看待周围，包括自我和未来。所以，一般情况下，美好的回忆在患有抑郁症的人眼里是很难有的，可能会不适当地责备自己，认为在他人眼里自己是消极的，看不到自己的未来，持着悲观的态度。在该过程中，抑郁症患者极有可能还会伴随一些身体症状，如会感觉到乏力、起床困难，更有甚者会影响到个人的睡眠方式，过多睡眠又或者是早晨醒得早，醒了之后无法再次入睡。饮食紊乱也是可能会出现的，吃得过少又或者吃得过多，导致自己的体重剧减或者激增。抑郁常常与苦闷、不满、烦恼和困惑等各种不良情绪交织在一起，是一种持续时间较长的情绪体验，表现为低落、消沉。

多数情况下，抑郁这样的情绪会发生在性格内向的人身上，因此孤僻、敏感多疑、依赖性强、不爱交际的大学生，更容易出现此类情绪反应。还有一些对自己所学专业不满意、不能正确处理人际交往、失恋，或是生活遭遇挫折，长期努力得不到回报的大学生，也会出现抑郁情绪。

4.2.2 大学生情绪管理

社会中大家性格、爱好、习惯和信仰上都会有所不同，每一个人都有属于自己的魅力，也会有自己的喜恶，对人对事都会有自己的观点和看法，但是人常常会在没有深入交往的情况下吹毛求疵，凡事以个人喜好去进行判断，甚至带上个人情绪，以至于影响到自己正常的人际交往。由此可见，情绪管理在人际交往中扮演着重要的角色，作为大学生，应当知道情绪管理的重要性和如何在人际交往过程中控制自己的情绪。

亚里士多德有言："任何人都会生气，这没什么难的，但要能适时适所，以适当的方式对适当的对象恰如其分地生气，可就难上加难。"从这句话可以看出，情绪管理真正的含义应该是以最恰当的方式来表达情绪，要管理好自己的情绪，需要做到适时适所，在表达情绪的时候能够恰如其分地面对适当的对象。

自己对情绪把控和自我管理的能力，就是我们所谓的情绪管理能力。情绪管理能力主要包括以下几个方面：

（1）情绪的自我觉察能力。这个能力主要是指自己对内心的一些想法和心理倾向能够了解，这之中还包括了自己所具有的直觉能力。这里的自我觉察，是指能够察觉到自己刚出现的某种情绪，这是情绪智力的核心能力。一个人自我理解和心理领悟力的基础就是他具备的、能够随时监控自己的情绪，以及对常常变化的情绪状态的直觉。假如这个人没有自我觉察到情绪的能力，或者他不能识别出自己的真实情绪和感受，那么他非常容易受自己情绪的支配，任其摆布，做出一些让自己遗憾的事也是很难避免的。“认识你自己”是伟大的哲学家苏格拉底的名言，简单五个字，其实道出了情绪智力的核心与实质。但是，大家思考一下，我们在实际生活中，不同的人对自己的情绪处理方式、行为表现风格各异，通过日常接触，你可以对照一下，看看自己是哪种风格的人。

（2）情绪的自我调控能力。这里的调控能力，主要是指控制自己的情绪活动，或者说是抑制情绪冲动。通常这种能力是建立在对情绪状态的自我觉知的基础上的，指一个人面对焦虑、沮丧、激动、愤怒或烦恼时，如何通过有效的方式摆脱因为失败或不顺利而产生的消极情绪的能力。自我调控能力的高低，在很多情况下，对一个人的工作、学习与生活都会有影响。比方说，如果人让自己总是处于一种痛苦的漩涡中，通常原因是自我的情绪调控能力低下；相反来看，如果能有一个很好的调控能力，自己则可以很快从情感的挫折或失败中控制、调整并且摆脱，然后重整旗鼓。

（3）情绪的自我激励能力。这是一种自我指导的能力，这种能力能够引导、推动自己去达到预定目的的情绪，它也有一定要求，是在一个人为服从自己的某种目标而产生、调动与指挥自己情绪的能力基础上产生的。一个人面对任何事，想成功的话就务必要集中注意力，学会自我激励、自我把控，尽可能地发挥出自己的创造潜力，那么对情绪的自我调节和控制就变得至关重要，只有这样，才能延迟满足自己的需要，压抑个人的某种情绪冲动。

（4）对他人情绪的识别能力。这种能力便是我们经常听到的同理心。所谓同理心，最重要的一点是能设身处地站在别人的立场，为别人设想。一个人如果想要进入他人的内心世界，就需要具备同理心，通常越具同理心的人，就越能觉察他人的情感状态。当代大学生大多个性鲜明，更应该培养自己识别他人情绪的能力，才能结交更多的朋友。

（5）处理人际关系的能力。要具备这样的协调能力，首先是要学会调节和控制他人的情绪反应，让他人产生与自己期待一致的反应。一个人能够被所处社会接纳及其受欢迎程度，都建立在人际关系协调的能力基础上。在这样的关系处理过程中，对自己而言，最重要的是能否正确地向他人展示自己的情绪情感，因为一个人所表现出来的情绪，一般会对接受者产生即时影响。如果在日常生活中，你所发出的情绪信息能够感染和影响对方的话，人际交往在此过程中，就会顺利进行并且能够深入发展下去。从上述观点来看，大学生在交往过程中，自己务必做到调节与控制住个人情绪，人际交往的技能是需要把握的。

作为大学生，随着自己年龄增长，我们应该学会处理人际关系，只有这样才会拥有一个良好的心态，才能在学校里收获更多友谊，获得同学们、朋友们的认可。

4.2.3　大学生情绪管理的方法

4.2.3.1　转移注意力

在大学生中，经常有一些同学会因为一两次考试挫败就感到自己前途渺茫，也有一些同学会因为恋爱不顺失去幸福感。长时间保持这样的情绪，会让自己的身心受到折磨，倍感痛苦。“人有悲欢离合，月有阴晴圆缺，此事古难全。”每一个人都会碰到暂时性困难或处于不利境地，面对这些困境便悲观失望，这样的做法是不可取的。“塞翁失马焉知非福”是我们经常听到的一句古话，作为一个成熟的大学生，更应该在困难面前抱定宗旨，不因为困难而折服，在他人非议、嫉妒、打击面前不动摇，做到“大事清楚，小事糊涂”，大度面对，这样能够省却不少烦恼。

积极的思维能够帮助我们在悲观时看到希望和前途，将冷漠转化为热情，焦虑转化为镇定，这就要求大学生在平时生活、学习中遇事达观，摆正自己的心态，将个人注意力从消极方面转到积极有意义的方面，这样才能让我们在苦恼面前看到更多光明，消除苦恼，积极面对。

头脑会在情绪发生反应时出现一个相对较强的兴奋灶，如果这时候能够在头脑中建立另外一个或几个新兴奋灶的话，原有的优势兴奋灶可以被冲淡或抵消。当情绪激动的时候，需要一些时间让自己冷静下来，对事情进行分析和考虑，所以，通常我们为了让它不那么快爆发，就需要分散注意力，有意识地转移话题或做点别的事情。日常生活中可以通过看电视、听音乐、下棋、唱歌、打球等方式，做一些有意义的活动，让这种不良情绪得以转移，排解有害的情绪，尽快地恢复到正常的状态中。我们生活上转移注意力的方法主要有以下三种：

（1）平心静气。

欧廉·尤里斯教授是美国著名的心理学家，他提出了能使人平心静气的三法则：“首先降低声音，其次放慢语速，最后胸部向前挺直。”因为声音对自身的感情具有一定的催化作用，如果声音大，会使已经冲动起来的情绪更为强烈，极有可能会造成不应有的后果。当个人感情掺入行动中，人类的语速就会自然而然地变快，随之带来的是说话声音高，在这样的情况下容易引起冲动，所以第二步是放慢语速。通常情况下，当我们情绪激动、语调激烈的时候，我们是胸前倾，当你发现自己前倾时，不妨胸部挺直，这样一个小动作就会淡化冲动紧张的气氛。试想一下，你的身体一直往前倾，这样会让自己的脸不断接近对方，保持这种讲话姿态一些时间后，将人为地造成紧张局面，更增加怒气。这三点是颇有见地的经验之谈。

（2）闭口倾听。

“如果发生了争吵，切记免开尊口。先听听别人的，让别人把话说完。要尽量做到虚心诚恳，通情达理。靠争吵绝对难以赢得人心，立竿见影的办法是彼此交心，这在吵架中绝对得不到。”这是《知人善任》书中的一段，这本书是由英国著名的政治家、历史学家帕金森和英国知名的管理学家拉斯托姆吉合著。短暂，是愤怒情绪发生的一个特点，我们常说“气头”，只要“气头”一过，矛盾是很容易解决的。与朋友、同学的相处过程中，大家会遇到别人与自己的想法不一样，此刻你对对方的观点不能苟同，但是一时又无法说服对方，不妨选择闭口倾听，这样会让对方意识到，听话的人对他的观点是有兴趣的，对自己而言，也可以及时压住“气头”，还能避开、削弱对方的“气头”。等到风平浪静之后，再与对方进行理论，可以收到一个理想的结果，避免双方感情大伤。

（3）转移注意。

春秋时期，有个人叫王述，是蓝田侯，性格原本十分暴烈，他对自己的这个弱点是很了解的，所以与他人相处时，王述会自主控制自己的情绪，不轻易发怒。有一次，谢无奕凶神恶煞地骂上门来，不断吵闹，在王述部下面前说了很多难听的话。王述始终压住自己的性子，默默面对墙壁站立着，一句话也不说。谢无奕骂完后离去，等了许久，王述才回头问部下：“他走了吗?”部下回答：“走了好一大会儿。”他长吁一口，转过身来，继续做自己的事情。故事中王述采用的方法是自己在不离开现场的情况下强迫自己转移注意力，无视对方激烈的言辞，用这种方式来防止自己被进一步“激化”。心理学知识告诉我们：大脑皮层中的兴奋点多发生在人愤怒的时候，此时会造成“意识狭窄”的现象，当这种有害的兴奋进一步升级扩散的时候，甚至会导致冲突不断升温，出现不堪设想的后果。因此，可以转移注意力的方式，让兴奋点转移，达到主动降温，防止冲突进一步恶化。

只有学会控制好自己的情绪，才能够让自己保持心理健康，希望上述的内容能够帮助大家，让大家学会控制自己的情绪，这样才能够让自己更健康。

4.2.3.2 *放松疗法*

放松疗法通常也称为松弛训练或自我调整疗法，是指通过机体的主动放松方式，有效增强机体的自我控制能力。中国的气功、印度的瑜伽、日本的坐禅，以及西方近二十年开始兴起的放松训练等，都属于放松疗法。该疗法需要在一个安静的环境中完成，通过反复练习，按一定要求完成某些特定的动作，让练习的人能够有意识地去控制自我心理、生理等活动，从而降低机体的唤醒水平，让自己的适应能力增加，调整那些因紧张所造成的紊乱，稳定心理生理的功能。

4.2.3.3　合理发泄情绪

人们生活中必然存在着情绪，所以情绪需要一定的机会去发泄。通常来讲，我们的情绪发泄有直接、间接两种方式。直接发泄是指针对引发情绪的刺激直接来表达情绪，但是有时候直接发泄会对别人和自己都不利，遇到这种情况时就可采用间接发泄，使不良情绪得到缓解。作为一名大学生，也会遇到不平之事，当心中存在这种情绪时，不妨向老师和父母汇报，亦可向周围信任的同学倾诉，主动接受他人的劝告、帮助。在校园生活、学习，大家也有可能会与同学、朋友闹矛盾，当遇到这种情况，一定要开诚布公、平心静气地与对方交换意见，达到化解矛盾、消除误会的目的，切记不要将自己的怨气、怒气等不良反应积压在心中，否则长期下去可能会导致自己心理出现问题。万不得已的时候，不妨在至亲好友面前痛哭一场，倾诉自己心中的委屈与痛苦，听听他人的意见，通过倾诉、倾听，从朋友处获得安慰与建议，自己的心理压力也会减轻。实际上，流泪比把悲痛积郁在心中安全得多，因为长期积郁，迟早某天会以一种比流泪更加危险的方式表现，例如引起某些行为失常或疾病的发生。痛哭，是一种非常纯真的感情爆发，也是人的一种自我保护反应，这个动作能够释放出体内积聚的能量、排出体内毒素，是合理调整机体平衡的一种方式。

4.2.3.4　合理情绪疗法

合理情绪治疗（Rational-emotive therapy，简称 RET）是阿尔伯特·艾利斯（A. ElliS）在 20 世纪 50 年代创立的，又称“理性情绪疗法”，是帮助求助者解决因不合理信念产生的情绪困扰的一种心理治疗方法，因为它采用了行为疗法，也是认知心理治疗中的一种，故被称之为一种认知行为疗法。

ABC 理论是合理情绪疗法的基础。前面我们已经学习过 ABC 理论，该理论指出，诱发性事件（A）只是引起情绪及行为反应的间接原因，而人们对诱发性事件所持的信念、看法、理解（B）才是引起人的情绪及行为反应的更直接的原因。可见，人们的情绪及行为反应与人们对事物的想法、看法有关。如果我们在日常生活当中，能够建立一种合理的信念，可以引起人们对事物适当的、适度的情绪反应；但是不合理的信念则会产生相反的作用，极有可能导致常见的不适当情绪和行为反应。试想一下，如果一个人始终坚持某些不合理的信念，那么他会长期处于不良的情绪状态之中，久而久之，这个人最终将会产生情绪障碍，影响他的正常生活。

ABCDEF 六个部分组成了一个完整的情绪治疗法。其中 A（activating events）指发生的事件，B（beliefs）指人们对发生事件持有的观念或信念，C（empotional and behavioral consequences）指上述观念或信念所引起的情绪及行为后果，D（disputing irrational beliefs）指劝导和干预，E（effect）指治疗或咨询效果，F（new feeling）指治疗或咨询之后的新感觉。请各位同学想想，为什么人们面对外界发生的负性事件时，会产生一些消极的、不愉快的情绪体验呢？一般情况下，外界的负性事件 A 是人们常常认为的罪魁祸首。但是在艾利斯看来，引起人们情绪反应以及行为后果的，并不是事件（A）本身，而是人们对事件的不合理信念、不合理看法（B），这才是原因所在。既然是这样，那么当我们面临不良情绪和行为的时候，要让它们得到有效改善，就需要通过劝导、干预（D）影响那些非合理信念的存在以及发生，到我们的劝导干预产生效果的时候，人们的积极情绪和行为就会产生，心里的困扰会因此减弱或消除，从而人就会有愉悦充实的新感觉（F）。艾利斯通过切身体验和感悟总结出合理情绪疗法，对于帮助自己和帮助他人进行心理调节起到了很好的作用。其主要目标是协助人们在生活上培养更实际的生活哲学，以此来减少自己的情绪困扰与自我挫败行为。简单来说，就是减轻因生活中的错误而责备自己或别人的倾向（消极目标），并在生活上学会有效地处理未来的困难（积极目标）。

合理情绪疗法主要分为四个阶段：

第一阶段，诊断阶段。依据ABC理论，顺利找到情绪困扰和行为不适所表现出来的情绪反应（C），还包括与这些反应所对应的诱发性事件（A），初步分析两者之间的不合理信念（B）。例如，有一位大学生在一次考试不及格（A_1）后变得很沮丧（C_1），其不合理信念可能是“我应该是个出色的好学生，这次不及格真是太糟糕了”（B_1）。但是他的不良情绪（C_1）很可能会成为新的诱发事件（A_2），引起他另一种不合理信念“我必须是个永远快乐的人，而绝不应该像现在这样忧心忡忡”（B_2），从而导致他更为不良的情绪反应（C_2）。因此，我们在诊断阶段需要分清主次，找出最希望解决的问题。

第二阶段，领悟阶段，即领悟合理情绪疗法的原理。首先需要明确地找出不合理信念，这一工作不易，其原因是它们常常和合理的信念混在一起而不易被察觉。例如被人嘲笑或指责是一件不愉快的事情，谁也不希望它发生，这是一种合理的想法，由此产生的不愉快情绪也是适当的。但同时另外一些信念如“每个人都应该喜欢我，同意我所做的一切，否则我就受不了”也可能混于其中，这是不合理的观念，它会导致不适应的负性情绪反应，因此区分合理与不合理的信念是很重要的一部分。同时，我们也需要进一步对自己的问题以及所存在的问题与自身不合理信念的关系进行领悟。

第三阶段，修通阶段。这一阶段的工作是合理情绪疗法中最主要的部分。使用不同的方式来修正或放弃原有的非理性观念，并代之以合理的信念，从而使症状得以减轻或消除。

合理情绪疗法的常用技术有以下三种。

（1）与不合理信念辩论。使用具有明显挑战性和质疑性的提问方式，内容要围绕着信念的非理性特征。例如，问一些类似这样的问题：“有什么证据表明你必须获得成功（或别人的赞赏）？”“别人有什么理由必须友好地对待你？”“事情为什么必须按照你的意志来发展？如果不是这样，那又会怎样？”等。

（2）合理情绪想象技术。合理情绪想象技术具体可以分为三步：第一步，在想象中进入产生过不适当的情绪反应或自感最受不了的情境之中，体验在这种情境下的强烈情绪反应；第二步，改变这种不适当的情绪体验，并能体验到适度的情绪反应，这常常是通过改变自己情绪体验的不正确认识来进行的；第三步，停止想象，讲述自己是怎样想的，自己的情绪有哪些变化，是如何变化的，改变了哪些观念，学到了哪些观念。

（3）家庭作业。认知性的家庭作业也是合理情绪疗法常用的方法，让自己与自己的不合理信念进行辩论，主要有以下两种形式：RET 自助表和合理自我分析报告（RSA）。

第四阶段，再教育阶段。这个阶段最主要的目的是为了重建，依据前几个阶段治疗效果，进一步摆脱之前所有的不合理信念、思维方式，让新的观念得到强化，使得本人在此之后能够将所学知识运用到生活中，更好地适应现实。这一阶段会采用上一阶段的方法和技术，包括与不合理信念辩论技术、合理情绪想象技术以及各类认知性、情绪性和行为方面的家庭作业。在此基础上，同时运用适当的技能训练，比如自信训练、放松训练、问题解决训练和社交技能训练这些方式来强化自己新的、合理的观念。自信和放松训练是为了提高应付焦虑性情绪反应的能力，问题解决和社交技能这两个训练是为了寻求最优方法的能力解决问题和改变社交能力。

【心理导航】

1. 笑声护士

据报道，在美国，“幽默护士”出现在某些大型医院和心理诊所中，他们主要的工作，就是陪伴重病患者一起看幽默笑话，并与其谈笑风生，这是他们采取的治疗心理疾病的方式之一。通过幽默和笑声，有不少的重病患者、情绪障碍者解除了自己的烦恼和痛苦。

人们都很喜欢笑声，没有人愿意看到自己的朋友愁眉苦脸。一项最新的医学研究发现，传染病、头痛和高血压可以用笑口常开的方式防治，同时精神压力也可以适度减轻，因为血液中的氧含量可以通过欢笑的方式增加，以此刺激个体体内的免疫物质分泌，从而帮助抵御病菌侵袭。通常不爱笑的人患病概率是比较高的，一旦生病，也会是重病。欢笑，在美国医学界被称之为“静态的慢跑”。这样一个简单的动作能使肌肉松弛，笑一笑，对心脏和肝脏都有好处。平常生活非常忙碌，可能没有时间去慢跑，尽管如此，每天多笑一笑是我们能够做到的事情，哈哈大笑几十次也是非常容易的，用这样的方式调节身体状态，增进健康是很有意义的。

列文博士是耶鲁大学心理学教授，他曾经说过：“笑表达了人类征服忧虑的能力。”在我们看来，其实笑往往是个体表达欢乐的一种方式，一个人之所以会觉得欢乐，是因为他在生理上产生了某种愉悦。

赶紧笑起来吧！别等到生病以后才咧开嘴。

2. 笑能拯救生命

胶原病康复的可能性是五百分之一，但是病魔却找上了加利福尼亚大学的诺曼教授，他在40多岁时患上了这种病。医生嘱咐他，尽可能多看一些滑稽有趣的文娱体育节目，他按照医生的建议经常看这方面的节目，有的节目会使他捧腹大笑，有的节目会使他从心底发出微笑。在治疗过程中，除了他自己在电视上看到的有趣节目，平时也会有意识地和家人开玩笑。一年之后，通过血沉检查发现，他身体很多指标开始好转。而再两年后，胶原病竟然从他的身上自然消失了。因为这样的一个奇迹，《五百分之一的奇迹》被撰写了出来，在这本书中有提出："……如果消极情绪能引起肉体的消极化学反应的话，那么，积极向上的情绪就可以引起积极的化学反应……爱、希望、信仰、笑、信赖、对生的渴望，等等，也具有医疗价值。"国内国外众多心理学家、运动学家一致认为，普通的笑能让我们身体很多部位得到一次短暂的运动，隔膜、腹部、心脏、肺部等均可运动起来，包括我们的肝脏。如果我们开怀大笑，脸部、手臂和两腿肌肉都会得到运动。笑停止了之后，脉搏跳动会在正常频率之下，骨骼肌也会变得更加松弛。

但是，在我们生活中可以看到，总有一些人面临情绪低落的时候不太想见人，直到自己的这种不好心情消散为止，这样做真的是好办法吗？

心理学家在多年的研究中发现，人们如果不能改变自己的情绪，就无法改变自己的行为。它是一个内在变化的过程。心理学家艾克曼通过实验表明，一个人如果总是想着自己处于某种情景中，且能感受到一种情绪，这种情绪百分之八九十都会真的到来。尤其要注意：情绪变化程度和时间会随着一个人的年龄、性格、职业的不同而变化。每种情绪都伴随着一种情绪的外在表现，当情绪发生变化，外在表现和生理反应也会发生改变。外在表现主要在于待人接物、言谈举止等方面。通过一些研究，可以发现，实验者如果故意装作愤怒，由于潜移默化的影响，实验者会因为角色行为而真的愤怒起来；与此同时，通过测量发现，他的体温和心率也在上升，愤怒的生理反应指标包括心率和体温。要调控好自己的情绪，不如偶尔"乔装打扮"一下自己的心情。

3. 致命杀手"生气水"

在美国，心理学家做了这样一项实验：将一个正在生气的人的血液中所含物质提取出来，然后用注射器注射到小白鼠身上，观察小白鼠的反应。小白鼠一开始的表现是呆滞，茶饭不思，过了几天，被注射的小白鼠就默默死掉了。生理学家爱尔玛为了了解情绪状态对个体健康的影响，设计了一个比较简单的实验：准备几只玻璃管，并将这些玻璃管插入0℃的冰水混合物容器里，然后在每一玻璃管中分别注入人们在不同情况下的"气水"，其实就是用人们在悲痛、悔恨、生气时呼出的水汽和他们在心平气和时呼出的水汽作对比实验。通过实验能够知道，心平气和呼出的水汽凝成水之后，水是澄清透明、无杂质的；悲痛水汽有白色沉淀；悔恨水汽为乳白色沉淀；而紫色的那支便是生气时呼出的“生气水”沉淀物。当这个“生气水”注射到小白鼠身上后，小白鼠没过多久就死了。从这个简单的实验可以看出，生气影响着一个人的健康，而且危害非同一般。

当一个人生气的时候，10分钟便会耗费他的大量精力，这个程度不亚于参加一次3 000米的赛跑；而且生气时的生理反应也十分剧烈，分泌物比其他任何情绪状态下的分泌物都复杂，且更具毒性。因此，动辄生气的人很难健康长寿（很多人都是给气死的）。

4. 情绪与颜色关系

不同的颜色可通过视觉影响人的内分泌系统，从而导致人体荷尔蒙的增多或减少，使人的情绪发生变化。研究表明，红色可使人的心理活动活跃，黄色可使人振奋，绿色可缓解人的心理紧张，紫色使人感到压抑，灰色使人消沉，白色使人明快，咖啡色可减轻人的寂寞感，淡蓝色可给人以凉爽的感觉。

英国伦敦有一座桥，原来是黑色的，每年都有一些人到这里投河自杀，后来桥的颜色改为黄色，自杀的人数减少了一半。这充分证实了颜色的功能。

【心理测试】

情绪稳定性测试

指导语：下面是一个情绪测验，通过这个测验，你可以了解你的情绪是否健康，是否在你的掌控之中。

1. 看到自己最近一次拍摄的照片，你有何想法？

a. 觉得不称心　　b. 觉得很好　　c. 觉得可以

2. 你是否想到若干年后会有什么使自己极为不安的事？

a. 经常想到　　b. 从来没想到　　c. 偶尔想到

3. 你是否被朋友、同事、同学起过绰号、挖苦过？

a. 这是常有的事　　b. 从来没有　　c. 偶尔有过

4. 你上床以后，是否经常再起来一次，看看门窗是否关好、炉子是否封好等？

a. 经常如此　　b. 从不如此　　c. 偶尔如此

5. 你对与你关系最密切的人是否满意？

a. 不满意　　b. 非常满意　　c. 基本满意

6. 你在半夜的时候，是否经常觉得有什么值得害怕的事？

a. 经常　　b. 从来没有　　c. 极少有这种情况

7. 你是否经常因梦见什么可怕的事而惊醒？

a. 经常　　b. 从没有　　c. 记不清

8. 你是否曾经有多次做同一个梦的情况？

a. 有　　b. 没有　　c. 记不清

9. 有没有一种食物使你吃后呕吐？

a. 有　b. 没有　c. 偶尔有

10. 除去看见的世界外，你心里有没有另外一种世界？

a. 有　b. 没有　c. 说不清

11. 你心里是否时常觉得你不是现在的父母所生？

a. 时常　b. 没有　c. 偶尔有

12. 你是否曾经觉得有一个人爱你或尊重你？

a. 是　b. 否　c. 说不清

13. 你是否常常觉得你的家庭对你不好，但是你又确知他们的确对你好？

a. 是　b. 否　c. 偶尔

14. 你是否觉得没有人十分了解你？

a. 是　b. 否　c. 说不清楚

15. 你在早晨起来的时候最经常的感觉是什么？

a. 秋雨霏霏或枯叶遍地　b. 秋高气爽或艳阳天　c. 不清楚

16. 你在高处的时候，是否觉得站不稳？

a. 是　b. 否　c. 有时是这样

17. 你平时是否觉得自己很强健？

a. 否　b. 是　c. 不清楚

18. 你是否一回家就把房门关上？

a. 是　b. 否　c. 不清楚

19. 你坐在小房间里把门关上后，是否觉得心里不安？

a. 是　b. 否　c. 偶尔是

20. 当一件事需要你作出决定时，你是否觉得很难？

a. 是　b. 否　c. 偶尔是

21. 你是否常常用抛硬币、玩纸牌、抽签之类的游戏来测凶吉？

a. 是　b. 否　c. 偶尔

22. 你是否常常因为碰到东西而跌倒？

a. 是　b. 否　c. 偶尔

23. 你是否需用一个多小时才能入睡，或醒得比你希望的早一个小时？

a. 经常这样　b. 从不这样　c. 偶尔这样

24. 你是否曾看到、听到或感觉到别人觉察不到的东西？

a. 经常这样　b. 从不这样　c. 偶尔这样

25. 你是否觉得自己有超越常人的能力？

a. 是　b. 否　c. 不清楚

26. 你是否曾经觉得因有人跟着你走而心理不安？

a. 是　b. 否　c. 不清楚

27. 你是否觉得有人在注意你的言行?

a. 是　　b. 否　　c. 不清楚

28. 当你一个人走夜路时，是否觉得前面潜藏着危险?

a. 是　　b. 否　　c. 不清楚

29. 你对别人自杀有什么想法?

a. 可以理解　　b. 不可思议　　c. 不清楚

以上各题的答案，选 a 得 2 分，选 b 得 0 分，选 c 得 1 分。请将你的得分统计一下，算出总分 。得分越少，说明你的情绪越佳，反之越差。

总分 0~20 分，表明你情绪基本稳定，自信心强，具有较强的美感、道德感和理智感。你有一定的社会活动能力，能理解周围人们的心情，顾全大局。你一定是个性情爽朗、受人欢迎的人。

总分 21~40 分，说明你情绪基本稳定，但较为深沉，对事情的考虑过于冷静，处事淡漠消极，不善于发挥自己的个性。你的自信心受到压抑，办事热情忽高忽低，瞻前顾后，踌躇不前。

总分 41~50 分，说明你的情绪极不稳定，日常烦恼太多，使自己的心情处于紧张和矛盾中。

总分在 50 分（不含）以上，则是一种危险信号，务必请心理医生进一步诊断。

放松训练，在舒适的环境中完成

基本步骤：

（1）深呼吸；

（2）握紧拳头，然后放开；

（3）放松双臂；

（4）放松双脚；

（5）放松小腿部位的肌肉；

（6）放松大腿的肌肉；

（7）放松头部肌肉；

（8）放松躯干上的肌肉群；

（9）向上提起双肩，放松肩膀；

（10）双腿放松；

（11）臀部肌肉紧张和放松。

结束放松：

这就是整个放松过程，从下至上，使每组肌肉群都处于放松的状态。

专题 4　情绪管理

【心理自助训练】

请用 RET 自助表来对自己的不合理信念进行修通，见表 4-1。

表 4-1　RET 自助表

(A) 诱发事件（紧临我感到情绪困扰或产生自损行动之前发生的事件、思想或感受）：______

______

(C) 后果或情况（在我身上出现的，也是我想要改变的情绪困扰或自损行为）：______

______

(B) 信念（导致我产生情绪困扰或自损行为的非理性信念）：（圈出所有你应用于诱发事件的非理性信念）______

______

(D) 辩论（与每一圈出的非理性信念辩论）。例：“为什么我必须干得非常棒？”“哪儿写着我是个笨蛋？”“何以证明我必须受人赞赏？”

(E) 有效的理性信念（取代非理性信念的理性信念）。例：“我希望干得很棒，但并非非如此不可。”“我是个行动有些差劲的人，但我这个人不是笨蛋。”“尽管我喜欢受人赞赏，但没有理由必须如此。”

1. 我必须干得棒或非常棒！ 2. 如果我做事蠢笨，我就是个笨蛋或一无是处的人。 3. 我必须受到我看重的人的赞赏。 4. 如果我被人拒绝，我一定是个不好的、不可爱的人。 5. 为什么老天总是待我不公平地，总是不满足我的要求！ 6. 老天一定要罚那些无德的人，否则就没有天理良心。 7. 人绝不能辜负我的期望，否则就太可怕了。 8. 我的生活为什么就不能够一帆风顺，没有麻烦呢？	9. 对真正糟糕的事和难以相处的人，我不能忍受。 10. 当遇到重大的不顺心的事时，那是极其糟糕可怕的。 11. 生活中若遇到的确不公平的事，我不能忍受。 12. 我必得被我看重的人所爱。 13. 我必须总是心想事成，否则就必然要感到痛苦伤心。 补充的非理性信念： 14. 15. 16.

(F) 感受和行为（我获得了自己的理性信念之后感受到的）：______

______

备注：我将在大量场合做出很大努力，有力地对自己重复我的有效理性信念，这样我就能使自己在现在减轻情绪困扰，在将来减少自损行为。

专题5 人际交往

人际交往是大学生校园生活中的一门必修课，“人际交往”简言之就是学会如何与人相处。对于我们每一位大学生而言，良好的人际交往将会受益于宿舍关系、校园人际关系以及职场人际关系 。本章围绕人际关系这一主题，针对大学生人际关系的特点和主要问题，介绍改善人际关系的技巧和方法，以帮助大学生提高人际交往的水平。

5.1 大学生人际交往——做一个受欢迎的人

人是社会性的动物，总是生活在一定的社会关系中，所以建立高质量的人际关系对于我们每一个人来说都是十分重要的。回想一下：当你烦恼忧愁的时候，是否有人和你一起分担？当你愉悦快乐的时候，是否有人和你一起分享？

人是群居性的个体，都希望自己在处理人际关系时如鱼得水、游刃有余，有人用以下戏语形容人缘好、人气旺的人：“人见人爱，车见车载，花见花开，鸟见鸟摔。”每个大学生都希望自己能够有好人缘，不指望一定人见人爱，但至少也要比较受欢迎。而这一点，非强求可得。那么我们怎样才能成为一个受欢迎的人呢？

曾经有一位青年拜访一位年长的智者。青年询问智者：“我怎样才能成为一个自己快乐，也能使别人快乐的人？”智者送给了青年四句话：“把自己当成别人，把别人当成自己，把别人当成别人，把自己当成自己。”

俗话说“三个臭皮匠，顶个诸葛亮”，又说“一个篱笆三个桩，一个好汉三个帮”。荀子有云：人，力不若牛，走不若马，而牛马为用，何也？曰：人能群，彼不能群也。人与人之间的人际关系，宛如一张大网，生活在其中的个体能够从中获取群体的支持和帮助，使得我们的生活变得丰富多彩。

这张无形又有形的大网，布满了我们生活的每一个角落，牵动着每个人的成长与发展。它的重要性体现在哪些方面呢？那现在就让我们开始探索的旅程吧！

【导入故事】

故事一：阿俊是一个爱交际的人，在学校里他不仅活跃于各种各样的社团，而且积极参加学校的各类比赛。大学两年的经历让他交往了很多朋友。周末或者空余时间他就会约上几个好朋友一起出去走走。良好的人际关系让阿俊不断成长、不断学习。每到期末复习的时候，阿俊总会找到合适的同学一起自习；每到课堂展示的时候，阿俊总会将自己的丰富经历和大家分享；每到学校有什么新的活动的时候，阿俊也会找到志同道合的小伙伴一起参与。良好的人际关系让阿俊的大学生活既充实又丰富多彩。

故事二：某重点高校读热门专业的大一学生小蕾（化名）几次找到班主任老师要求退学。“小蕾写得一手好文章，还弹得一手好钢琴。入校不久，她就因文笔出众，被校内文学团体破格吸收为会员。”小蕾的班主任说，听说她要退学，大家都很吃惊。小蕾要退学的理由主要是：觉得同学们瞧不起她，总在背后议论她，以至于她感觉“大家都挺虚伪的，一回到寝室，就胸口发闷”，甚至觉得“活着没意思”。老师们也描述说，当小蕾讲到这一点时，就变得烦躁不安，最后竟然泪流满面。

【思考】：1. 良好的人际交往给阿俊带来了哪些收获？

2. 是什么导致了小蕾想要退学？

【故事点评】

故事一中，阿俊从良好的人际关系中获益颇多，不仅使自己的大学生活变得更加丰富，自己从中获得了成长和学习，而且也结交了很多志同道合的好友。

故事二中，小蕾的经历告诉我们，人对环境的适应主要是对人际关系的适应。有了良好的人际关系，人才有支持力量、归属感和安全感，心情才能愉快。小蕾主要由于在适应大学的人际关系环境中遇到了挫折，在人际交往中出现人际关系敏感问题，对同学比较敏感和多疑，心里感到紧张和不安，进而觉得自己与周围的人格格不入，产生心理压力，遂产生退学想法。

5.1.1 人际交往

人际交往是指人与人在交往中，运用语言或者非语言信号来交换意见、转达信息、交流思想、表达情感和需要，从而在心理和行为上产生相互影响的过程。人际关系包括亲属关系、朋友关系、学友（同学）关系、师生关系、雇佣关系、战友关系、同事关系及领导与被领导关系等。大学生的人际关系主要包括亲属关系、朋友关系、宿舍关系、学友（同学）关系、师生关系。对于在校大学生而言，容易发生人际冲突，难以处理和面对的主要是宿舍人际关系和学友（同学）关系。

5.1.2 良好的人际交往的重要性

人是社会性的动物，每个个体均有其独特的思想、背景、态度、个性、行为模式及价值观，然而人际关系对每个人的情绪、生活、工作有很大的影响，所以哪怕是再特立独行的人也不得不面对人际交往这一问题。对于大学生而言，健康和谐的人际关系，是大学生成长成才过程中必须面对的实践课题，而这对正处于学习生活适应期和心理转型期的大学新生更为重要。具体来说，良好的人际交往对于大学生的重要性体现在以下三个方面：

5.1.2.1 良好的人际交往是大学生健康成长的基本条件

马斯洛的需求层次理论将人的需求由低到高划分为五个层次，包括生理需求、安全需求、社交需求、尊重需求、自我实现需求。其中底部的四种需求又称为缺乏性需求，只有这些需求得到基本满足，个体才能感到舒适。自我实现需求也称为成长型需求，主要是为满足个体的成长与发展（“马斯洛需求层次理论”具体可见后文“知识链接”部分）。社交需求也叫归属与爱的需求，是指人渴望得到家庭、团体、朋友和同事的关怀、爱护、理解和尊重。这一点可以从两个角度进行理解：人是群居性的，需要归属于一定的社会团体，在个人有困难的时候能够互相帮助；人的本质是各种社会关系的总和，人是社会人，有社交的需求，希望和伙伴保持友好与忠诚的伙伴关系，希望得到互爱等。因此，社交需求与吃饭穿衣等生理需求是同等重要的缺乏性需求，它必须得到满足，否则将使主体丧失安全感进而影响身体健康。

【知识链接】

马斯洛需求层次理论

马斯洛需求层次理论是行为科学的理论之一，由美国心理学家亚伯拉罕·马斯洛1943年在《人类激励理论》论文中提出。马斯洛需求层次理论把需求分成生理需求、安全需求、社交需求、尊重需求和自我实现需求五类，依次由较低层次到较高层次（如图5-1所示）。

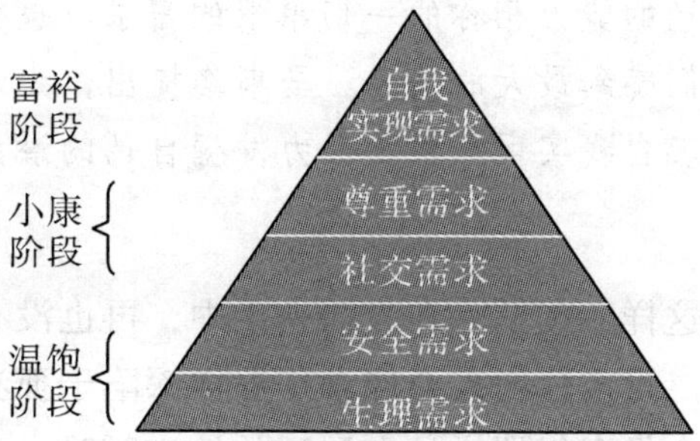

图5-1 马斯洛需求层次图

马斯洛需求层次理论的各层次需要的基本含义如下：

(1) 生理需求

生理需求是人类维持自身生存的最基本要求，包括饥、渴、衣、住、行方面的要求。如果这些需求得不到满足，人类的生存就存在问题。从这个意义上来说，生理需求是推动人们行动的最强大的动力。马斯洛认为，只有这些最基本的需求满足到维持生存所必需的程度后，其他的需求才能成为新的激励因素，而这些已相对满足的需求就不再成为激励因素了。

(2) 安全需求

安全需求是人类要求保障自身安全、摆脱事业和丧失财产的威胁、避免职业病的侵袭、接受严酷的监督等方面的需求。马斯洛认为，整个有机体是一个追求安全的机制，人的感受器官、效应器官、智能和其他能量主要是寻求安全的工具，甚至可以把科学和人生观都看成是满足安全需求的一部分。

(3) 社交需求

社交需求包括两个方面的内容：一是友爱的需求，即人人都需求伙伴之间、同事之间的关系融洽或保持友谊和忠诚；人人都希望得到爱情，希望爱别人，也渴望接受别人的爱。二是归属的需求，即人都有一种归属于一个群体的感情，希望成为群体中的一员，并相互关心和照顾。社交需求比生理需求来得细致，它和一个人的生理特性、经历、教育、宗教信仰都有关系。

(4) 尊重需求

人人都希望自己有稳定的社会地位，个人的能力和成就得到社会的承认。尊重需求又可分为内部尊重和外部尊重。内部尊重是指一个人希望在各种不同情境中有实力、充满信心、能胜任、能独立自主。总之，内部尊重就是人的自尊。外部尊重是指一个人希望有地位、有威信，受到别人的尊重、信赖和高度评价。马斯洛认为，尊重需求得到满足，能使人对自己充满信心，对社会满腔热情，体验到自己活着的用处和价值。

(5) 自我实现需求

自我实现需求是最高层次的需求，是指实现个人理想、抱负，个人的能力到最大程度发挥，完成与自己的能力相称的一切事情的需求。也就是说，人必须干称职的工作，这样才会使他们感到最大的快乐。马斯洛提出，为满足自我实现需求所采取的途径是因人而异的。自我实现需求是努力发掘自己的潜力，使自己逐渐成为自己所期望的人物。

斯普兰格曾经说过这样一句话：在人的一生中，再也没有像青年时期那样强烈地渴望被理解的时期了。没有任何人会像青年那样深陷于孤独之中，渴望着被人接近与理解，没有任何人会像青年那样站在遥远的地方呼唤。对于大学生而言，大学时代是人生觅友交往的高峰期。

埃里克森将心理的发展分为八个阶段，每个阶段都有一个特殊的社会心理任务，并指出这个任务的顺利完成是个体人格健康发展的前提条件。而大学生正处于心理发展的第六个阶段（从十七八岁到三十岁的成年早期），这一阶段的心理任务是获得亲密感、避免孤独感。为了顺利完成心理发展第六阶段的心理任务，大学生们必须发展良好的人际关系，在人际交往的过程中体会亲密，排遣孤独。

5.1.2.2 良好的人际交往是大学生成才的重要保证

人际交往是交流信息、获取知识的重要途径。现代社会是信息社会，信息量之大，信息价值之高，是前所未有的。人们对拥有各种信息和利用信息的要求，随着信息量的扩大，也在不断地增加。通过人际交往，我们可以相互传递、交流信息，分享成果，使自己丰富经验，增长见识，开阔视野，活跃思维，启迪思想。

人际交往是个体认识自我、完善自我的重要手段。孔子曾说过：“独学而无友，则孤陋而寡闻。”人际交往，可以帮助我们提高对自己的认识，以及自己对别人的认识。在人际交往的过程中，彼此从对方的言谈举止中认识对方，同时又从对方对自己的反应和评价中认识自己。交往面越宽，交往越深，对对方的认识越完整，对自己的认识也就越深刻。只有对他人的认识全面，对自己的认识深刻，才能得到别人的理解、同情、关怀和帮助，自我完善才可能实现。

人际交往是一个集体成长和社会发展的需要。人际交往是协调一个集体关系、形成集体合力的纽带。而一个良好的集体，能促进青年学生优良个性品质的形成。如正义感、同情心、乐观向上等都是在民主、和睦、友爱的人际关系中成长起来的。良好的人际关系还能够增进学生集体的凝聚力，成为集体中最重要的教育力量。

5.1.2.3 良好的人际交往是幸福的重要源泉

幸福感是一种心理体验，它表现为在生活满意度的基础上产生的一种积极的心理体验。英国莱斯特大学于2006年7月28日推出了关于全球最幸福的国家的排名表，丹麦排名第一。分析发现，丹麦人友好热情，人际关系良好，社会和谐。另外，国内外的研究也证明，良好的人际关系对于人们的主观幸福感形成具有重要作用。

青年发展期的大学生，正处在人生的黄金时代，在心理、生理和社会化方面逐步走向成熟。但在这个过程中，一旦遇到不良因素的影响，就容易产生焦虑、紧张、恐惧、愤怒等不良情绪，从而影响学习和生活。实践证明，友好、和谐、协调的人际交往，有利于大学生对不良情绪和情感的控制和发泄。

大学生情感丰富，在紧张的学习之余，需要进行彼此之间的情感交流，讨论理想、人生，诉说喜怒哀乐。人际交往正是实现这一愿望的最好方式。通过人际交往，可以满足大学生对友谊、归属、安全的需求，可以更深刻、更生动地体会到自己在集体中的价值，并产生对集体和他人的亲密感和依恋之情，从而获得充实的、愉快的精神生活，促进身心健康。

【知识链接】

社交剥夺实验

美国心理学家沙赫特·斯坦利曾做过这样一个实验：他以每小时十五美元的酬金聘请人到一个小房间去住。这个小房间与外界完全隔绝，没有报纸，没有电话，不准写信，也不准其他人进入。最后有五人应聘参加试验，实验结果是：有一个人在小房间里只待了两个小时就出来了，有三个人待了两天，另一个人待了八天。这个待了八天的人出来以后说："如果让我在里面再多待一分钟，我就要发疯了。"

社交剥夺实验表明，每个人都不可能孤立存在，必须与他人交往。积极健康的人际交往对每个人而言都是必不可少的。

5.1.3 影响人际交往的因素

在人际交往的过程中，每个人都希望自己获得他人的注意、欣赏、尊重和喜欢。在周围众多的个体中，我们仅仅与少数人进行交往，大多数成了交往中的陪衬。那是什么影响着我们的人际交往，决定着我们能否成为一个受欢迎的人呢?

5.1.3.1 个人特质影响人际交往

（1）才能。通常而言，在其他条件相等的情况下，能力越高的人越受欢迎。但是在实际生活中，最有能力的人往往不是最受群体喜欢的人。在班级活动中，我们常常发现，成绩出类拔萃的同学往往得不到班级同学的信任和喜欢。古语有云"木秀于林，风必摧之"。才能与被人喜欢的程度在一定的范围内是成正比的，但是如果超出一定的范围，往往就会产生相反的结果。因此，才能出众又偶尔犯点不伤大雅的小错误的人更能受到大家的喜欢。

（2）吸引力。美丽的外表会引发明显的"辐射效应"。在学生活动中，在同等条件下我们也更容易先关注到外表更具吸引力的人。有研究发现，对于外貌美丽的人，人们有很强的刻板印象，习惯于认为"美的就是好的"。人们常常赋予美丽者更多的优秀的、与外貌无关的品质，比如聪明、有趣、独立、勇敢、能干等。尤其在这样一个注重外在形象的时代，人们更加期待个人的美丽能够增加自己的魅力，能够给他人创造更好的第一印象，从而增加他人对自己的更进一步、更深层次的了解。

（3）个人品质。个人品质是个体稳定的特征，如真诚、诚实、温暖、理解、忠诚、勇敢、开朗等。相对于外在形象所带来的影响更多地体现在人际交往的初步阶段而言，在较深层次的人际交往中，良好的个人品质能够创造出更具吸引力的个人魅力。比如真诚是人际交往中最宝贵的个人品质，人们更趋向于喜欢真心待人的人，不喜欢富有心机、欺骗、算计他人的人；温暖、开朗、忠诚、勇敢等品质也是让人喜爱的。因此，同学们在人际交往的过程中，一方面，在提升自我个人形象的同时，更要加强自身的道德修养、提高个人品质；另一方面，在交友的过程中也要综合客观地去看待他人。

5.1.3.2 个体间的情境因素：接近性与熟悉性

人际交往是以接触为基础的，交往的双方彼此接近才能在需要的时候适时提供支持和帮助，使熟悉的可能性增加，发展彼此的关系。

在实际生活中，人们也更多地将喜欢的情感投向与自己有直接交往的对象。人际关系的由浅到深也是在相互接触与交往的过程中形成的。心理学的研究也表明，人与人之间的熟悉性有引起喜欢的作用。熟悉本身就能够增加个体对某个对象的喜欢程度。例如大学新生的人际关系的建立一般而言都是从宿舍和老乡开始的。同在一个屋檐下，熟悉程度显然要高于其他成员；而老乡关系则是在陌生的环境中由于地缘关系会对老乡产生心理上的亲近感。这就是心理学上著名的“曝光效应”，是指只要一个人或事物不断地直接出现在眼前，自己就越有可能喜欢上这个人或事物。但值得注意的是，曝光效应的发生也是有前提条件的，那就是出现在你眼前的事物或人至少应该是中性刺激（指既不讨厌也不喜欢的人或事物），不然便会适得其反。例如：如果它本身就是令你心生厌恶的人或事物，随着曝光次数增加，你对该事物的好感反而会降低。另外，熟悉不是引起喜欢的唯一变量，但是熟悉可以增加人们对中性对象的喜欢程度。

5.1.3.3 交往个体之间的相似与互补

在现实生活中，个体之间的相似有着重要的意义。共同的态度、信仰、兴趣、价值观，共同的语言、种族、文化背景、宗教信仰，共同的教育水平、年龄、职业，等等，都能在一定的条件下，不同程度地增加人们的相互喜欢。

互补性是指双方在交往时所产生的互相满足的心理状态。交往双方的需要和满足途径若为互补关系，则双方会产生强烈的吸引力。例如：大学生中性格外向的人喜欢性格内向的人，他们在一起能够友好相处，相互喜欢；经济条件好的学生敬佩那些克服困难的学生，等等。

5.1.4 社会渗透理论

人际关系的建立和发展需要一个过程，处于人际交往中不同阶段的人际关系具有不同的特点。在人际交往的过程方面，阿曼特等人提出了社会渗透理论来解释人际关系发展的过程。良好的人际关系的发展一般会经过四个阶段：定向阶段、情感探索阶段、情感交流阶段和稳定交往阶段。

5.1.4.1 定向阶段

在人际交往的活动中，个体对交往的对象有很高的选择性。正如个体对信息的选择性一样，人们往往会选择性地注意到某些人，对另外一些人选择视而不见或者仅仅打个招呼。在这一阶段注意到的对象，个体只会进行初步的沟通，仅仅只有很浅层的自我表露，如谈论天气、新闻、职业等。

5.1.4.2 情感探索阶段

如果在定向阶段双方互有好感，有继续交往的需求，即可能有进一步的自我表露，开始更深的交往，如谈论个人的体验、感受等。在这个阶段，双方有一定程度的情感卷入，但是还不会涉及个人私密性的领域。

5.1.4.3 情感交流阶段

在交往双方建立了初步的信任感后，有可能发展到情感交流阶段。在这一阶段双方有比较深的情感卷入，会谈论一些相对私人的问题，如工作、生活中的烦恼、家庭问题等。在这一阶段，双方的关系能够比较放松和自由自在，如果有不同的意见也能够坦诚相告，没有多少约束。

5.1.4.4 稳定交往阶段

经过一段时间的顺利的情感交流，人们有可能进入稳定的交往阶段，这个阶段比情感交流阶段更加亲密。双方称谓对方亲密的朋友，能够互相分享自己的生活空间、情感、财物等，个体的自我表露的范围更广，互相的关心也更多了。通常来说，能够达到这种阶段的交往是很少的，因此常有“知音难觅”一说。

【心理导航】

1. 自我评估测试——你是一个擅长交往的人吗？

美国著名教育家卡耐基先生曾指出：一个人事业的成功，只有15%是由他的专业技术决定，另外的85%则要靠人际关系。你了解自己的交际水平吗？测验方法很简单，请在每项的a，b，c三者之间选择其一，并对所选的画个记号，如“√”。

（1）你是否经常感到词不达意？

a. 是　　b. 有时是　　c. 从未

（2）他人是否经常曲解你的意见？

a. 是　　b. 有时是　　c. 从未

(3) 当别人不明白你的言行时，你是否有强烈的挫折感？

a. 是　　b. 有时是　　c. 从未

(4) 当别人不明白你的言行时，你是否不再加以解释？

a. 是　　b. 有时是　　c. 从未

(5) 你是否尽量避免社交场合？

a. 是　　b. 有时是　　c. 从未

(6) 在社交场合，你是否不愿与别人交谈？

a. 是　　b. 有时是　　c. 从未

(7) 在大部分时间里，你是否喜欢一个人独处？

a. 是　　b. 有时是　　c. 从未有

(8) 你是否曾因为不善辞令而失去改变生活处境的机会？

a. 时常有　　b. 偶尔有　　c. 没有

(9) 你是否特别喜欢不必与人接触的工作？

a. 是　　b. 有时是　　c. 不是

(10) 你是否觉得很难让别人了解自己？

a. 是　　b. 有时是　　c. 不是

(11) 你是否极力避免与人交往？

a. 是　　b. 有时是　　c. 不是

(12) 你是否觉得在众人面前讲话是很难的事？

a. 是　　b. 有时是　　c. 不是

(13) 别人是否常常用“孤僻”“不善辞令”等来形容你？

a. 经常有　　b. 有时有　　c. 从未有

(14) 你是否很难表达一些抽象的意见？

a. 有　　b. 有时是　　c. 不是

(15) 在人群中，你是否尽量保持不出声？

a. 是　　b. 有时是　　c. 不是

计分：答 a 得 3 分，答 b 得 2 分，答 c 得 1 分。将各题得分相加得总分。

评分结果参考解释：

总分为 39~45 分，表明你必须采取措施改善自己的交际能力。

总分为 15~22 分，表明你在人际方面过分积极，可能导致消极后果。

总分为 23~38 分，表明你是一个善于交际的人。

2. 策略训练：巧用心理效应，做个受欢迎的人

(1) 首因效应的运用。首因效应又称第一印象或最初印象，是指人们初次交往接触时各自对交往对象所形成的印象。首因效应对人的印象的形成起着决定性的作用。第一印象一旦形成，要改变它就不那么容易了。我们在日常生活中常常听人抱怨说：“坏就坏在没能留下好的第一印象。”因此，我们应当重视与人交往时给人留

下的第一印象。为了给交往对象留下好的第一印象，我们应该：注重仪容仪表，衣服整洁，搭配合理，妆容得体；注意自己的言谈举止，提升和锻炼自己的交谈技巧，掌握适当的社交礼仪。

第一印象是交往的起点，我们在取信于他人的同时，也需要忌“以貌取人”，要学会透过现象看本质，无论什么人都有可能成为好朋友。我们也要知道与人交往是一件长久的事情，为了将一份友谊长久保存下去，我们需要怀着一颗真诚的心去与他人交往。

（2）近因效应的运用。在交往双方彼此已经很熟悉的情况下，近因效应发挥着很大的作用。它是指在交往的过程中，我们对他人最近、最新的认识占了主体地位，掩盖了以往形成的对他人的评价。也有人将它称为“新颖效应”。

要克服近因效应的影响，需要我们历史地、全面地看问题。在与人交往的过程中，我们应当认真对待每一次交往，有好的开始，也要重视好的结尾；在交往过程中发生冲突及时道歉，知错就改；同时我们应该掌握一些交流和沟通的技巧，减少说话的语序对沟通效果的影响。

（3）投射效应的运用。在人际交往过程中，人们常常假设他人与自己有同样的想法或倾向，认为对方理所当然地了解自己的想法。心理学上解释“投射效应”，即以己度人。过多的投射效应不仅对人际交往会起到消极作用，而且如果长期得不到正确引导的话，还可能为自己带来很多的烦恼。

投射效应并不完全是负面影响，正确地使用投射效应有时候会让我们更理解别人。比如我们常说的“将心比心”“己所不欲，勿施于人”等。总之，了解自己才能更好地去了解别人。在人际交往中，我们要避免不良的投射效应。

（4）晕轮效应的运用。晕轮效应是指我们在对他人做评价的时候，喜欢从好的或者坏的局部印象出发，扩散出全部好或者全部坏的整体印象。这种爱屋及乌的强烈知觉的品质或特点，就像月晕的光环一样，向周围弥漫、扩散，所以人们也形象地称这一心理效应为光环效应。

很多情况下，晕轮效应容易让人产生“以偏概全”“爱屋及乌”“一好百好”等知觉的偏差。针对晕轮效应的影响，“当局者迷旁观者清”，我们要善于倾听和接受他人的意见，也可以利用其影响增加我们个人的吸引力，在这种光环的肯定下，争取获得他人更多的积极正向的评价。

（5）刻板效应和定势思维的运用。刻板印象是指我们在认识和判断他人时，常常把个体看成某一类人，认为他具有某一类人的所有品质。当我们把人笼统地划定为固定的、概括的类型来加以认识时，刻板印象就产生了。比如我们常常认为北方人豪爽，南方女子性情泼辣，商人狡猾奸诈，老人孩童弱小、善良等，这些都属于刻板印象。

定势思维是指人们在认知活动中用老眼光来看待问题，这是一种心理反应倾向，表现为人们用一种固化的人物形象去认知他人。如人们大多认为老年人思想过时、保守，跟不上潮流；年纪轻的中医往往被人认为缺乏经验、医术不精，等等。

刻板印象和定势思维的优点在于简化了我们的认识过程，给我们的认知提供了经验；缺点在于常常使我们用有色的眼光看人，使我们的认知判断出现偏差。我们应时刻提醒自己在处事和交友过程中要摆脱旧有的思维习惯，不要让一时的思维和印象影响自己作出判断，在处事和交友过程中，我们应该给予自己和别人更多的理解和支持，在更多的时间和耐心之后再作判断，时刻提醒自己要理智，不要被刻板印象所左右。

3. 人际交往法则：黄金法则、白金法则

有些人际关系法则看似简单平常，常常被人忽视，但它们却是我们处理好人际关系、获得事业成功的法宝。

作为一种个人价值的评判准则，“黄金法则”的公正性是毋庸置疑的，在普通民众中获得了一致的认同。事实是以对待这些人的方式去对待另外一些需求、愿望和希望都大相径庭的人，显然会遭到拒绝和排斥，甚至导致冲突。

【知识链接】

朋友之间，由于反黄金法则，他们更加注重了利益交换的对等或索取。所谓的友谊几乎成了成人世界的常态，他们忘记了孩童时的单纯，甚至不求回报的义气，他们更注重的是从对方身上索取什么、得到什么！可是，没有付出，尤其是没有真心的付出，又怎能得到回报。更不用说运用人际交往的“黄金法则”。于是，人与人之间实际成了物与物的交换关系，甚至是不依市场规则进行交换的关系。

恋人之间，由于反黄金法则，他们用尽心思、用尽全身力气去爱对方，却没有得到所要的爱时，他们会去指责对方、变得歇斯底里，为什么我这样爱你，你却不爱我？他们指控对方的无情无义，甚至开始报复，用尽一切办法折磨对方，想得到所谓的平等的爱……回头想想，对方爱不爱自己，我们能左右吗？对方又要求我们这样为她（他）付出了吗？如果是按照我们要求对方的原则，难道要自己去喜欢一个并不喜欢的人吗？如果爱，用心就好了。每个人都是独立的个体，无权要求另一个个体如自己所想所愿去做，因为他们本身也是独立的。

太多的问题都出在人际关系中，都认为别人应该为我做些什么，应该体会到我的心情，应该明白我的心意。而事实上，在我们都无法体会别人的心情、心意时，在我们都无法做到与别人共情时，我们又凭什么去要求别人呢？希望别人真诚对你，希望别人爱你，希望别人体会到你的心情，从此刻起，“像你希望别人对你的那样对待别人吧！”相信真情就在人际交往的黄金法则里。

“黄金法则”着力避免矛盾纠纷，它关心的是人与人交往的底线是否被遵守。而如果我们要进一步开拓我们的人际关系，仅是做到这一步是不够的。建议在本着尊重“黄金法则”的主旨的原则下对这一古老的信条进行一点点修正。

美国最有影响力之一的演说人托尼·亚历山德拉博士与人力资源顾问、训导专家迈克尔·奥康纳博士提出了人际关系的白金法则。白金法则的精髓就在于“别人希望你怎样对待他们，你就怎样对待他们”，从研究别人的需要出发，然后调整自己的行为，运用我们的智力和才能使别人过得轻松、舒畅。

“别人希望你怎么对待他们，你就怎么对待他们”，简单地说，就是学会真正了解别人，然后以他们认为最好的方式对待他们，而不是我们中意的方式。这一点还意味着要善于花些时间去观察和分析我们身边的人，然后调整我们自己的行为，以便让他们觉得更称心和自在。这当然就使得他们更容易对你产生认同。

一厢情愿的热情并不是所有人都能接受的，如想在人际交往中做到游刃有余，脱颖而出，就应该用对方期待、喜欢、想要并能接受的方式去与对方交际（或爱对方）。没有同理心就没有彼此之间的信任，没有信任就没有顺利的人际交往，也就不可能在分工协作的现代社会中取得成功。

【心理自助训练】

1. 思考：在人际交往中，什么特质的人对你具有较强的吸引力？根据你的生活经验，和大家一起讨论影响人际关系的因素有哪些。

2. 运用自我评估测试进行测评，考察自己的人际交往水平，结合自己的实际情况分析在人际交往中自己需要改善的方面。

5.2　宿舍人际——让相处不那么难

能离群索居，忍受孤独的，要么是野兽，要么是神明。——亚里士多德

大学宿舍关系是社会人际关系的缩影，是大学生思想、行为及情感的晴雨表。大学生宿舍人际关系是大学生人际关系的重要组成部分。小小的宿舍是大学生最直接参与的人际交往场所，它直接影响着大学生的人际交往能力、心理健康和为人处世。

【导入故事】

进入大学以来，小红能力出众，担任班级的班长……随着干部工作的繁忙，她渐渐地和室友待在一起的时间变少了，宿舍同学也慢慢地疏远她了。每次回到宿舍，舍友的谈话和欢笑声就戛然而止，小红主动搭话、邀约上课、去图书馆等，也总是无人理睬。现在，室友们无视她的存在，几乎不和她讲话。小红为此感到痛苦不已。

东北姑娘小青做事风风火火，动静较大，南方姑娘小美受不了小青“连洗个脸都要弄出很大声响”。宿舍其他室友私下议论小青，希望她顾及别人感受轻一点，

但无人敢说。一天早上，小青早起自习，其他人都还在睡觉，由于小青开关门声音太大把大家都吵醒了。小美忍不住嘟囔了几句，结果两人发生口角。还有一次，小美睡过了头，结果被老师点名批评。小美怪小青去上课没有叫醒她，小青说去不去上课那是你自己的事，我没有义务要叫你，两人又是一番争吵。最后小美主动搬出了宿舍。

“寝室6个人，我是室长。寝室制定了卫生表，可是总有同学不打扫，也不注意个人卫生。我想管，宿舍却闹得很不愉快。每次宿舍检查卫生，室友总是指望我一个人，因为我以前总是默默地把卫生搞完，使他们养成依赖心理了。有时想着帮他们多干点也没什么，但时间久了，心理就觉得特别不平衡。”一位室长说。

【思考】：

1. 为什么小红的室友会这样对待她？她应该如何做才能让她的室友不疏远她同时又能取得好的表现？

2. 在宿舍生活中，成员之间应该如何化解矛盾冲突和紧张呢？

3. 宿舍生活每个人理应做好自己该做的杂务。故事三中的宿舍成员为什么不做自己分内的事？有什么办法能够改变这些习惯不好的室友？

【故事点评】

小红被孤立，是由于室友的嫉妒，不把小红看成集体成员中的一员，小红在宿舍生活中受到排挤。

宿舍成员小青不注重小集体礼仪和规范，造成了不愉快。生活细节出现矛盾和冲突，发生争执，成员之间图口舌之快，造成成员之间难以和谐相处。

寝室长为宿舍问题为难，一方面，由于室友养成了不良的行为习惯，缺乏了提升生活应有的品质和约束的能力；另一方面，寝室长也缺乏相应的寝室管理的技能和技巧。

5.2.1 宿舍人际的影响

大学宿舍人际关系是大学生的一种特殊且重要的人际关系，宿舍已成为大学生学习、交往、娱乐、休息的主要场所。除去睡眠时间，大学生每天待在宿舍的时间约为5.72小时，宿舍成为大学生停留时间最长的场所，宿舍成员之间的交往和交流也就成为大学生必须面对且是面对时间最长的人际关系。因此，室友关系的融洽和谐与否，直接决定了一天的大多数时间里个人的心情是否愉快。

宿舍是大学生的新“家”，是一个无形的课堂，能够传授给大学生书本中没有但对身心健康而言又至关重要的东西。

【导入故事】

刚进大学的小然不喜欢他的室友。在军训时他不小心伤到了手腕，在室友的细心照顾下，他很快得到了恢复。小然万分感动，羞愧自己对室友的疑心重和不真诚，于是从此以后变得开朗大方，和大家和睦相处，乐于帮助他人。

小月大学期间每学期都拿奖学金，大家深入了解以后发现，其宿舍学习氛围浓厚。寝室四个同学关系很好，平时大家都一起学习、玩耍，期末复习也互相帮助劣势科目，大家成绩都很不错，四人均名列班级前茅。

好的宿舍人际关系对大学生的身心健康起着重要的作用，主要表现在以下方面：

（1）融洽和谐的宿舍人际关系满足了大学生的归属感，能够稳定情绪，补偿情感缺失。大学生进入高校后，开始从对父母的从属和依赖关系中脱离出来，自主、独立的要求日益强烈，他们一方面试图通过自己的力量解决遇到的各种新问题，另一方面又急于寻找新的依存对象，形成新的依存关系，渴望找到新的知己以满足自己心理上的需要，让自己能够有新的归属感，从而达到内心的平衡。作为大学生进入高校后面对的最具有空间稳定性、最重要的休息生活所在，宿舍中和谐的人际关系最能够帮助大学生应对新的人际关系的转换所带来的孤独和不安，并稳定情绪。

（2）融洽和谐的宿舍人际关系能够锻炼意志、培养人的道德规范和行为习惯。在这个新“家庭”中，成员之间频繁的接触，往往能从对方那里学到社会生活所需要的道德品质，如诚信、勇气、忍耐等，在处理问题的态度上也常常以同伴为参照。因此，可以说宿舍成员的思想品德和素质对其他成员的社会性发展的每个侧面都产生着潜移默化的影响，对其他成员的社会态度、交往心理、社交能力等产生着影响。

（3）融洽和谐的宿舍人际关系具有提高大学生的学习积极性，使大学生积极进取，对大学生的成长起着导向作用。宿舍是一个同辈人的家庭式的群体环境，大学生在这个环境中彼此通过言语、思想、情感、动作、服饰等有形或无形的交往方式，直接或间接地影响宿舍的风貌。在和谐的宿舍环境中，大学生具有上进心，学习积极性比较高，能够形成良好的“室风”。良好的室风能够促进成员的成长和发展，能够帮助大家获取成功，获得幸福体验。

和谐融洽的宿舍关系对大学生而言是至关重要的。不良的宿舍关系往往让居于一室的几位同学都感到苦不堪言，严重影响着同学们的身心健康，其主要表现在以下一些方面：

（1）宿舍人际关系不良易使宿舍成员感到孤独无望。相对于中学时代简单的人际关系而言，大学是一个全新的环境，初入大学校门的大学生们，已不再轻易打开心扉，难以感受到人情温暖。而当宿舍关系不和谐，同学之间矛盾、冲突或者冷漠时，也最容易造成大学生的孤独感和无助感。

【导入故事】

小琳上完课回到宿舍，敲门没人应。拿出钥匙打开门，才发现原来大家都在。她说了一句："大家都下课了呀?"仍然是一篇寂静，没人应答，也没人回头，各自做着手中的事情。小琳也坐了下来，心想：大家各怀心思，以后自己还是少说话为好。

（2）宿舍人际关系不良易造成宿舍成员心理障碍，产生心理疾病。当宿舍人际关系处于对立、冲突等不和谐状态时，容易使大学生产生不安全感，对大学生的心理健康发展也会产生负面的影响。缺乏交往技巧或者在交往中受过伤害的人，容易产生挫折和自卑心理，严重者受人际困扰和纠纷所造成的精神痛苦甚至会导致抑郁症、社交恐惧症的产生。

（3）宿舍人际关系不良易导致人际冲突甚至悲剧事件。宿舍成员之间的交往是最密切的，近距离的接触和交往容易产生各种误会和小摩擦，各种误会的累积和冲突的扩大往往会造成恶性的后果。如果宿舍成员间的冲突没有得到解决，那么所产生的悲剧容易给我们留下惨痛的回忆。

5.2.2 宿舍人际关系类型

就宿舍人际关系类型而言，有研究者将大学生宿舍人际关系的类型划分为：和谐型、松散型、分裂型等。各类型的特点如下：

（1）和谐型宿舍人际关系。宿舍人际关系的和谐有两种情况，一种是指没有问题的和谐，即宿舍成员之间没有冲突和矛盾，宿舍人际关系达到了一种和谐的理想状态。另一种是有问题的和谐，一般认为出现了问题便是不和谐，在宿舍人际关系中成员之间存在问题，同时存在解决问题的方法，使问题及时解决，这也是一种和谐。两种和谐情况都需要包容、理解和坦诚等良好品质。这种类型的人际关系一般表现为团结，较关心宿舍整体形象，对集体事情表现积极热情，有较多的集体活动。

（2）松散型宿舍人际关系。松散型宿舍人际关中，宿舍成员间经常会存在问题，而存在的问题一部分是能够得到有效解决的，另一部分是没法克服或不能有效解决的，但是这些问题并没有造成成员无法承受的消极影响。这种类型的宿舍人际关系一般表现为相互间不太关心，缺乏很好的交流与沟通，成员对集体的事情缺乏热情和积极性，缺少集体活动。

（3）分裂型宿舍人际关系。这一类型的宿舍人际关系是松散型关系进一步恶化的结果。由于宿舍成员间的问题持续得不到妥善的解决，并且超过了成员的承受力，此时有可能导致某些成员或小群体脱离出去。该类型的宿舍关系几乎毫无团结可言，成员之间处于一种对抗状态。

在宿舍关系中，每个个体在与其他成员交往中可能同时存在多重类型的个体关系，比如说个体与一个人的关系处于亲密状态，而与另一个人关系仅仅处于友好状态。宿舍成员之间的个体关系会影响整体宿舍关系的类型。

【心理导航】

1. 心理测验：你的宿舍关系怎么样？

初入大学，生活在同一屋檐下，宿舍就是我们的家。这个“家”里的人际关系处得怎样？请在符合你的宿舍情况的题目番号前面打“√”。

（ ）1. 宿舍里常常发生联手排挤一个人的现象。

（ ）2. 即使室友们都在宿舍，也经常处于一种鸦雀无声的状态。

（ ）3. 经常有作息时间争论战，比如何时关灯等。

（ ）4. 有的室友的行为经常引起大家不满。

（ ）5. 为了明哲保身，大家通常都不会指出室友的错误做法。

（ ）6. 宿舍分为三两小团体，团体之间互不理睬甚至有较大冲突。

（ ）7. 有恃强凌弱现象，而且比较严重。

（ ）8. 通常大家的做法是“各家自扫门前雪”。

点评：如果命中率超过3个，说明我们正处在一个运作不良的宿舍人际中，这个时候必须寻求改善。

2. 策略训练

宿舍是我家，和谐靠大家。宿舍成员来自五湖四海，个性、阅历各不相同，行为方式、生活习惯存在差异，加之成员缺乏处事经验等众多原因，成员之间存在矛盾在所难免。针对不同的宿舍问题，宿舍人际应该如何相处呢？

问题一　生活习惯难相融

小黄早晨和晚上都喜欢打开窗换换新鲜空气，其他室友却觉得小黄存心让他们生病，一起指责他；而小黄却认为，室友们不注意时间的掌握，很晚才归宿，严重影响自己的休息和生活习惯。

无熄灯制度的寝室易出现作息矛盾。晚睡的同学动静很大，影响了正常作息的同学。有的同学为了报复头天晚上所受到的“不公正待遇”，起床时故意弄得桌椅作响，关门时门摔得砰砰响，以此故意弄醒还在睡梦中的同学，宿舍作息大战由此展开。如果你的宿舍遇到这些情况你会怎么处理呢？

（1）当“夜猫子”型（12点以后）遇到早睡型（10:30以前睡觉）的，你们会怎么协调？

（2）室友中，有没有对光和声音特别敏感的？你们怎么协调？

（3）如果熄灯后，室友已经入睡，但你还有事情需要处理，你会怎么做？

（4）如果有人违反了作息制度，你希望如何“惩罚”？

一个宿舍少则三四人，多则七八人，只有大家协调一致、共同遵守，才能拥有一个正常的生活秩序 。而且每个宿舍都有其特殊性，作息时间也各有差异，因此，需要成员共同协商好作息时间。可以按照如下的方法来试试：

（1）宿舍全体成员应当尽量统一起居时间，减少作息差距。

（2）如果宿舍有成员夜谈影响了大家休息，可以直接提意见制止。制止无效可以适当地调节自己的作息时间，如可以推迟上床、听听音乐等。

（3）“夜猫子”型的同学，如果无法调整自己的作息，可以和室友一起提前洗漱好，室友休息后，尽量减少声音和灯光对室友的影响。

（4）如果有同学违反了作息制度，可以安排一点小小的惩罚，如打扫卫生、为大家打开水等，但不得进行人身、语言攻击等。

问题二　公共卫生谁负责

堆了几天的垃圾口袋，带着汤水的方便面盒，铺在地上的废纸，掩埋在垃圾堆里的扫帚……深吸一口气，宿舍里弥漫着一股怪味……爱干净的同学或者室长已然意识到，自己成了宿舍的唯一清洁工，心中充满了不满。

生活在一个宿舍，每位成员都有责任和义务和其他成员一起做好集体的事。有的同学在集体生活中，不良生活习惯就暴露出来：不打开水、不整理衣物、不叠被子，床上又脏又乱，东西乱扔，袜子、衣服穿完不洗，踢了球一身臭汗也不洗澡，上厕所甚至常常忘了冲马桶，对集体卫生从不关心，所有工作都指望室友来完成，自己却坐享其成。总而言之，提前规范宿舍礼仪，才能减少冲突的产生。

在宿舍生活中，我们应该尽力搞好属于自己的那份事务，养成良好的行为习惯，不能总是指望他人的“帮助”。对于没有履行义务的室友，我们也可以给予适当的“小提醒或者惩罚”，宿舍也可以定时或者不定时地对宿舍的情况进行总结，大家公开地说出自己心中的不满以及宿舍需要改进的地方等，一起努力把自己的宿舍公共卫生管理好，给大家提供一个温馨舒适的环境。

问题三　触犯室友隐私

学生小王跟宿舍的人大吵了一架，就是因为自己桌上的书被舍友翻了。小王找朋友诉苦：“我就是不喜欢别人碰我的东西，不喜欢别人看到什么。”舍友们也很委屈：“只是想看看你平时看的东西，怎么就不行了呢？哪有那么小气的人啊？咱们的关系那么铁。”

室友同处一个屋檐下，要懂得尊重他人，应该注意以下两点：①没有经过他人的同意，不能擅自乱翻他人物品，千万不能以为是熟人就忽略尊重他人这一细节。②在一个宿舍相处，难免知道宿舍同学的某些隐私，对于他人不愿意公开的事情，自己不能去探听，听过了也要守口如瓶，私自告诉他人是对舍友的不尊重，也是不道德的。

对于以上的三类问题，我们可以采取的措施是：提前做好宿舍礼仪规范。在集体生活中，不注重礼仪规范，会造成很多的不愉快。为了避免生活中的琐碎事物和矛盾，可以事先明确规范，互相约束。

除了上述相处中的一些宿舍礼仪需要我们做好约束和规范外，注意生活中的小细节，充分利用这些细节，才能让我们的宿舍人际关系更加融洽。

（1）积极参加宿舍的集体活动。

宿舍的集体活动不单纯是一个活动而已，更是深化宿舍成员感情的大好时机，应该积极参加。可以这么说，宿舍活动的有无、数量的多少和活动质量的高低，直接反映着一个宿舍的团结程度。如果宿舍的活动不去参与，在宿舍里多多少少会显得很不合群。因此，在面对宿舍活动时，我们可以采取这样的选择：在进行宿舍活动时，我们尊重大多数舍友的意见；如果自己确实有事不能参加，可以把自己的意见和想法提出来。不要勉强参与，让舍友们觉得你很勉强、应付了事；也不能一口回绝伤了大家的和气，合情合理地说出自己的想法，相信大家更能理解。

（2）不拒绝小善意，报之以感谢。

大家住在一起经常会遇到这样的情况：室友买了水果、点心等零食会分给大家品尝；从家乡带了好吃的，也会和大家一起分享……但有的同学却从来不吃别人的东西，也不接受任何他人的馈赠，这样无形中就会给他人一种“很高傲、难以靠近”的感觉。

接受他人的邀请，从某种意义上说，也是对他人的尊重。有这样一种说法：即使没有什么可以回赠，大方地、恰到好处地接受礼物，也等于是对他人的回赠。接受他人的礼物，真诚地说声谢谢，报之以关怀，这便是人际关系的润滑油。

（3）舍友有难要帮忙，自己有难事也要寻求帮助。

处于困难之中，获得帮助就会获得被关心、被关注的感受；施予他人援助之手也会给我们带来一种幸福感和满足感。宿舍成员之间，帮与被帮都会增加彼此之间的感情。宿舍的人际关系在帮与被帮中会得到很大的提升。比如：舍友生病了，义不容辞地送他去医院，并照顾；室友出门，如果有需求可以顺便帮忙带点东西；自己有事情忙，不能做某件事情，室友方便，也可以请求代劳……

【心理游戏】请你给我帮帮忙

游戏规则：以宿舍成员为对象，两两配对成二人组合，分别扮演施方和受方，由受方请施方为他做件事，如请对方带本书、为我倒杯水等各种可行合适的事情，在接受帮助后，施方必须表示感谢。完成以后角色互换。

感受分享：讨论施与受的经验。当你被帮助时，你的感受如何？你怎么样向他人表达你的感谢？当你帮助他人时，你的感受又如何？

（4）不斤斤计较、容忍他人的斤斤计较。

寝室里除了小李外都买了电脑，大家都设了密码仅供私用，而多消耗的电能却不是个人承担。对此种种，平时“耗能少”的小李不愿接受，于是跟室友们在寝室分摊电费问题上发生了争吵。

在生活中遇到斤斤计较的人时我们不妨站在他人的角度去看问题，理解和尊重对方斤斤计较的习惯。一个人长时间养成的生活习惯，不是一朝一夕就能够改变的，与其去改变他人，不如去尊重和接受，更能够让彼此相处愉快。

俗话说“吃亏是福”，在宿舍生活中，吃点亏也未尝不是好事。也并不是说我们就应该吃亏，而是不要太过于去计较。很多事情本来就没有公平与不公平可言，我们不要太执着于寝室经济分配的绝对公平，这样的宿舍生活才能和谐。

（5）遇到问题，不图口舌之快。

“我最讨厌每次发生争论，无论什么话题，他总要分个输赢。在寝室的‘卧谈会’上也是，他总喜欢争辩，每次好好的交流都被他搞得不欢而散。”

都说“刀子嘴豆腐心”，生活中难免有的同学是这样的性格。嘴巴上爱占便宜的同学会给人留下好胜、难以相处的感觉。在与他人相处的过程中需要注意：说话时，心平气和；针对事情，就事论事，不说脏话和辱骂对方；说话还要控制音量，以免给室友你在与之争吵的感觉。

【心理自助训练】

1. 情景剧：邀请室友扮演以下情景剧，并思考回答。

（1）你认为故事情节会怎样发展？

（2）运用你所掌握的方法处理情景剧中出现的冲突。

网游风波

高华：王晓……王晓……还打啊？

王晓：干吗，有事啊？

高华：你都打了多长时间了，都几个小时了。

王晓：我们组了队，要晋级了。

高华：吵着我们睡觉了。

王晓：睡觉？

高华：是啊，你没看到我翻来覆去，半天睡不着啊。

王晓：你睡不着关我什么事啊？

高华：你整天打游戏影响宿舍同学睡觉，你自己不知道啊？

王晓：我已经这么小声了，别的同学怎么没反应啊？就你有反应？

高华：都一连几个晚上了，昨天说完你12点睡的，今天又是1点了，你太过分了。

王晓：有什么过分的，就你事多吧。

高华：你要还想打，自己去网吧打，不要影响大家。

王晓：我为什么要去网吧，你又凭什么让我出去啊？

高华：这宿舍又不是你一个人的，为什么要影响大家休息呢？

王晓：对呀，宿舍不是我一个人的，也不是你一个人的，凭什么让我出去啊？

高华：你再这样，我要把网线给你拔了！

王晓：你来拔啊！

……

2. 情境测试：在实际生活中，假如你遇到这样的情况你会如何处理？

（1）刚开始时，我们宿舍关系很好，我很开心。现在渐渐淡下来，各忙各的，不再有那种家的氛围，我很失望。

（2）宿舍同学说我太要强，又喜欢争辩，总是喜欢争个输赢。我心里承认，但总是改不了。

（3）同宿舍的同学不守纪律，卑鄙自私，很难相处。我觉得很难熬。

5.3　班级人际——让学涯不孤单

独学而无友，则孤陋而寡闻。　　——《学记》

班级人际是指在班级中同学之间通过学习、游戏、活动等交往活动中形成的比较稳定的人际关系。班级关系的发展如何，直接影响着班级组织的成长与发展，影响着每位同学的学习和工作效率，也影响着大学生个体的社会化和个性的发展。

【导入故事】

故事一："我是班干部，班里的部分同学，我看不惯他们做事的方法。他们在不同的人面前说不同的人的坏话，很会敷衍。表面上和你好好的，其实心里在狠狠地骂你。他们总是像孩子似的，动不动就不理人、搞小团体，总是让他人以他们为中心。我自己也不知道该如何去和他们相处，大家都认为我很自私。作为班干部，为他们做了很多事，却吃力不讨好，换不来他们的喜欢。为此，我很苦恼……"

故事二：陈诚和余新两个人是好朋友。陈诚从大二开始担任班级的团支书，和班长余新一起管理班级。上任后，陈诚发现余新处处和自己过不去：余新在工作中不尽心尽责；自己替他处理事，他又觉得自己抢了他的风头，会不高兴。一天，开班委会时，两人为一事意见不一、争执不下，余新向陈诚动粗。在其他班委的劝阻下，战争才未升级。周围同学私下认为班长能力不如团支书，余新知道后非常生气。新学期竞选，两人同选班长，结果两人票数一样，陈诚主动退出。陈诚以为余新会表示感谢，但是结果余新没有任何表示。陈诚感到非常苦恼。

【思考】:

1. 故事一中，为什么班干部吃苦受累为大家服务，却受到同学们的冷眼相待，得不到大家的认同和喜欢?

2. 故事二中，为什么陈诚的主动、热情、真诚和退让换来的却是曾经的好友的无动于衷和冷漠?

【故事点评】

故事一中的班干部不被同学们认同和喜欢，是由两方面的原因造成的。一方面，来源于主人公自己缺失了与人交往中很重要的一项个人特质“真诚”，人们通常喜欢以真心待人的人；另一方面，主人公缺乏与人交往的技能和技巧，不能站在同学们的角度去思考问题，自己也没有很好地融入集体的生活中。

故事二中两位主人公本是好友，却因工作上的影响和冲突造成了不和的局面。实际上更多的是理解和沟通问题。两人只有增加互相的沟通和交流，增加心理的交融，才能打破两人之间的“寒冰”。

5.3.1 班级中常见的人际关系

班级中常见的人际关系是同学与同学之间建立起来的同伴（或者学友）关系。正确地理解和认识学友关系的类型、关系和特点，是建立和改善班级人际关系的必要条件。

根据班级内的人际关系状况，在老师和学生的眼中，班级中的学生一般可分为三类：人缘型、中间型、嫌弃型。各类型的学生都有自己的特点。

一般而言，人缘型学生具有表里如一的健康人格、积极向上的生活态度、健壮的体魄、优异的成绩、较强的工作能力、良好的品德等特点。这些学生大多都有良好的家庭背景，生活目标明确，有主见，有坚强的意志，善于自我观察、自我剖析，在班级中起着“领头羊”的作用。

中间型的学生特点表现在：第一，渴求进步，但又害怕困难。这类学生普遍而言“天姿”较好，也追求进步，但意志薄弱，遇事犹豫不决，做事情“虎头蛇尾”。第二，满足现状，努力程度不够，自信心差。有少数中间型学生自我认识和自我评价水平不高，不能正确对待成功和失败。研究表明，这些学生一般家庭条件优越，父母对他们疼爱有加，过分依赖父母，自立自强能力差，缺乏竞争意识，这类学生占班级绝大多数。故而帮助这类学生搞好人际关系，对管理好班级工作有重要意义。

嫌弃型学生存在学习意识不浓、成绩差、具有攻击性行为、品行不良、难以与人相处等特点。这类学生一般不受老师和学生的欢迎，最主要的原因是品行不良。他们经常被冷眼相待，自尊心、自信心不强，易被人们忽略。这类学生虽不多，但教育不当，对管理班级来说是一大障碍。改善好他们的人际关系，具有特别意义。

测一测你在班级人际交往中属于哪种交往类型，结合自己的实际情况，进行选择。见表5-1。

表5-1 人际关系测试表

1. 我对同学的帮助是真心实意的，不会背后害人。	是	否
2. 我经常拿不定主意，就去问同学的意见。	是	否
3. 我是一个心直口快、个性爽朗的人。	是	否
4. 我经常批评别人。	是	否
5. 在同学眼中我是一个雪中送炭的人。	是	否
6. 我喜欢接受别人东西，不喜欢送别人东西。	是	否
7. 我是一个积极进取、对前途乐观的人。	是	否
8. 我经常觉得自己对生活没有目标。	是	否
9. 同学送礼物给我，我经常考虑他们有什么目的。	是	否
10. 我尊重同学们，相信他们。	是	否
11. 我喜欢背后议论他人，打听别人的隐私。	是	否
12. 别人都说我看起来神采奕奕、精力充沛、自信。	是	否
13. 烦心的事我很少和班上同学讲。	是	否
14. 班上的同学经常给我倾诉心里话。	是	否
15. 我答应同学的事就会尽力去办到。	是	否
16. 有人说我是“当面一套背面一套的人”。	是	否

评分和评价：1、3、5、7、10、12、14、15题选“是”得1分，选“否”得0分；2、4、6、8、9、11、13、16题选“是”得-1分，选“否”得0分。得分在4分以上，属于人缘型；得分在-3~3分属于中间型；得分在-4分以下属于嫌弃型。如果在本测验中的得分是负分的学生，希望下面的内容对他们有一定的帮助。

5.3.2 各类班级人际型学生的帮助方案

无论自己在班级属于何种人际关系类型的学生，我们应该确立“以和为贵”的思想，积极、主动地与他人交往、交流沟通，具体做法如下：

人缘型学生：如果经过测试，自己属于人缘型的学生，那么恭喜你具备了很多同学追求和向往的一些品质。但是，古语有云：金无足赤，人无完人。我们早在肯定和加强自己的长处和优点的同时，仍然需要客观的、一分为二地去分析自己。我们要清楚明白自己也有缺点，也有不足，正是因为平时的学习和生活都是一片掌声，因此我们更需要保持清醒头脑，克服不足、克服骄傲自满情绪，不断完善自己。另外，在学习和生活中更应该主动接触其他同学，帮助他们，关心他们，搞好自己的人际关系。

中间型学生：如果经过测试，自己属于中间型这一类的学生，那么恭喜你是一颗还没有打磨好的“珍珠”。那在以后的学习和生活中，我们可以从以下三个方面努力试试。首先，寻找和肯定自己的价值，要知道尺有所短寸有所长，每个人都有自己存在的价值和意义，坚定自己的信心、志向，逐步培养起良好的性格。其次，努力改进和克服自身的一些小缺点。如意志薄弱、遇事犹豫不决、做事情“虎头蛇尾”，等等，学会正确地认识和评价自己，正确对待成功和失败。最后，积极参加形式多样的课外活动，主动地接触周围的同学和老师，去感受集体的力量，去体验合作的快乐。

嫌弃型学生：如果经过测试，自己属于这一类的学生，那么坚持不懈的努力一定能够帮助我们快速地成长。那我们可以从哪些方面去努力呢？首先，肯定自己。经过高考的奋力厮杀，和其他同学一起落座于自己的大学，那自己和其他同学一样是符合某种标准和能力，能够很好地处理和完成学习生活中遇到的问题的，在这一点上我们要给予自己充分的肯定和信心。其次，要知道处于目前的状态，拒绝和抵触情绪不会起到任何帮助，破罐破摔也不会让自己脱离苦海，但是努力会让我们越来越好。最后，融入丰富多彩的大学生活，亲近同学、老师，主动地去交流、沟通，让他人更多地去了解和认识自己，也让自己更多地走进他人，从而获得更多的互助、成长。

5.3.3 大学生班级人际关系存在的问题

大学生自身心理、情绪的特点和外界的各种压力，使得大学生在人际交往中存在各种各样的问题，具体说来，有以下一些表现：

5.3.3.1 自我认知错误、被动交往

人际交往中，有些同学表现出一定程度的自卑心理，压抑自身的交往需求，被动地等待别人与自己交往。这部分同学往往缺乏对自身的正确认识，没有客观地认识自我。在人际交往过程中往往表现为退缩、畏惧甚至自我封闭，比如有一部分学生反应特别强烈，与人交往时出现心跳气喘、面红耳赤、不敢正视对方；与人交谈时语无伦次；公共场合不敢讲话，不敢与人打交道和表现自己等，这在较大程度上影响了自身的人际交往。

5.3.3.2 错误地评价、排斥他人

大学生活中，各个同学的才能、实力、长处等方面是不一样的，有优秀和平凡之分。有的大学生在人际交往中，会产生嫉妒心理，片面地评价他人，没有认识到每个人都有其独特的特点，主观判断别人的短处和缺点；有的班委干部、能力强者，自高自大，瞧不起别人；有的同学群体意识淡薄，以自我为中心，对周围的任何事漠不关心，很少关心别人；面对与其他同学产生的矛盾，不及时协调解决，等等，这些问题都易造成人际关系的紧张，不利于人际交往。

5.3.3.3　不了解人际交往的技巧

良好人际关系的建立，需要掌握一定的交往技巧，在实际交往中，一些同学往往忽视了人际关系的技巧，不懂得语言交际和非语言交际技巧的应用，在生活中有些同学自我表现欲很强，常常夸夸其谈，不善于倾听，从不注意倾听对方，又不在乎别人的感受，这样就难以达到谈话双方的心灵沟通，即使有些时候在倾听，也不是专注地听，往往难以理解对方的思想、信息和情感，阻碍了良好人际关系的形成。

5.3.3.4　很少或从不参加社会活动

经历了千军万马过独木桥的高考，一部分同学抱着在大学里要松口气的心态，忽视社会活动的重要性，不注重参加集体活动，交往的空间过于狭窄，与其他同学交往协作的机会很少，与社会上不同类型人士接触的机会也很少，人际交往的次数急剧下降，交往的技巧在实践中也得不到锻炼，使得大学生难以认识社会、认识自我，甚至难以处理个人和社会、个人与集体的关系，缺乏社会责任感和使命感。

【心理导航】

倾听是良好的人际沟通的基础，人际交往中或多或少会因为各种沟通不良而产生误会。通过下面的团辅游戏，我们就更加能够认识到，在交流的过程中，其实即使我们认真听，有时也会犯错。

1. 团辅活动：一个简单的倾听测试——训练你的耳朵

仔细阅读下列有关故事的提问，并在“正确”“错误”“不确定”中做出选择(见表5-2)。答案见表5-3。

商店打烊时某商人刚关上店里的灯，一男子来到店堂并索要钱款，店主打开收银机，收银机内的东西被倒了出来，而那个男子逃走了，一位警察很快接到报案。

表5-2

题目	正确	错误	不确定
1. 店主将店堂内的灯关掉后，一男子到达。			
2. 抢劫者是一男子。			
3. 来的那个男子没有索要钱款。			
4. 打开收银机的男子是店主。			
5. 店主倒出收银机中的东西后逃离。			
6. 故事里提到了收银机，但是没有说里面具体有多少钱。			
7. 抢劫者向店主索要钱款。			
8. 索要钱款的男子倒出收银机中的东西后急忙离开。			
9. 抢劫者打开了收银机。			
10. 店堂灯关掉后，一男子来了。			
11. 抢劫者没有把钱随身带走。			
12. 故事涉及三个人物：店主、一个索要钱的男子、警察。			

表 5-3

题目	答案
1	不确定
2	不确定
3	错误
4	不确定
5	不确定
6	正确
7	不确定
8	不确定
9	错误
10	正确
11	不确定
12	不确定

2. 人际关系策略训练

（1）换个说法，改变心态。

大学班集体，少则几十人，多则上百人。由于个性、习惯等各方面的差异，难免产生各种冲突和误会。遇到冲突和误会，产生不满时，我们不妨换个说法，换种心态去理解（见表 5-4）。

表 5-4

积极说法	消极说法
也许他也正心烦着呢。	懂不懂尊重人啊！
只要我努力，我也会有进步。	我哪儿赶得上他啊！
心灵美比外貌美要持久得多。	长得这么难看，谁愿意和我交朋友啊！
恭喜你，兄弟，别忘了请客啊！	他得奖学金一定是走后门来的。
无论什么企图，我都应该热情待人。	他们这么热情是别有用心吧。
今天可能没戴眼镜，没看清我。	有什么了不起的，还不搭理人。
这次要好好准备，竞选班委。	竞选关我什么事，费力不讨好。
今天真漂亮，衣服在哪里买的啊？	今天打扮丑死了。

同学之间相处，发生冲突和矛盾在所难免，只要我们敞开胸怀，换个角度，换个说法，内心的感受就完全不同了。

（2）学会宽容：淡化缺点，发现优点。

不同的生活成长经历形成了每个人不同的性格和为人处事的方法、态度，在与周围同学相处的过程中要学会宽容和接纳，不能一味地用自己的标准去衡量和要求他人。

任何事物都有其不完善的地方，不要过于苛刻和挑剔，相处中不能抓住对方的缺点不放。有人曾说过：最好的人也有很多坏处，最坏的人也有很多好处。因此，我们应该多多发现对方的优点，淡化对他人缺点的关注，学会宽容和接纳他人。

【心理游戏】：寻找闪光点

a. 找一位不讨自己喜欢的同班同学进行接触并观察。

b. 每天记下这位同学的一个闪光点。

c. 十天后，找两位同班同学进行接触并观察，以此类推发现他们的闪光点。

d. 逐渐扩大接触范围，发现每个人都有闪光点，都有值得学习的地方，慢慢扩大我们在班级的人际交往圈。

（3）不计前嫌：打破人际寒冰。

人际交往中，冲突和矛盾一直是永恒存在的，我们在和同学相处的过程中，可以多了解同学的往事，多去发现同学的优点，淡化同学的不足和缺点，学会接纳和包容，同学之间融洽相处，不计前嫌，笑一笑其实也没什么大不了。

【心理游戏】：解开千千结

活动过程：

所有成员站成一个面向圆心的圈，然后举起右手，抓住对面另一成员的手，再举起左手，抓住另一个人的手。但是不能抓自己身边成员的手，也不能两只手抓一个成员的两只手。这样就形成了一个复杂的“结”。

要求成员在不松手的情况下，想办法把这个“结”解开。在游戏的过程中，如果尝试了半个小时“结”都没有被解开，领导者可以允许某两只相邻的手断开一次，但必须马上封闭。

领导者引导成员进行分组讨论：

（1）一开始面对这个复杂的“结”的时候，感觉是怎样的？在解开了一点以后，你的想法是否发生了变化？

（2）在现实生活中，你是否也与周围的朋友结下了这样的“结”？有些“结”可能是看得见的，也可能是看不见的，比如你总是看某个同学不顺眼。在日常生活中，你是以何种心态来面对人际交往中的这些“结”的？

（3）通过解开这个“结”，你觉得成员间的关系发生了什么微妙的变化？朋友之间发生矛盾冲突是否只给我们带来消极的影响？

（4）当努力了很久“结”都没有被解开时，你的感觉是怎样的？想到放弃了吗？在现实生活中，当你与某个同学产生了激烈的冲突，或者冷战了很久都没有和好的迹象时，容易产生什么念头？

(5) 运用了哪些方法来解开这个“结”？联系现实生活，这对你解决人际矛盾有何启示？

人际矛盾讨论：

(1) 根据成员在分享“解开千千结”活动体验时谈到的人际矛盾问题，选取其中最具普遍性的情境，请两三位成员来表演。比如室友很懒，每次值日都不打扫卫生，引起了全寝室同学的不满；好朋友向你借作业抄，你不想借，但又碍于情面；同学未经你的同意就翻看了你的日记。

(2) 其他成员分小组讨论解决这个人际矛盾的方法，并用小品的形式把它表演出来。

(3) 所有成员一起来讨论以上各种解决方案的可取之处和不合理之处。

总而言之，在人际交往的过程中，通过改变对人际冲突的消极看法；以合作代替竞争，实现双赢；学会换位思考，宽以待人；积极地进行沟通；真诚地表达自己的意见和需求，等等，都能够对我们人际关系的建立起到一定的帮助。

【心理自助训练】

1. 阅读下面的文字，谈谈你的感受。

大学里的感动

秋季悄然而至，懵懵懂懂大四生活悄然而至。慢慢悠悠走在校园的路上，抬头看看空空荡荡的天空，向着遥不可及的未来，一片茫然。

望着人来人往的校园，孤寂的灯光把我的影子拉得老长老长。走着走着，手机铃声响起，原来是班长：“你最近沉默了许多，都不像你风格了！”“心情不好！”那晚我们坐在操场的台阶上，吹着冷风，聊了很多，意味深长。我们手牵着手，回到宿舍，寝室柔和的灯光，温暖而明亮。

大学时光步履匆匆，不经意间却发现，每一个角落里都有爱、有美、有回忆，还有那不经意的感动！

思考：你的室友给你留下了哪些感动？

2. 情境测试：在实际生活中，假如遇到这样的情况你会如何处理？

(1) 刚升入大学时和班上的几位同学关系还不错，交往也很愉快。后来竞选班委时他们纷纷落选，就我一个人竞选上了班长。他们和我的关系越来越不好，还说：“人家是堂堂一班之长，和我们这些平头老百姓怎么有共同语言。”我听了以后特别伤心。

(2) 我与一位无话不说的朋友闹得很僵了。她知道我很多秘密，我很担忧，万一她到处传播我的秘密，我该怎么办？

(3) 前段时间班上评选奖学金，作为班长，看到班上的同学分成了多个小团体，互相诋毁、猜疑，很是左右为难，不知如何是好。

专题6 爱情与性

爱情是人类精神世界不竭的动力之一，它是那样的独具魅力，拨动着所有人的心弦，令人寻觅和向往。正值青春韶华的大学生，情思绵绵，爱情如春雨后的嫩草般在心中萌芽。了解爱、表达爱、呵护爱，是一个重大的人生课题，不管是处在恋爱之中的同学还是未建立恋爱关系的同学，都必须正确面对爱情。法国著名诗人普吕多姆曾说过：“爱情是幸福巨大的源泉。”然而，如果未能深刻理解恋爱的意义和爱情的真谛，非但不能品尝爱情的甜美，反而会陷入烦恼和困惑中不能自拔。帕夫雷什中学的教师们认为：“爱情属于人的高级感情。年轻一代德育的实质就在于培养和建立这种感情。”因此，爱情是需要学习的，而且是关系到我们一生幸福的学习。希望同学们经过本章的学习，能为今后追求美好的爱情树立信心，把握好幸福的方向。

6.1 问世间情为何物

【导入故事】

爱情是什么？

关关雎鸠，在河之洲，窈窕淑女，君子好逑。在校园晚会上，我第一次看到了站在台上静静弹着吉他深情唱歌的她，那一刻我怦然心动！自此，我总会在校园遇到她，看到她不经意地从我身边走过，或者在同一个场合出现，我会紧张。有时我也会主动打听她上课的时间和地点，好几次我都像佯装看校园风景的无聊学生站在她上课的教室门口等待她的出现，期待与她的邂逅，而每一次与她错过相遇的机会，我的内心就像被掏空了一样！我真心期待着，期待着有一天我也能像一个朋友一样站在她面前，向她袒露我的内心，但是我又害怕一旦说出遭到拒绝，到那时候我连偷偷看她的机会也将失去。就这样，我对她的感情日益加强，想念在不经意间而来！我被这种情绪折磨着，感觉很累，也很苦恼。这算是爱情吗？爱不是应该存于彼此之间吗？我和她只算一个熟悉的陌生人！我很想知道什么是爱情？我这样算是爱上了一个人吗？

【故事点评】

什么是爱情？爱情又包含哪些要素？为什么会“于千万人之中，遇见你所遇见的人”？这些古老而又永恒的话题，一直引发着人们的争论和思索。情窦初开的芳华少年，总是把追捧的名言名句作为寻找或经营爱情的指南针，认为爱情就是“山无棱，天地合，乃敢与君绝”抑或“身无彩凤双飞翼，心有灵犀一点通”。爱情究竟是什么，需要我们用一生去感悟理解！正幻想并憧憬着美妙的爱情的我们，要从心理学的角度了解爱情的性质和规律，使我们能够更好地理解爱情的本质，更好地寻觅、呵护我们的爱情。

6.1.1 经典的爱情观

爱情是可能且应该受到理性的指引，我们不能回避首因效应，却应对它们有所警惕。当爱火开始燃烧，您心中充满柔情时，问问您自己，谁是您心灵的闯入者？您完全了解他吗？他有优秀的品格吗？是一个通情达理的人吗？要明白一个聪明的女子和一个愚蠢的男人共同生活无幸福可言。他的职业是什么？是赌徒、纨绔子弟或酒鬼吗？如果以上问题均得到满意答复，仍有一个重要问题，您有十足的把握认为您占有了他的全部爱情吗？如果没有，多情的心就要与单恋去搏斗，且矜持、习俗或其他应阻止您在这方面去取得进展。

——乔治·华盛顿①

恋爱也是一种社会的现象，当然与社会上其他的现象有连带的关系。说得直白点，便是会随其他现象的转动而转动。

几年前曾有所谓恋爱有没有条件限制的讨论。有的说是有条件的，有的说是没有条件的。当时曾有一个学生来问我怎样看。我说，主观上或许是无条件的，而客观上实际是有条件的。诚挚的爱情，主观上并没有慕虚荣、贪微利的念头，觉得对方可爱便爱了，我们可以说它是没有条件的。但从客观上看，在所谓有条件的现象之中，实际便是有条件的。在读书热的时候，因学识程度不同而离合的有多少人；在政治热的时候，因政治见解不同而离合的又多少人，便可了解：爱在客观上是有

① 曲铁夫. 名家散文随笔精品［M］. 哈尔滨：哈尔滨出版社，1998：83.

条件的，如若没有这些条件，在激情结束，我们也许会从最初的闪耀至共同携手，但最终我们会明白，基于这样一闪而过的爱情，然后选择一个终身伴侣，是一种多么愚蠢的行为。许多客观条件之中，被人认为最重要的是志同道合。

以前有些恋爱论者说恋爱是在人格上的互补。那在某一意义上，也颇有道理。例如一个急躁的人和一个急躁的人相遇，大抵容易争吵，不容易协和，因此也不容易有所谓的爱和恋。如果一个是性烈如火，一个是漠不关心，想必也是不会协和的。在恋爱中最重要的，自然要算是志同道合。

我们常听人说，结婚为恋爱的坟墓。我觉得那坟墓里葬的一定是志不同、道不合的尸骸。恋爱时是游戏的，无远虑的。请假看戏，辍工游园。一同吃馆子，一同玩风景。种种所以表示爱，慰安恋者，无非是些游戏的因素。要是公子和小姐，这样的游戏或者结婚之后仍可继续下去，不致被葬，但或许也会因天天在一起，耍得腻了，到非争吵不可。

——陈望道《关于恋爱》[①]

我的小女儿，你看看，我不是无缘无故地向你讲述我聪明的祖母给我讲的故事，不是无缘无故向你讲述什么是爱情。我要预先提醒你，要避免许多姑娘所犯的错误，她们为此付出了沉重的代价，失掉了幸福、欢乐、健康，甚至生命。人类的爱情不仅是美好的、忠实的、真诚的，而且是明智的、审慎的、机警的和严格要求自己的。只有这样，才能获得快乐和幸福。要记住，我的小女儿，记住在生活中不仅有美的和高尚的东西，遗憾的是还有邪恶、狡猾和卑鄙的行为。你不仅要有坦率的、善良的心肠，而且应当有一颗严肃、坚强、严格要求自己和他人的心。

如果他没有学会真正的爱，他仍然是一个野人。一个受过教育的野人比没有受过教育的野人要危险一百倍。

人类的爱情不仅是美好的，忠实的，真诚的，而且是明智的、审慎的、机警的和严格要求自己的。只有这样，才能获得快乐和幸福……

有些青年人的感情是昙花一现的，他们不能真挚地、坚定地、长久地爱一个人。他们道德情操中的这种严重缺点，正是德育和美育工作中的缺点造成的。

人的美，说得确切些，是外表美和心灵美的统一。如果一个人没有严格的要求，那么他会很快地迷醉于外表美，随后又大失所望。

要认识到真正的美，不仅需要有正确的道德审美观，而且要有对另一个人的关心、体贴和责任感。真正的爱情，意味着不仅是欣赏美，而且要培植美、创造美。

——苏霍姆林斯基[②]

---

① 林鸿. 陈望道全集：第5卷［M］. 杭州：浙江大学出版社，2011：241.

② 苏霍姆林斯基. 爱情的教育［M］. 世敏，寒薇，译. 北京：教育科学出版社，1985：174-178.

6.1.2 爱情的心理学解读

爱情能焕发出的永恒魅力，撩拨得我们神醉情痴，让无数人如飞蛾扑火般，求之不得，寤寐思服，悠哉悠哉，辗转反侧。遇见爱，所以想要爱；难得爱，所以愈想爱。多义而无形的爱情，唯有身临其境的你才能体会其中的美妙。当我们难以界定爱情是什么时，心理学家为我们开启了一扇理解“爱情”的窗户。

6.1.2.1 爱情的产生——人际吸引角度阐释

是什么推动了爱情的发展，让你偏偏对他怦然心动？是什么让你渴望与他执子之手，与子偕老？我们无法预知爱情会在何种情况下萌芽，或是教室里，或是操场上，抑或是地铁站，又或是网上。然而不管是怎样的爱情，在开始的第一步都是因为：人与人的吸引，接近某人的渴望。

（1）外貌的吸引——外貌的美可以产生一种光环效应，从而引发一见钟情。

（2）彼此邻近的吸引——把彼此之间的距离拉近时，可以很容易地进行交流和互动，容易发展亲密关系，因此爱情也会被诱导。

（3）彼此相似的吸引——彼此之间有一些相似或一致的特征，比如爱好、信仰、价值观，物以类聚，人以群分。其中态度相似尤为重要，与自己相同的看法，实际上是对自己的一种社会性支持，同时也是一种相互的欣赏，往往会促进情侣关系的形成。

（4）彼此互补的吸引——这是爱情产生比较重要的基础，在彼此喜欢的基础上，还存在着男女双方不同性格互补吸引的现象。即人们往往选择那些能够补充自己人格的人。支配型的人能够和服从型的人建立亲密关系，爱唠叨的人也许能和沉默寡言的人和睦相处。互补作用实际是一种需要的相互满足的吸引，由此而产生爱。

（5）彼此熟悉的吸引——当彼此之间熟悉的程度与吸引成正比时，熟悉就会促进彼此的了解，双方互有好感，在心理上会有彼此接近的愿望，在感情上能够达到相互的依赖，会很容易发展为爱情。

6.1.2.2 爱情三角理论

在爱情理论中做出卓越贡献的美国心理学家罗伯特·斯腾伯格（Robert J. Sternberg）提出了令人熟知的爱情三角理论，他认为爱情由三个因素构成：亲密、激情和承诺。每个因素描述了爱情的一个方面。

（1）亲密。亲密是一种亲近感，和对方联系非常紧密，你会跟对方分享秘密，这是外人所不知的。亲密，属于爱情的情感成分。

（2）激情。激情可理解为生理上的吸引，通俗地讲，就是见了对方有一种怦然心动的感觉，与对方相处时，兴奋感油然而生。爱，就像上了瘾！爱情中，性需要在激情体验中占据主导位置。然而，其他需要，比如自尊、照顾、归属、支配、服从，也有助于激情体验的获得。激情是引发浪漫爱情的内驱力，属于爱情的动机成分。

（3）承诺。承诺与时间有直接的关系，从短期来说，承诺就是做出爱一个人的决定；从长期来说，它是维系爱情的诺言，是一种长相厮守、至死不渝的承诺。承诺，属于爱情的认知成分。

通过将亲密、激情和承诺三个因素进行组合，可以构成七种不同类型的爱情，即罗伯特·斯腾伯格爱情三角形理论（见图6-1）。重要的是，我们要明白，爱情的不同类型实际上是有局限性的组合，没有一种爱情完全符合其中的类型。

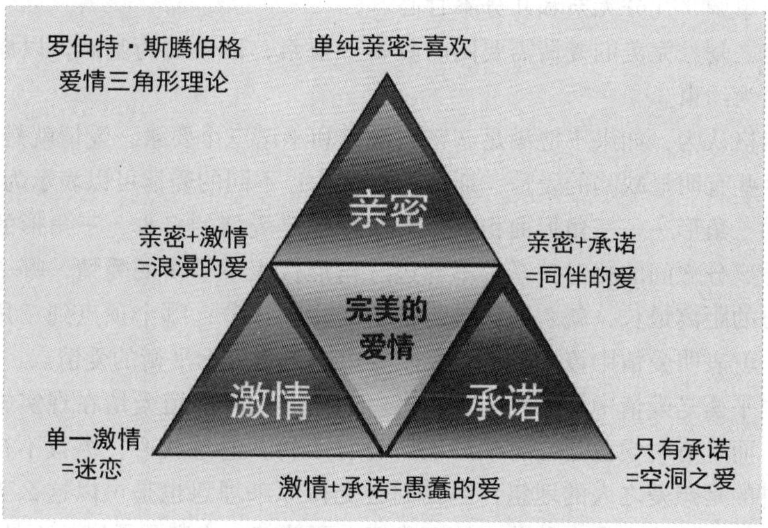

图6-1 罗伯特·斯腾伯格爱情三角形理论

①喜欢式爱情。喜欢式爱情有亲密感，在一起感觉很舒服，但是觉得缺少激情，也不一定愿意厮守终生。它没有激情和承诺，如友谊。显然，友谊并不是爱情，喜欢并不等于爱情。不过友谊还是有可能发展成爱情的，尽管有人因为恋爱不成连友谊都丢了。

②迷恋式爱情。迷恋式爱情只有激情体验。双方有强烈的吸引力，但缺乏彼此间的了解和信任，也没有考虑过未来，正是大家所说的“一见钟情”。迷恋式的爱情就像疯狂的火焰，来势迅猛，不可阻挡，因缺少成熟和稳重，体验到的常常是火焰灼伤般的刺痛。

③空洞式爱情。空洞式爱情只有承诺，缺乏亲密和激情。这样的两性关系就是一潭死水，寂寞而缺乏生机，甚至有时候对于其中一方来讲，爱已变成一种沉重的负担。总而言之，这是一段濒临破裂感情的最后阶段。

④浪漫式爱情。浪漫式爱情只有亲密关系和激情体验。可以说没有承诺的爱可能是一段浪漫的旅程，会让人感到轻松、享受和唯美至极。“不求天长地久，只在乎曾经拥有”，这种爱情是崇尚过程，不在乎结果的浪漫式爱情，对于承诺不强求，其实是对天长地久的绝望。

⑤愚蠢式爱情。愚蠢式爱情只有激情和承诺，没有亲密关系。当你痴迷一个人时，山盟海誓，对方也承诺和你结婚，但你们却从未有过心灵的沟通。只有激情的承诺，如此的两性关系，就像“候鸟失去了天堂，无路飞翔”，双方很有可能没有共同点，互不信任，也不是特别亲近。

⑥伴侣式爱情。伴侣式爱情只有亲密和承诺，缺乏激情。正如柏拉图式爱情，是理性的精神上的纯洁恋爱，追求心灵沟通，排斥肉欲，站在爱人边静静地付出，默默地守候。可能有人会因今生有一位忠贞的伴侣而欣慰，也可能会觉得这样的爱隐隐有几分单调、几分无奈和几分不甘心。

⑦完美之爱。完美的爱情需要同时具备三要素，以亲密为基础，以激情为催化剂，以承诺为约束。

斯腾伯格认为，如果不能满足亲密、激情和承诺三个要素，爱情就是不存在的。

除了这些有明显缺陷的爱情，斯腾伯格认为：不同的爱情可以表示为不同形状、不同大小的三角形——三角形面积的大小代表的是爱情的多少，三角形的形状表示爱情的三种成分之间的相对关系。不等边三角形代表不平衡的爱情，哪个顶点到三角形的重心的距离最长，就表明这是爱情中的主导成分；哪个顶点到三角形重心的距离最短，就表明爱情中该成分的不足。等边三角形表示平衡的爱情。

可以说平衡是爱情中的一种理想状态。然而我们都知道爱情在现实中往往并不是等边的，而且有时候也是会有缺陷的。青青子衿，悠悠我心，纵我不在，子宁不嗣音？这讲的是想爱之人的埋怨，但我们会觉得原来埋怨也是可以这么美。我们要明白，有时候，缺陷也是一种美。然而我们也要清楚，亲密和承诺并不是一蹴而成。与此同时我们更要知道，激情并不是永远常存于世的。斯腾伯格的爱情三角形理论对于我们的启示是：告诉我们什么是理想的爱情，但是它更大的意义是在于让陷入情感困惑的我们去判别自己的情感生活，为情感生活提供一个理智的知音。

【心理导航】

成熟真挚的恋情必须经过四个阶段

一般来说，一段成熟的爱情必须经过四个阶段，即：共存、反依赖、独立、共生。

那么有人一定会问：这四个阶段走完要历经多少时长？难道没有经历到最后的共生就一定不是成熟的爱情吗？这个其实因人而异。这里也只是一般而言。每个人的情况不同，阶段之间转换所需时间和阶段经历的时长也就不尽相同。下面来详细分析一下各个阶段的情况。

第一阶段：共存。

这个阶段的恋人处于热恋时期，彼此或因对方的长相、身材、才气，抑或对方身上所散发的独特气质而被吸引，此时的恋人对彼此都充满着莫名的新鲜感，他们几乎想要每时每刻都待在一起，甚至进入着迷的境地。

第二阶段：反依赖。

这个阶段大多数恋人都有一种热情冷却的感觉，两个人的感情慢慢归于稳定和平淡，至少会有一方想要给自己留出一些时间做自己想要做的事情，而此时另一方就会感到被冷落。这个时候容易因猜测、计较、过于在乎而滋生矛盾。处于这个阶段的恋人需要克制自己的想法和情绪，避免过于任性和固执，多为对方着想，适当给予彼此一定的时间和空间，在思想层次上达到一致。有什么解不开的心结一定要对对方述说，好好详谈，千万不可一时冲动做出一些错误的决定，而断送了自己的爱情。

第三阶段：独立。

经过了第二阶段，两个人的恋情能够经受一部分考验。而此时的第三阶段则要求给彼此更多的自主空间，可以说是第二阶段的延续，是考验两个人爱情至关重要的时期，需要双方都去认真对待。有时候看见的和听见的都可能是蒙蔽人心的，这种时候是最痛苦和最艰难的。情愿多选择一次相信，哪怕结果和你的预期并没有差别，至少没有留下遗憾，也不要不抱任何希望的将从别处听来的信息作为自己放弃的理由。一定不要因为自己的小心愿得不到满足，还有自己无厘头的猜测而对另一方作出错误的判断。

第四阶段：共生。

如果你已经到了这个阶段，那么恭喜你，你们的爱情最终会有美满的结果。你们已经成为对方生命中至亲之人，你们将会互相扶持，开创属于你们自己的人生。你们在一起不会互相牵绊，而会共同成长。

然而现实生活中，大部分人却因通不过第二阶段就分道扬镳了，这样的选择真的很可惜。如果有一方能够再坚持一下，如果有一方能够再宽容一些，如果有一方能够多一点包容对方的缺点，如果没有过多的计较，如果对彼此的空间和时间都可以适当地放松……总之，各种道理就如一句话：爱是恒久忍耐，爱是恩慈，爱是永不止息。

那么多的如果，可惜都没有发生，而是选择了分手。两个人之间信任何其重要，很多事情只要好好沟通就能解决，不要耍太多的脾气，多为对方考虑一些，那么第二阶段、第三阶段的时间就能缩短。要知道，能遇到一个自己爱的人是不易的，两个人相遇是前世修来的缘分，不要轻言放弃。

测测你的恋爱心理成熟度

男欢女爱本来是人之常情，但是恋爱的艺术并非人人得以掌握。你的恋爱心理发展到了什么程度？请据实自测（见表6-1）：

表 6-1　恋爱心理成熟度测试

1. 你认为恋爱是为了：
a. 找到一个情投意合的伴侣；　b. 成家过日子、抚育儿女；　c. 满足性的需要；　d. 刺激、有趣、好玩
2. 你喜欢的异性是：（女性选择）
a. 英俊潇洒，有男人魅力；　b. 有钱有势有能力；　c. 人品好；　d. 爱自己的，其余的无所谓
（男性选择）
a. 漂亮性感，有女人魅力；　b. 贤惠能干，善于理家；　c. 温柔体贴，人品好　d. 只要有爱，其余的无所谓
3. 你和恋人确立恋爱关系是因为：
a. 条件般配；　b. 我比对方优越；　c. 对方比我优越；　d. 没想过
4. 你希望恋爱这样开始：
a. 一见钟情；　b. 青梅竹马；　c. 在工作（学习）中逐渐产生；　d. 经人介绍
5. 让爱情更深一点的良策是：
a. 极力讨好取悦对方；　b. 尽力使自己变得更完美；　c. 欲擒故纵；　d. 爱情是缘分，无计可施
6. 当恋人暴露出一些缺点和不足时，你会：
a. 委婉告知并帮其改进；　b. 震惊意外，对其加以指责；　c. 嫌弃动摇，怀疑爱情；　d. 无所谓
7. 当一位比你目前恋人更优秀的异性对你表示爱慕时，你会：
a. 离开恋人接受其爱；　b. 将其恋情淡化为友情；　c. 瞒着恋人与其往来；　d. 为迟到的爱后悔痛苦
8. 当你倾慕的异性另有所爱时，你会：
a. 一如既往地待他（她），等其觉悟；　b. 参与竞争，力争夺取；　c. 抽身止步，成人之美；　d. 整日后悔痛苦
9. 恋爱中的波折矛盾是：
a. 必然又必需的；　b. 对恋爱的否定；　c. 无聊的；　d. 束手无策的痛苦经历
10. 由于种种原因，你的恋爱失败，对方提出分手，你会：
a. 千方百计抓住他（她）；　b. 到处诋毁对方名誉；　c. 说声再见，各奔前程；　d. 矛盾痛苦，不知所措
11. 进入大龄的单身队列，你的恋爱态度会：
a. 一如从前，宁缺毋滥；　b. 放弃追求，随便凑合一个；　c. 重订更现实的择偶标准；　d. 不谈爱情

表6-1（续）

得分标准： 请按以下标准计分，并判断自己的恋爱心理成熟程度。 1. a. 3；b. 2；c. 1；d. 1 2.（女性选择）a. 2；b. 1；c. 3；d. 1 （男性选择）a. 2；b. 2；c. 3；d. 1 3. a. 3；b. 2；c. 1；d. 0 4. a. 2；b. 1；c. 3；d. 1 5. a. 1；b. 3；c. 2；d. 0 6. a. 3；b. 2；c. 0；d. 1 7. a. 2；b. 3；c. 1；d. 0 8. a. 2；b. 1；c. 3；d. 0 9. a. 3；b. 0；c. 2；d. 1 10. a. 2；b. 0；c. 3；d. 1 11. a. 1；b. 2；c. 3；d. 0
测试结果
26~33分：圆熟型 恋爱心理非常成熟。懂得爱的真谛，向往爱而又能在现实中实现爱。就像一名竞技状态良好的运动选手，你能够在爱情面前轻松舒展、游刃有余；更可贵的是即使直面失败也有良好的心态。你的恋爱婚姻一定很美满幸福。 18~25分：正熟型 渴望爱的垂青，然而屡屡失误，一时难以如愿。校正一下恋爱指针，太过浪漫地往现实方向调整，太现实的多一些浪漫温馨情调，幸福快乐已在眼前了。 9~17分：待熟型 恋爱婚姻是人生的一门必修课，要取得好成绩单单凭热情是不够的，还须得专心修习，从理论到实践，再从实践到理论，一点一滴，终会水滴石穿。 3~8分：青涩型 爱情对你而言是迷宫，是八卦阵，是氤氲可怖的夜景，或者是平淡苍白的荒漠。让心理轻松开放些，爱的光线会缓缓照射进来，那时你才能体会到柔情温暖。

6.1.3 青涩的校园爱情

6.1.3.1 校园爱情的特点

“投我以木桃，报之以琼瑶。”这是我们推崇的爱情观念。“死生契阔，与子成说。执子之手，与子偕老。”这是我们渴望的爱情状态。“士也罔极，二三其德。”这是我们厌恶的爱情态度。当前，在校园里谈恋爱的大学生早已司空见惯，同样校园爱情也是值得我们关注的。近年来，国内许多学者针对大学生恋爱现状进行了较为广泛而深入的研究，我们不妨来看看当前校园爱情的现状。

成长于“全球化”“信息化”这一特定历史时代的现代青年的爱情观已呈现出新的特点。

（1）恋爱动机多元，择偶标准趋于理性。

成长于“全球化”“信息化”时代的现代青年，对于新事物的接受能力较强，在价值观方面与前人有很大不同，其恋爱动机与前人相比较，也更加多样复杂。有学者指出，大部分现代青年的恋爱动机不单单出于对异性的喜欢或欣赏，更多的是想消除寂寞、满足虚荣或是因为从众心理，其恋爱动机表现出极大的盲目性与多元性，反映出大学生自身对于爱情认识和理解还不到位，在交往的过程中易出现矛盾和冲突，甚至酿成爱情悲剧。

现代青年在择偶标准上随社会转型与时代发展而发生变化，方鸿志所做的调查显示，在“选择恋人时更加注重哪些因素”上，女生选择男生的标准以“责任感强”“才华出众”“善解人意”居前三位，男生选择女生的标准以“善解人意”“温柔可爱”“体贴大方”居前三位。由此可见，当今大学生更加注重对方的内在条件和道德品质。

（2）性观念开放，恋爱方式平等。

处在信息爆炸的网络时代，加之国内外不同文化思潮的冲击，“婚前性行为”“同居”等曾经的敏感词语，而今对于现代青年已不再是禁忌。邹俊彬在关于1 742名女大学生对“婚前性行为”的看法调查中发现，79%的人表示理解婚前性行为，特别是坠入爱河的大学生极为赞同。大学生对婚前性行为的宽容度在逐渐扩大，传统的贞操观念逐渐淡化。

陈志霞在对上海四所高校共600名女大学生所做的研究显示，大多数现代女大学生都愿意选择主动或采取暗示的方式追求心仪的男生，并在恋爱开销中接受AA制，体现了现代女大学生敢于追求自己幸福和具有独立平等的意识。

（3）恋爱行为随意，责任意识淡漠。

唐士红指出，如今大学生恋爱的随意性表现得越来越明显，错误地认为爱情就是一种感觉。凡一方表白之后，对方也不觉讨厌，恋情便会迅速升温。然而通过短暂的相处，发现对方与理想中的佳偶形象稍有相悖时，或出现争吵、矛盾时，便觉得爱情不再那么浪漫甜蜜，继而果断分手。

人生难免生死离合，我与你共同盟誓：牵着你的手，和你一起白头到老！在有誓约的婚姻与无责任的恋爱中，大多数人选择无责任的恋爱。他们信奉激情与快乐，他们厌恶有责任的婚姻，认为婚姻是爱情的坟墓。他们相信没有长久的婚姻，婚姻只会让相爱的两个人变成痴男怨女。他们认为爱一个人不应该有太多的条条框框。他们认为恋爱的目的只是为了激情，不是为了结婚；只是为了满足当下内心的情感需求，不是为了寻找志同道合的终身伴侣。不愿给予对方过多承诺，不敢承担必要责任和义务的爱情态度，反映出他们爱情观的偏差和婚恋道德的缺失。

6.1.3.2 大学生恋爱心理调适

（1）树立正确的爱情观。

正确的爱情观是我们获得甜蜜的坚强后盾，是我们得到幸福的不二途径；健康的爱恋让我们能从中获得奋发上进的勇气和力量。在培养美妙爱情的过程中，我们需要遵守一定的道德规范，以此来调节和制约恋爱中的各种关系和行为。

①爱情是以男女平等、心理相容为基础。平等，是恋爱的前提，这是说当爱情出现时，恋爱双方都应以独立平等的主体资格出现，彼此倾心爱慕，同时也不因爱而迷失自己。莎士比亚曾说：爱情不是树荫下的甜言，不是桃花源中的蜜语，不是轻绵的眼泪，更不是死硬的强迫，而是建立在共同基础上的心灵沟通。“心理学家曾调查大量幸福美满的家庭，认为获得长久且和谐的爱情至少需要三方面的保证：相互了解、气质类型相投、地位背景相配。”① “大学生在选择恋爱对象时应把具有一致的思想、共同的信仰和追求放在首要地位，把心灵美好、情操高尚、心理相融作为择偶的第一标准。”② 我们在恋爱中无可避免地会犯错，会有“以貌取人”甚至“以财取人”或者“以权取人”这些不太好的恋爱观，但犯错其实并不可怕，可怕的是我们在犯错之后不自知，同时也学不会悔过，我们也因此在错误的深渊中沉沦，将美好且高尚的爱情作为一场交易，最后我们得到的只能是黯然神伤、泫然流涕，品尝到的只能是苦涩和伤痛。

②爱情要以真诚相待、同甘共苦为保障。在天愿作比翼鸟，在地甘为连理枝。很早以前，人们就学会了如何去爱。我们不可否认有“夫妻本是同林鸟，大难临头各自飞”这样的存在，但更有“结发为夫妻，恩爱两不疑”的夫唱妇随、男耕女织、和和美美、琴瑟和谐的夫妻幸福生活。在相爱时，我们真诚相待，不朝秦暮楚；我们忠贞专一，不相互隐瞒；我们的爱像阳光，让对方沐浴在阳光下，感受温暖。在不爱时，我们要学会坦然放手，为对方着想，愿对方能幸福，自愿担当责任。我们坚决反对随意转移恋爱对象的“自由式恋爱”，凭个人喜欢，肆意侵犯他人家庭的“小三式恋爱”。当双方一旦确立了恋爱，当回答：“无论健康还是疾病，富裕还是贫穷，顺境还是逆境，我都愿意生老病死永远爱着你”时，我们就需要担任起爱情的责任。无论经历怎样的风雨，我们要携手面对压力和挑战。无论未来会怎样，我们要一起面对快乐和伤悲。

【心理导航】

致橡树

我如果爱你——
绝不像攀援的凌霄花，
借你的高枝炫耀自己；
我如果爱你——
绝不学痴情的鸟儿，

---

① 廖冉，张静. 大学生团体心理辅导方案指南［M］. 北京：知识产权出版社，2013：57.

② 张永华. 大学生自我超越［M］. 北京：中国戏剧出版社，2008：191.

为绿荫重复单调的歌曲；
也不止像泉源，
常年送来清凉的慰藉；
也不止像险峰，
增加你的高度，衬托你的威仪。
甚至日光，
甚至春雨。
不，这些都还不够！
我必须是你近旁的一株木棉，
作为树的形象和你站在一起。
根，紧握在地下；
叶，相触在云里。
每一阵风过，
我们都互相致意，
但没有人，
听懂我们的言语。
你有你的铜枝铁干，
像刀，像剑，也像戟；
我有我红硕的花朵，
像沉重的叹息，
又像英勇的火炬。
我们分担寒潮、风雷、霹雳；
我们共享雾霭、流岚、虹霓。
仿佛永远分离，
却又终身相依。
这才是伟大的爱情，
坚贞就在这里：
爱——
不仅爱你伟岸的身躯，
也爱你坚持的位置，
足下的土地。

（2）发展文明的恋爱行为。

一旦确立了恋爱关系，我们在交往中，就要要求自己做到言谈文雅，行为大方。彼此在交谈中要诚恳坦率，不要通过装腔作势，矫揉造作讨对方的欢心；在发生争执时，不能粗暴无礼，出口伤人，如此只能破坏感情。同时也要注意有些话题只能在同性之间交谈，有些玩笑并不适宜在异性面前乱开。在日渐相处中，双方要逐渐消除不自然感，落落大方，切不可在公共场合出现勾肩搭背、接吻拥抱等放肆暧昧的行为。虽然爱情是两个人的世界，但公共场合是属于大家的空间。因此，在公共场合中，恋爱双方的举止要得体，有分寸，使之能够与周围环境和谐一致。

（3）正确处理爱情与学业的关系。

爱情，学业，你会如何选择？

也许你会问：难道就没有两全之法了吗？

那么，我必不会给你答案，因为答案是需要你自己去寻找，而非他人的三言两语就可告知你的。真正的爱情会给人以鼓舞，给人以力量，带来精神上的激励，情绪上的愉悦。虽然爱情是人生中绚丽的火花，但那毕竟不是生活的全部。在人生成长的道路上，孤立的爱情是不存在的。对于正处于获取知识的黄金时代的大学生来说，事业是中心点，围绕着事业的追求，理想越壮丽，品格越高尚，能力越卓越。当然随之而来的爱情也会越甜蜜、越美好。然而从属于学业的爱情并不是被动的、消极的。薄伽丘认为："真正的爱情能够鼓舞人，唤醒人内心沉睡的力量和潜藏的才能。"因此，恋爱中的大学生应理智地把握爱情，使之发挥积极作用，成为促进学业进步的动力。切莫因为爱情整天絮语缠绵、魂不守舍，沉迷在新鲜的甜蜜中不能自拔而耽误学业。

我们既要享受浪漫爱情，同时也要争取取得优异的学业成绩，让自我感性与理性在碰撞中产生火花，融合发展。

（4）正确面对失恋。

山有木兮木有枝，心悦君兮君不知。

相爱的人一日不见，如三秋兮！那么，一时失恋则如什么呢？美妙的爱情，固然令人向往，但在通往爱情的路上却并非一帆风顺，往往会遭遇挫折。失恋，在心理学看来，是青年时期最严重的一种挫折。如果我们要一一追寻失恋的原因，却发现每一段失恋的情感都是繁杂纷乱，很难说清。当爱情遭遇失恋时，选择如何面对是对每一位失恋人的考验，考验着我们的人生观和道德水平。失恋很多时候带给我们一种深入骨髓的痛，痛彻心扉。但对于有着崇高人格的青年人，失恋绝对不等于失去一切，他（她）不会向对方死缠烂打，也不会因此心灰意冷而不再相信爱情，更不会因此厌世轻生。因为他（她）明白，失恋不只是一种痛，更是一种成长。

【心理导航】

苏格拉底与失恋者的对话

苏：孩子，你为什么悲伤？

失：我失恋了。

苏：哦，这很正常。如果失恋了没有悲伤，恋爱大概也就没有什么味道。可是，年轻人，我怎么发现你对失恋的投入比对恋爱的投入还要倾心呢？

失：到手的葡萄给丢了，这份遗憾，这份失落，你非当事人，怎知其中的酸楚啊。

苏：丢了就是丢了，何不继续向前走呢，鲜美的葡萄还有很多。

失：等待，等到海枯石烂，直到她回心转意向我走来。

苏：这一天也许永远不会到来。你最后会眼睁睁地看着她向另一个人走去。

失：那我就用自杀来表达我的诚心。

苏：如果这样，你不但失去了你的恋人，同时还失去了自己，你会蒙受双倍的损失。

失：踩上她一脚如何？我得不到的别人也别想得到。

苏：可这只能使你离她更远，而你本来是想与她更接近的。

失：那我该怎么办？我真的很爱她。

苏：真的很爱？

失：是的。

苏：那你希望你所爱的人幸福吗？

失：那是自然。

苏：如果她认为离开你是一种幸福呢？

失：不会的！她曾经跟我说，只有跟我一起的时候她才感到幸福！

苏：那是曾经，是过去，她现在并不这么认为。

失：这就是说，她一直在骗我？

苏：不，她一直对你很忠诚。当她爱你的时候，她和你在一起。现在她不爱你，好心离去了，世界上再没有比这更大的忠诚。如果她不再爱你，却还装着对你很有情谊，甚至跟你结婚、生子，那才是真正的欺骗。

失：那我为她投入的感情不就白白浪费了吗？谁来补偿我？

苏：不，你的感情从来没有浪费，根本不存在补偿的问题。因为在你付出感情的同时，她也对你付出了感情，在你给她快乐的时候，她也给了你快乐。

失：可是，她现在不爱我了，我却还苦苦地爱着她，这多不公平啊！

苏：的确不公平，我是说你对所爱的那个人不公平。本来，爱她是你的权利，但爱不爱你则是她的权利，而你却想在自己行使权利的时候剥夺别人行使权利的自由，这是何等的不公平！

失：可是，现在痛苦的是我而不是她，是我在为她痛苦。

苏：为她而痛苦？她的日子可能过得很好，不如说是你为自己而痛苦吧。明明是为自己，却还打着别人的旗号。年轻人，德行可不能丢。

失：这么说，这一切倒成了我的错？

苏：是的，从一开始你就错了。如果你能给她带来幸福，她是不会从你的生活中离开的。要知道，没有人会逃避幸福。

失：可她连机会都不给我，你说可恶不可恶？

苏：当然可恶。好在你现在已经摆脱了这个可恶的人，你应该感到高兴，孩子。

失：高兴？怎么可能呢，不管怎么说，我是给人抛弃了。

苏：被抛弃的并不都是不好的。

失：您真会安慰人，可惜您还是不能把我从失恋痛苦中引出。

苏：时间会抚平你心灵的创伤。

失：但愿我也有这一天，可我的第一步该从哪里做起呢？

苏：去感谢那个抛弃你的人，为她祝福。

失：为什么？

苏：因为她给了你忠诚，给了你寻找幸福的新机会。

【心理自助训练】

1. 思考：一见钟情是爱吗？

2. 案例分析：

陈某，女，2019 级学生，在大一下半学期同本班男同学李某确认恋爱关系。2020 年寒假开学后的第一个周末，一名外校男同学到本校看望陈某，原本想给陈某惊喜的他并未事先电话联系对方。不料，这名外校男同学却在校园中偶遇牵手散步的陈某和他本校的男朋友。见此情此景，外校男同学情绪反应极度强烈，竟丧失理智跑到楼顶扬言要跳楼，他哭着喊着说没想到相处两年且深爱的女朋友竟然“脚踏两只船”！

讨论：你如何看待这件事情？

6.2 如果爱，请深爱

【导入故事】

幸福是什么？

2015 年 3 月 22 日，腾讯新闻头条报到：为重获年轻时热恋般的美妙体验，东北的七旬退休老人韩士贵自从哈尔滨电力系统退休后，带着老伴“云游”大半个中国后，干脆购买了价值 120 万元的房车，带着老伴继续“全国游”之旅。如此浪漫，如此苦心孤诣，只为与老伴度过幸福余生。

摘自：佚名. 七旬老人购房车携老伴游全国 专找长寿乡住［EB/OL］.［2015-03-22］. http://news.qq.com/a/20150322/024788.htm.

【故事点评】

看完这则新闻，满满的都是感动，感动的不仅仅是两位老人“说走就走的旅行”，更是因为他们携手到老的幸福。我们因为有了爱情，所以会很快乐。然而，我们必须学会经营爱情，才会更幸福。试问：结婚1年的你，对你的另一半还会有激情吗？结婚5年的你，对你的另一半还会有冲动吗？结婚10年的你，对你的另一半还会有期待吗？那么结婚20年的你呢？答案是：不管岁月变迁，时光流逝，因为你的在乎，你的存在，我的生活变得绚烂多彩。因为我们的经营，我们会老有所乐。

大学，有着一片浪漫和纯情的土壤，注定是滋生爱情的地方。不过爱情这件事，不仅仅需要满腔的热血，更需要恋爱技术的辅助，只有真爱的心，却不知如何经营，往往会以分手而告终。世上美丽的情诗有很多很多，但是最幸福的一定是这一句——执子之手，与子偕老。在最美的年纪遇到最美的爱情然后好好经营，我们一定可以找到属于自己的幸福密码。心理学家弗洛姆说过：爱是一种能力，也是一种艺术，只有掌握了爱的艺术，具备了爱的能力，才会正确面对和处理爱情。细细寻觅的爱情，有甜蜜也有艰辛，而我们能否稳固发展并走向成熟，是需要用爱的能力不断培养且用心经营。为了明天的收获，我们须在今天学习爱的知识，实践爱的承诺。

6.2.1 了解对方爱的语言

为什么有的人喜欢听甜言蜜语，有的人喜欢默默做事，有的人喜欢收礼品，有的人看重陪伴？因为每个人爱和接受爱的方式不一样。恋人间许多误解、隔阂、争吵都是由于不了解或者忽略了对方的主要爱语造成的。当恋人双方主动选择使用对方的主要爱语时，就能够很好地发展彼此的亲密关系，并积极地处理爱情中的冲突和失败。

第一种爱的语言是精心的时刻（quality time），是指花高品质的时间跟对方在一起。

第二种爱的语言是精心的礼物（elaborate gift），其重点是在精心，而不在于花多少钱。

第三种爱的语言是服务的行动（acts of service），是指在对方需要帮忙的时候，你就尽量主动地提供帮助。

第四种爱的语言是身体的接触（physical touch）。很多时候，口语上表达不出来的爱，可以借着身体的拥抱、肢体的语言，让对方感受到。对女性来讲，亲密的、非性的拥抱，更容易让她们感受到爱意。

第五种爱的语言是肯定的言语（words of affirmation）。看到对方的好处，就称赞他。当你感激对方的时候，可以直接告诉他；也可以通过电话，表达对对方的鼓励、感激和想念。

请记住，我们不是要爱得更努力，而是要爱得更有智慧。

【心理导航】

爱的五种语言测试题

根据表 6-2 做“爱的五种语言测试题”。

表 6-2 爱的五种语言测试题

下面这些题有些陈述可能是你的爱人无法做到的，但假如他能够做到的话，在每一对陈述句中，你会选择哪一个？（在你心情放松的情况下做这个测试，尽量不要急着把它快速做完，可以用 15~30 分钟来完成这个测试）
1. 我爱人写的爱的短笺让我感觉很好。A 我喜欢爱人给我的拥抱。E
2. 我喜欢和我的爱人单独待在一起。B 当我的爱人帮我洗车时，我感觉到他的爱。D
3. 从爱人那里收到特别的礼物会让我很开心。C 我喜欢与爱人一道做长途旅行。B
4. 当我的爱人帮着做洗衣服的工作时，我感觉他爱我。D 我喜欢我的爱人抚摩我。E
5. 当我的爱人搂着我时，我感受到他的爱。E 我知道我的爱人爱我，他送礼物给我，让我惊喜。C
6. 我不管去哪里，都愿意和我的爱人一起前往。B 我喜欢牵着我爱人的手。E
7. 我很珍惜爱人送给我的礼物。C 我喜欢听爱人对我说，他爱我。A
8. 我喜欢我的爱人坐在我旁边。E 我喜欢听爱人对我说，我很漂亮。A
9. 能和爱人在一起，会令我很兴奋。B 我爱人送给我的即使是最小的礼物，对我来说都很重要。C
10. 当爱人告诉我他以我为骄傲的时候，我感觉到他爱我。A 当爱人在饭后帮着收拾餐桌时，我知道他爱我。D
11. 不管做什么，我都喜欢和爱人一起做这些事。B 爱人给我的支持意见让我感觉很好。A
12. 和爱人对我说的话相比，他为我做的那些小事情对我来说更重要。D 我喜欢拥抱我的爱人。E
13. 爱人的赞扬对我来说意义重大。A 爱人送一些我很喜欢的礼物给我，对我来说很重要。C
14. 只要是在我爱人身边，就会让我感觉很好。B 我喜欢我的爱人帮我推拿。E
15. 爱人对我的成就做出的反应让我很受鼓舞。A 爱人若能帮助做一些他很讨厌做的事情，对我来说意义重大。D
16. 我从来没有厌倦过爱人的亲吻。E 我喜欢我的爱人对我所做的事情表示出真正的爱好。B

表6-2(续)

17. 我可以指望我的爱人帮助我完成一些任务。D 当我打开爱人送给我的礼物时，我仍然会感到很兴奋。C
18. 我喜欢我的爱人称赞我的外表。A 我喜欢我的爱人倾听并尊重我的想法。B
19. 当我的爱人在我旁边时，我忍不住要触摸他。E 当我的爱人有时为我跑腿时，我很感谢他。D
20. 我的爱人应该为他为了帮助我所做的一切得到奖赏。D 有时我会为爱人送给我的礼物是如此专心而感到惊奇。C
21. 我喜欢爱人给我他全部的注意力。B 我喜欢爱人帮着在家里做清洁。D
22. 我期待着看到我的爱人会送什么生日礼物给我。C 我从来没有厌倦过听爱人告诉我，我对他有多么重要。A
23. 我的爱人通过送礼物给我，让我知道他爱我。C 我的爱人不需要我出声就主动帮助我，表达了他对我的爱。D
24. 在我说话时，我的爱人不会打断我，我喜欢这一点。B 我从来没有厌倦过收爱人送给我的礼物。C
25. 在我累了的时候，我的爱人善于问我他能帮着做些什么。D 我们住哪里并不重要，重要的是我只喜欢和我的爱人一起住这些地方。B
26. 我喜欢拥抱我的爱人。E 我喜欢从爱人那里收到礼物，得到惊喜。C
27. 爱人鼓励的话语给了我信心。A 我喜欢与我的爱人一起看电影。B
28. 我不敢奢求还有哪些礼物比我爱人送给我的礼物更好。C 我简直无法把自己的手从爱人身上收回来。E
29. 对我来说很重要的是，当我的爱人尽管有其他事情要做，他却来帮助我。D 当爱人告诉我他很欣赏我的时候，让我感觉非常好。A
30. 在我和爱人分开一段时间后，我喜欢拥抱和亲吻他。E 我喜欢听到爱人告诉我，他想念我。A
A：_____　B：_____　C：_____　D：_____　E：_____ A=肯定的言语　B=精心的时刻　C=精心的礼物　D=服务的行动　E=身体的接触
假如你在哪两种语言上的得分是相等的，就意味着你是“双语的”，有两个主要爱语。假如你得分第二高的那种语言，在分数上与主要的语言相近，但并不相等，这说明对你来说都很重要。每一种爱的语言最高分是12分。 可能在这五种爱的语言当中，你在某些语言上的得分比其他语言高，但不要把其他语言当成是无关紧要的。可能你的爱人会以这些方式表达爱，这也可以帮助你了解他的这一点。 同样，对你的爱人来说，知道你的爱语是什么，并以你解读为爱的方式表达她对你的爱，是有益处的。每一次你或你的爱人讲对方的语言时，你们可以给对方打感情分。当然，这并不是一个用记分卡玩的游戏！说对方爱语的回报，是那种更强的联结感，也就是指更好的沟通、更多的理解，以及更加终极的浪漫。 假如你的爱人还没有这样做，鼓励他做“爱的五种语言测试题”。讨论你们各自的爱的语言，并使用这些启发，来改善你们的婚姻。

6.2.2 彼此分享，平等对待

哈佛大学积极心理学泰勒·本·沙哈尔博士在讲授如何让爱情天长地久时，提到：你们知道怎样培养亲密关系吗？通过逐渐了解对方，逐渐加深了解；通过理解对方，就像了解自己一样了解对方。这意味着，我们若决心让对方了解自己，就必须打开心扉，吐露心声，彼此分享。既要分享精彩美妙的事情，也要分享糟糕的事情，甚至是让我们觉得不舒服、不为人知的事情。自然最私密的事情不会在首次约会时说出，很多情况下，要经过五年甚至十年的信任之后才会逐渐袒露出来。谨记要以真实自我的姿态展现在对方面前，不要通过虚假的外表给对方留下了一个很好的印象，使他或他们很喜欢你。试想：他们到底喜欢的是谁呢？他们喜欢的是真实的你，还是你塑造的戴着面具的人？其实，他们喜欢的不是真正的你。这时候的喜欢只是假象，而且这种假象也维持不了太久。

爱情是需要尊严与平等的，它不是所谓的钱财上的多或少，而是一种相互在同一个起点的认知与包容，是一种互通与共识。就像夏洛蒂·勃朗特所创作《简·爱》中体现的爱情，是需要以相互理解、彼此尊重、地位平等为基础的。这部小说也因扎根于相互理解、彼此尊重的基础之上的深挚爱情，具有强烈的震撼心灵的艺术力量。

6.2.3 有效地解决冲突

尚特曼与马克曼的实证研究都指出，如何处理情侣之间的冲突是预测美好爱情成败重要的指标。

黄维仁指出，大多数的中国夫妻平时不会做有效的沟通，总是等到吵架之时才做“激烈的沟通”。然而盛怒之下的沟通，常是沟而不通，徒然伤害两人的感情而已。泰勒·本·沙哈尔博士指出：对于爱情中的冲突，我们要从内心接受冲突是必然存在的，无论激烈的还是安宁的爱情都会有冲突，它就像自身的优缺点一样。而冲突的重要性在于提高爱情的免疫力，加深彼此之间的理解和认识。

因此，当冲突出现时，我们要尽量将争吵控制在以理智为主导的辩论内，要懂得在适当的时候停止争吵，避免意气相争，在态度上必须要坦诚且相互包容。当我们感到不满和抱怨时，看到的都是对方的缺点和不足。如果我们能静下心来反思一下自己，就会发现情绪的真正来源。另外，要学会接纳对方的感受，设身处地站在对方的立场去肯定对方的内在感受。想要得到对方的理解，就要先理解对方。而倾听是沟通行为的核心过程，善于倾听，才能深入探测到对方真实的心理状况，才能与之更好的交流。同时要记住不要害怕表达自己的情感，尤其是脆弱的情感。表达情感很重要，但更重要的是选择表达感受的方式。

【心理导航】

1. 维系恋爱关系需避免八个致命问题

恋爱是两个人的事情，需要两个人共同经营。造成恋爱矛盾的问题很多，但致命伤只有八个。

（1）坚持“我是对的”。

一个人如果不准备放弃一些自己的看法，并准备接受一些与自己不同的看法，是无法成功地与人共同生活的。“我是对的”不是对恋爱关系最具有杀伤力的心理模式，却是打开恋爱致命伤之门的钥匙。这一关过不了，是看不到自己的其他问题的。

伴侣关系要成功的话，双方都必须要离开他们曾经生活的家庭。如果有一方坚持“我的教养方式很好，为什么你不按照我的方式来执行?”“我的方式是最好的方式”，这在伴侣关系中就是“毒药”。当两个人结婚，她（他）也是跟伴侣的家庭结婚了，这意味着我们必须要去敬重、爱我们伴侣的家庭，就像爱伴侣一样。只有这样，恋爱才能成功。

针对这个致命伤，时刻要记得：有效果比有道理更重要。对错与有效果比起来，我们得明白孰轻孰重。你有你的想法和方式，我有我的想法和方式，你不同意我，我也不同意你。我们可以一起探索双方都赞同的方式，而不必去争执谁对谁错。伴侣之间可以很不同，但是仍然可以很相爱。

（2）“托付”心态。

托付心态是对恋爱关系最具有杀伤力的心理模式。“托付”就是把照顾自己甚至原生家庭的责任交给另一个人。托付的一方往往因此心理而完全停顿下来，再没有成长，当有一天忽然醒悟过来，明白事情的严重时，双方的差距已经太大了。

有托付心态的一方对伴侣过度依赖，这样的关系并不是成熟的关系，这种依赖性更加接近亲子之间的关系，而不是成人之间的关系。有时一方对自己的伴侣过度负责，甚至愿意去承担伴侣整个原生家庭的负担，这种做法一样会妨碍一段成熟的关系。正确的心态是：双方都有足够的能力照顾自己的人生，而两个负责任的成年人在一起，可以互相支持、互相滋养、互相激励，共同成长，产生一些独自一人不能获得的成功和快乐。

（3）不愿分享“内心感觉”。

在恋爱关系中，一个人的情绪常导致争吵或关系疏离，更危险的是一些伴侣之间有“不把情绪带给对方”的协议。当我们有情绪时，应该对伴侣坦白说出来。

很多人以为不把情绪说出来是为了不使伴侣担心。事实上，不说出来会使伴侣更担心，并且传达给对方一个信息：我的心已不再与你紧贴在一起。把情绪说出来与把情绪发泄在对方身上是两回事。一个人有情绪，同时能够认识情绪并且与人讨论自己的情绪状况，是思想成熟的表现。学习情绪管理，可以帮助我们认识自己的情绪，并用不伤害彼此的方式表达出来。

（4）维持“表面的和谐”。

我们是追求和平、和谐的民族。在重视与追求和谐的环境中长大的人，会错误地认为无论什么情况，不忍让都是不应该的，会不顾一切地维持一份表面的和谐。而忍让会造成情绪的积压，如果是为了孩子、老人或其他原因，两个人勉为其难维持这样一个“金玉其外，败絮其中”的关系，最终会造成积累的负面情绪的大爆发，不仅关系会受到破坏甚至破裂，双方的身心也会因此而付出惨重的代价。

两个人在缔结关系的最初，便应该约定好矛盾解决机制。这个机制应该能够让两个人平静地说出自己不能接受对方怎样的语言和行为，并且商定如何解决。

（5）不会“处理冲突”。

我们从小被教导要谦逊忍让，却没有被告知如何去面对和解决冲突。很多伴侣吵架之后就是冷战，这是很危险的。因为冷战唯一的发展方向是更疏远。

有些伴侣，一方情绪冷却后想修补受伤的关系，于是用一种“失忆症”式的态度主动和解，让风波成为过去。但是冲突造成的情绪在心底还有痕迹，如果积累得太多，就会在某一天爆发出来。

在很多伴侣中，有些人用一种类似“原谅”“宽恕”的态度处理争吵。其实，这样的态度可能对关系有更大的害处。因为“原谅”和“宽恕”是把自己放在比对方优越的位置，没有真正尊重对方的人格和尊严。

（6）“受害者”心态 。

受害者心态就是一个人不为自己生命中的事情负责，只会责怪别人，把所有的责任都推到别人身上。

恋爱生活中，如果有什么他（她）该做但是他（她）做不到的，他（她）就会说：“都是她（他）害我变成这样的，我有什么办法?”只要我们在抱怨，不管是口头上抱怨，或是心理上沉默的抗议，多少都是受害者心态在作怪。婚后，如果觉得恋爱中的冲突都是对方来找的麻烦，“每次都被他（她）故意欺侮或是陷害”，就说明我们有受害者心态。

改变自己的信念和规则，用“我为我的幸福快乐负责”这样的信念来替代旧有的信念和情绪模式，恋爱就会呈现新的和谐面貌。

（7）“交换”心态 。

“你爱我，对我好，我才爱你，对你好。”爱变成了交换，变成了做生意。很多人年龄大了，身体成熟了，结婚了，有孩子了，可是从内心里说却还是个孩子。

孩子之间会有“今天玩得好，我喜欢你，明天闹僵了，就不跟你玩了”的做法。恋爱中为对方付出而不求回报，只要对方高兴，有没有回报都很高兴很开心，继续付出无私的爱给对方，这才是爱。“我爱你所以你也要爱我”这是做生意，交换的爱不是真爱。

如果恋爱中的一方或双方存在交换心态，就会污染爱，毒害爱。交换心态表明恋爱中的一方或双方没有真正成长。

（8）“占有”心态。

热恋中的男女总希望两个人能永远不分开，想尽一切办法把对方绑在身边，只要一分开就感到痛苦，会用尽各种方法追踪对方的行动。虽然嘴上说是关心，其实不过是为满足自己的占有欲望，当贪念越来越多，无法满足时，我们就会因为得不到而产生痛苦，这就是为什么当我们爱一个人越深，痛苦也越深的道理。

伴侣相处也要像亲子相处一样，做到“尊重而不放纵、关怀而不干涉、分享而不教导。”尊重双方的界限和底线，关怀他（她）而不是包办和代替他（她），与他（她）分享我们的感受和体验，而不是把我们的价值观和信念强加在他（她）身上。“我们可以很不同，但是我们仍然可以很相爱”伴侣关系会因此而更加和谐和亲密，而和谐、亲密的伴侣之情带来的滋养，是任何其他关系都不可能带给我们的。

资料来源：佚名. 造成婚姻矛盾的八个致命问题［EB/OL］.［2018-07-15］. https://www.sohu.com/a/241300306_168433.

2. 女人的牢骚，男人的心烦

某日，男人与女人在公交车上。男人习惯性发呆，女人的不满却越来越盛。她一直在想：“我这样的好身材，穿得这样漂亮的女孩，怎么能被挤来挤去的！”终于，火山爆发了。女人狠狠捶了身边的男人一下，娇嗔道：“我再也不想坐公交车了！挤死了！被别人踩了好几脚！”此时，她希望自己扮演一个弱者的形象来博取身边男人的同情——看，我多么楚楚可怜啊！

旁边的男人只觉得不可理喻，翻了翻白眼：“又不是你一个人在挤，大家不都是天天坐公交车吗？”他腹诽道，你不是天天坐公交车吗？当然，这句话他是不敢说出口的。男人总是不理解女人在瞬间情绪的风云突变，觉得不可理喻。殊不知女人的思维总是跳跃性的，昨天好好的，今天就能找出一百条不好的理由。

女人却来气了，怒道：“别人是别人，我是我！我就是受不了！”这时候，任何一个女人都认为自己是和别人不一样的，都觉得自己是唯一的，这是女人的普遍心理，她其实需要的就是一句简单的安慰罢了。

男人无奈地说：“那你打车吧，我来给你报销。”男人心想，这下看你还怎么说，最好能堵住你的嘴。发现了吗？男人是喜欢把事情变得简单的，特别是对感情上的事，更不愿意花过多的时间和精力去纠缠。与此同时，男人觉得这样也是解决问题的根本办法。

女人被哽住了，只好作罢，但又不甘心地说：“算了吧，你一个月能挣多少啊，你以为你是谁啊！”其实啊，女人想说的是，我就是嘴上发发牢骚，让你心疼一下，你以为我真的会天天花钱打车啊，还不如攒点钱来买车呢。世人总以为女人比男人更感性，殊不知在生活问题上女人永远是比男人更实际的。

男人的怒火却腾的一下起来了，不开心地说：“你是不是觉得和我在一起委屈啊，连车都坐不上。”心底念叨：我都说成这样了，你还不满足，还要打击我，我是没多少钱，可是我也是有自尊的啊，你怎么这样折辱我作为一个男人的面子。其实呢，男人最怕的就是女人说自己不行，自己比不上别人，这种话对于两性间关系的打击几乎是致命的。

女人却委屈了："是，我就是觉得委屈，看看人家天天都有车接送，天天都开宝马，我呢？连打车都要反复琢磨。难道我应该吗？我比她们少了什么?!"男人不懂的是，女人心中想说的是我爱上你，就接受了你现在的一切，但只是希望你能对我好一点。女人是实际的，她知道自己选择的是什么和放弃的是什么，但是她又放不下自己的攀比之心，所以会不由自主地去抱怨。原谅女人可怜的虚荣心吧，如你满足不了，那么就对她多点温存吧。

如果是心思细腻的女人想一想就能知道这句话是什么意思，可是心思简单的男人却发现不了这里面暗藏的心意。男人这下是真的火冒三丈："行行行，我给不了你每天豪车接送。那你找别人去吧，我给不了你这些，你找能给你这些的人去吧。"男人觉得你一定是变心了，被外界影响了，觉得他给不了你那么多想要的，这样强求有什么意思呢？男人喜欢干净利落。所以，很多关系就是这样被一方的拖泥带水与另一方的干净利落共同结束了。

【心理自助训练】

1. 思考：什么样的爱情才能得到真正的幸福?
2. 讨论：婚姻是爱情的坟墓吗?

6.3 私密之约——性心理健康

【导入故事】

沙弥思老虎

五台山某禅师收一沙弥，年甫三岁。五台山最高，师徒在山顶修行，从不下山。后十余年，禅师同弟子下山，沙弥见牛马鸡犬，皆不识也，师因指而告之曰："此牛也，可以耕田；此马也，可以骑；此鸡、犬也，可以报晓，可以守门。"沙弥唯唯。少顷，一少年女子走过，沙弥惊问："此又是何物?"师虑其动心，正色告之曰："此名老虎，人近之者，必遭咬死，尸骨无存。"沙弥唯唯。晚间上山，师问："汝今日在山下所见之物，可有心上思想他的否?"曰："一切物我都不想，只想那吃人的老虎，心上总觉得舍他不得。"

——清·袁枚《续新齐谐》

【故事点评】

自三岁就上山修行的沙弥，苦苦修行十年，为何见了美丽的少年女子依然会萌发爱慕之情？食色，性也。对美食和性的渴望是人的本性，既是本性，自然是无法掩盖而过的。处于青春期的少男少女，男子玉树临风、神采奕奕，女子楚楚动人、回眸一笑百媚生，性的魅力再怎么禁也是禁不了，与其让我们处在性知识的真空中，不如以科学的眼光把性摆在应有的地位。

乐而不淫，哀而不伤。讲究的是适度、平和，不能过于放纵、任其泛滥，但也不代表一无所知。我们渴望获得与性相关的知识，但我们的文化传统、社会环境造就了我们谈“性”色变的现象。处于青春期阶段的大学生，无法从合乎法律的途径了解性知识，只能从非正式渠道了解充满“神秘”色彩的性信息，从而导致年轻一代产生不适当的性意识和性行为。在一篇研究报道中显示：“约75.9%的大学生是从网络、书籍、杂志和朋友交流中获取性爱知识，经由家庭教育及学校教育获取性爱知识的占24.1%；约25%的大学生从未受过性教育，约63%的学生从未与父母谈论过性问题，约40%的学生不了解性病预防和避孕知识。”①

尽管现在的社会受西方文化的影响，成年人性爱观日益开放，在网络、书刊、报纸，甚至街头巷尾的涂鸦画都充斥着性信息，但同时此种现象与大学生性知识的匮乏、性教育的落后形成鲜明的对比。因此，教育并引导大学生形成正确的性爱观，正视性的存在，使他们遇到性问题时，能够正确面对，学会自我保护，成为很重要的事情。

6.3.1 性是一门科学

大学生首先必须清楚性的科学含义，才能通过科学的途径去学习性知识。

性科学是以人类的性行为为研究对象的综合科学。“性科学”一词最早由德国医学家布洛赫在1906年提出，后来翻译为英文的 sexology，也就是性学。由于性所涉及的领域十分广泛，研究和认识都有不足，因此，性科学的概念可以理解为用科学的观念、方法和健康的内容来逐步揭示两性之间的关系的一门科学。其目的是扫除那些沉淀已久的谬误、愚昧和偏见，引导人们幸福、文明、健康地度过一生。

随着人类社会的进步与发展，各领域、各学科的科学研究都有了突破性的进展，揭示了许多不解之谜。但人类唯独对自身的认识仍然停留在“无师自通”的低级阶段。有关性问题的研究，长期以来一直被视为禁区，因而至今人们对诸如性行为的了解还很不完备，性科学至今还是一门新兴学科。②

---

① 潘丽萍，王秋芬. 网络背景下大学生性爱观及高校性教育模式的探讨［J］. 中国学校卫生，2011(3)：344-345.

② 徐明. 大学生性科学与性教育读本［M］. 银川：宁夏人民出版社，2005：19.

在生物学意义上，性活动本身是一种正常的生理现象，是人类的本能和天性。《礼记》所云“饮食男女，人之欲存焉”，表示人生来就有食欲和性欲两大欲望。

人在个体发育过程中，都要经历一个生理方面的快速发育时期——青春期。从青春期开始性器官逐渐发育成熟，男生睾丸发育产生精子和雄性激素，女生卵巢发育分泌雌激素和孕激素并产生卵子，这种生理发育的自然本能，强有力地影响着人的心理发展，促使性心理的萌芽。

6.3.2 性心理健康

“性心理健康是指个体具有正常的性欲望，能够正确认识性的有关问题，并且具有较强的性适应能力，能和异性进行恰当的交往，在免受性问题困扰的同时，还能增进自身人格的完善，促进自身身心健康的发展。”①

世界卫生组织对性健康的概念做了如下论述：“所谓健康的性，是融合了有关性的生理面、情绪面、知识面及社会面，并以此提升人格发展、人际沟通和爱，等等。”由此可见，性健康涉及性生理、性情感、性知识和社会的各个方面，以及由此出现的积极的社会态度、人际交往和情感的能力等。

6.3.3 性心理健康的标准

根据性心理健康的内涵，个体的性心理健康应该符合以下标准：

（1）能够正确认识自我，愉快地接纳自己的性别。

（2）具有正常的性欲望。

（3）性心理特点和性行为符合相应的性心理发展年龄特征。

（4）具有较强的性适应能力，表现为个体性的自我同一性的建立；能够正确对待性生理成熟所带来的一系列身心变化；在出现性冲动后，能够正确地释放、控制、调节性冲动，使之符合社会规范的要求等。

（5）能和异性保持和谐的人际关系。与异性进行自然的、符合社会规范要求的交往，在彼此的交往过程中，保持独立而完整的人格，有自知之明，不卑不亢，做到相互尊重、相互信任、自然有礼。

（6）性行为符合社会文明规范，性心理健康的人具有一定的性知识和性道德修养，能自觉去分辨性文化的精华与糟粕、淫秽与纯洁、庸俗与高雅、谬误与真理，自觉抵制腐朽没落性文化的侵蚀，并以自己文明的性行为、性形象去增进社会风尚的文明。

---

① 伍爱莲，周永莲，周红玲．大学生健康生活［M］．武汉：华中科技大学出版社，2011：88.

6.3.4 塑造健康的性心理

6.3.4.1 主动获取科学的性知识

目前已有众多研究和现实案例表明，大学生缺乏科学的性知识，是出现各类性心理障碍的主要原因。罗素曾说过：一切的无知都是令人遗憾的，但是对于性这样的事无知，则是严重危险的。因此，对于正在逐渐走向性生理成熟的大学生来说，应主动地获取正规的、系统的且科学的性知识。而在获取的过程中应自然大方，解除心理压力，切不可以获取这样的知识为耻。同时要有一定的鉴别能力，要选择正规渠道的读物或网站，不要盲目地去接受极不科学、极不严肃甚至是低级下流的性知识。

6.3.4.2 培养正确的性观念

青春期的大学生如果没有树立正确的性观念就容易走向两个极端：一是性开放，自认为性知识丰富；二是逃避性问题，极端保守，避免与异性接触。但实际上处于青春期的他们内心对异性充满渴望，如果过度压抑，很可能出现扭曲的行为。我们要认识到性是一个人生命中自然而健康的组成部分，同时也要认识到性是人类得以繁衍、进化之本，性活动则是人类社会生活的基本内容之一，无论何时何地，人类的性观念和性行为都受制于一定的社会意识形态和道德规范，而不是“两个人的私事”。大学生应把性纳入社会道德的范畴，在健康文明的恋爱中锤炼自己的道德人格，提升自己的道德境界。

6.3.4.3 学会合理调节性冲动

处于青春发育后期，生理和心理均已接近完全成熟的大学生，怎么使自己的性欲得到合理的调节，是非常重要的问题。现实生活中绝大部分人还是可以达到心态平和、性欲稳定的状态。弗洛伊德在《精神分析理论》中提出“对性冲动的升华创造了文学、艺术和社会文明”。这说明性欲是可控的，大学生可用音乐、体育活动、娱乐等转移性能力，平衡性情感。年轻人万不可通过网络或社会上寻求一夜情的性刺激，更不能到风月场所满足性欲，前者有违伦理道德，后者则是违法。我们要明辨是非，不因性问题而受各类性意识和性行为问题的困扰。

【心理导航】

大学情侣热恋中对方提出非分要求怎么办？

热恋中的人是不理智的，当两人感情达到了一定的程度时，亲热的举止，大胆的行为，放肆的爱语，以至发展为要求发生性关系。这从男女的生理、心理角度来看，都是正常的行为。然而，我们传统的社会观点和对彼此爱情的责任感来说，这样做是不道德和轻率的。

在热恋中，对异性在性爱方面提出的非分要求，我们到底应该怎么做？

对于恋爱中的另一方提出的合理要求，我们不能如遇猛虎。有些女孩对于男友的亲吻感到苦恼、厌恶，认为一被亲吻，就等于被对方占有了；也有些男子看到女方主动地拥入他的怀里，便怀疑人家作风轻浮。

对于这些思想，我们应该摒弃。有时不是因为爱得不够，而是因为爱的方式不对，从而使爱情蒙了阴霾。我们不恰当的想法，不恰当的行为，会使爱情变得苍白无力。但是，想法和行为过于开放，会削弱爱情的神秘感，影响爱情达到更高的境界，又由于它超出了社会的道德规范，还会受到不同程度的舆论谴责。

同样，当你的恋人的亲热举止超过了两人感情的范围时，我们也不能听之任之。

当你的恋人的举止过于亲热时，你阻止行为不恰当，会造成难堪局面，甚至导致感情破裂。显然，你不能猛地推开对方，也不能对他破口大骂，随之一个耳光。这时，你应该做的是用女性特有的温柔和理解，去帮助对方恢复理智。

你应该明确地告诉他，你不接受他的这种行为。首先，就感情程度而言，你们还未达到这个阶段；其次，就社会道德观念而言，这种行为是为人所不齿的，正所谓人言可畏；最后，就你自己而言，你得承认你能理解他此时此刻的心情，但切不可辱讽和讥笑，态度一定要真挚，并且告诉他你内心的真实想法。因为你也很爱他，所以这种行为是不恰当的，一是两人感情还未成熟，关系还未最后确定；二是万一受孕，对双方都不利。在物欲横流的社会里，忠贞与背叛，索取与淡泊，只在你的一念之间。因此，我们应把美好的时刻放在新婚之夜，不要凭一时感情冲动而坏了大事。

有人说爱情是自私的，但我说爱情是崇高和伟大的。如果对方是一个通情达理的人，那么他将会理解你的苦心，为了两人的未来，他将不会再有此种行为。如果他仍旧一意孤行要求你做不愿意的事，那么你千万要警惕，这种男人往往是肉欲主义者，是一个只重肉欲享受而无爱情的男人。一经发现，你一定要设法尽快离开他，与这种人相处，本身就是一种火中取栗的行为，因为即便将来你们结婚后，此种人也可能会是寻花问柳之辈。

然而，如果你因一念之差，与恋人发生性关系后，既不要过多地自责，也不要埋怨他人。因为一切行为都是出于你的主观意愿。在这时，你需要的是冷静地回忆一下失身的经过，从中吸取教训，不再明知故犯，而怀有既不要“反正是他的人了”而放纵自己，也不要觉得自己失去了贞操而产生种种自卑感。一个人是否纯洁，不在于她是否是处子，而取决于她的思想与人生观。

希望我们能在物欲横流的现实生活中，感受爱的美好、爱的真谛。

避孕误区

在日常生活中每每谈到避孕话题，人们总是难于启齿，因此即使一些女性遇到了一些不懂的避孕问题，也是羞于提问，然而这样却使得他们缺乏一些基本的避孕常识，不知道如何保护自己。下面我给大家指出几个常见的错误避孕观念。

（1）女性在安全期内不可能怀孕。

安全期不代表卵子就不会出现，只要精子遇见卵子，就有可能怀孕。女性排卵受很多因素的影响，有的女性在安全期也可能排卵，如果和精子结合，那样就会怀孕了。

（2）体外排精就不会怀孕。

这也是很多人的错误认识，因为在性生活的时候，男性在没射精之前也会分泌出一些精子，而怀孕只需要一个精子就可以，所以说，体外排精也可能导致怀孕。很多年轻女性意外怀孕很大程度上来源于对此的无知。

（3）使用避孕套就不会怀孕。

一般情况下，使用避孕套避孕成功率能达到90%以上，但是并不是百分之百的安全，如果在性生活时脱落或者摩擦导致出现了小孔而没发现，那么意外怀孕的情况就会发生。所以，使用避孕套尽量选择质量好的，在事后要检查下是否有破损。

（4）如果女性在事后上下跳跃，可以避免怀孕。

有的人会想，射进去了让精子流出来就不会怀孕了，但事实上是，无论你处于何种状态，精子都会在射精后90秒到达子宫入口，你快得过它吗？

（5）事后一片万事大吉。

很多女性认为避孕药就是“紧急避孕药”。事实上，这两者区别很大，错误使用会给女性健康带来影响。紧急避孕药的成分是大剂量单一孕激素，一次性摄入后会对女性内分泌造成很大影响，所以只能作为偶尔一次的候补急救措施，每年使用不超过3~4次，否则就可能导致内分泌失调。

（6）避孕药是激素，不能多吃。

很多人谈激素色变，其实那些让人增肥、长毛的激素多是外源性皮质激素，第四代新型口服避孕药含有的雌孕激素，相当于女性卵巢分泌的内源性激素，不仅不会引起副作用，还能帮助女性改善痤疮、痛经以及经前不适综合征。

【心理自助训练】

1. 男女分组，谈谈自己在成长过程中遇到的性困惑。

2. 辩论会：同学分为甲乙两组，甲组持赞同婚前性行为的观点，乙组持不赞同婚前行为的观点。

专题7 网络心理

7.1 你是低头族吗?

智能手机向人们打开一扇门，让我们“充分利用零碎时间”，随时随地享受着它带来的乐趣和美妙。但这扇门却如同潘多拉盒子一样，美好与不善共同出现，或许某一天你会发现自己离开了手机会滋生出种种不安，或许你会发现自己身体发生着细微的变化，或许你会突然感叹“世界上最遥远的距离不是生与死，而是我们坐在一起，却彼此低头玩手机。”

【导入故事】

小敏是大二的一名女生，长相甜美，清新可人，性格开朗，亲切随和。高中时，小敏的父母担心她会早恋，管得比较严格，为此小敏的妈妈不惜辞去工作在学校附近租房陪同小敏学习。小敏体谅父母的良苦用心，在学习上不断鞭策自己并最终以优异的成绩被N大录取。进入大学后，因离家较远，小敏有些不适应，即使认识了不少的朋友，与父母也经常通电话，小敏还是感觉孤单。在不断的学习过程中，小敏逐渐接触到网络，见识到网络世界的强大。一次偶然的机会，小敏通过微信“摇一摇”结识了小毅，生活开始发生翻天覆地的变化。小毅是个阳光暖男……构成这张网的微信、微博、QQ，也是小敏和小毅之间传达感情的重要纽带。每天清晨，小敏睁开眼后就会在第一时间将手机开机，登录QQ或者是微信，查看小毅的状态，即使是上课或者吃饭的时候也会偷偷瞄着手机，看到小毅给她的留言或表情后，都会激动得心跳加速，若是小毅未及时回复，她就会阵阵失落，盯着手机发呆或黯然神伤。而每天晚上，小敏最期待的也是伴随着小毅的一声“晚安，亲爱的”，然后甜甜地睡去。

【故事点评】

案例中的主人公小敏在高中时被父母管得比较严格，自我约束能力比较强，学习成绩优异。进入大学后，因为远离父母，远离朋友，进入新的环境学习、生活，就产生了很难适应的情况。高中时期习惯的单一学习模式、父母遥远的亲情慰藉已经无法满足她个人发展的种种需求，大学中新的人际关系虽然建立但不够稳定、深厚，而网络恋人小毅适时地出现，成为她的一种精神寄托。

案例主人公小敏的故事，在现在的大学校园中比比皆是。随着QQ、短信以及微信等社交网络的快速发展，大学生在网络上建立起比现实环境更为广泛的人际圈子，超越时空限制，超越年龄和身份差距，他们敞开心扉进行交流，诉说自己内心的情感，排解心中的孤独寂寞，获得精神上的满足感。网络让人沉醉，常常使得人们忽略了它的虚拟性以及潜在的危险性。案例主人公小敏在与网络恋人小毅的交往过程中，耗费了大量的时间和精力，如果不能及时醒悟将影响到她的学习和生活。

做做下面的表格，看看你是低头族吗？（见表7-1）

表7-1　低头族的特征

	项目
1	没带手机出门时非常没有安全感，失魂落魄，心里空落落的，分分钟想着“必须得回去一趟拿手机”。
2	等公交车、地铁、电梯的时候掏手机看微博、微信、手机QQ、打游戏、看电子书、看视频、听音乐，总之不闲着。
3	自驾车时上车就习惯把手机拿出来放在操作台上，开车遇到红灯马上拿起手机，短信、微信、微博，常常换绿灯了还不知道，直到后面的车按喇叭。
4	不管是自家吃饭还是和朋友聚餐，哪怕再饿饭菜上桌不忙动筷子，先掏出手机来拍照，拍完还要P图，发到微博、朋友圈等各种社交平台，与朋友分享。
5	朋友聚会已经没有办法全程面对面进行沟通，说不到三句话，就习惯性掏出手机来看两眼，即便朋友坐在对面，也要在微博、微信、朋友圈里交流。
6	过去蹲厕所习惯夹本杂志、拿张报纸，现在直接拿起手机，卫生间没地儿放手机还有各种抱怨，一定要在自家卫生间安个搁板、摆个板凳用来放手机。
7	每晚睡觉前，不拿着手机玩个半小时，总感觉这觉还真就睡不踏实了。每天早晨睁眼第一件事，就是拿起手机，看看微博、微信有啥新消息。

请对比以上症状检视自己，只要有三条，基本可以确证你属于低头族一员，符合的条数越多，表明你在低头族中的级别越高。

7.1.1　低头族

低头族，译自一个网络合成词汇 Phubbing，也可译为 Smartphone Addicts，中文译作“拇指族”“猿人族”“手机控”。低头族经常机不离手，他们不分场合也不分对象，即便在排队、乘车、步行或是与亲友共餐，都会低着头玩游戏、看视频、浏览网站或者通过社交网站与人交谈（见图 7-1）。他们大部分时间都专注于手中的电子设备的屏幕上，在 QQ、微信、微博、陌陌等移动社交平台上拥有众多的圈子，却甚少与身边的人面对面沟通。在大学生群体中低头族极为普遍，即便是住在同一层楼的同班同学，大家都鲜少聊天或者串门，反而是潜水在群里冷不丁地冒泡儿。一旦手机离手或者无法上网，他们就会手足无措，感到茫然、空虚、害怕、无助和孤独，甚至萌生厌世的情绪（见图 7-2）。

图 7-1　低头族的表现

低头族名片
姓名：低头族、手机控
身份：各年龄阶段普遍存在，学生居多。
出现地点：课堂、公共交通工具、会议室、餐厅、大街小巷……
主要表现：手机不离身，几乎随时翻看着，对其他事情兴趣缺失。
具体症状：手机不在身边或接收不到信号就感到心慌意乱，甚至出现手机铃声的幻听。

图 7-2　低头族名片

7.1.2 低头族的心理动机

低头族在世界范围内普遍存在，引起了社会的广泛关注。世界各国纷纷针对低头族展开调查，调查结果见图 7-3。

国外有关手机调查

机构	调查结果
广告公司 McCann	37%的人认为，相比冷落身边的朋友，不及时回复手机信息令其感觉更差
英国《星期日泰晤士报》	27%受访英国人曾与朋友面对面谈话期间接听手机；19%在店铺内接受店员接待时接手机
	54%被访者每天用手机上fb、Twitter等社交网站；16%被访者每天用手机上社交网站10次以上
澳洲Stop Phubbing运动	44%被访者每日多于半小时观看手机、8%逾3小时、3%逾5小时；20%的英国人承认是低头族，为手机而冷落身边的朋友
英国Birmingham Food Fest	2 000 名成年被访者中，40% 的人认为与家人共餐时使用智能手机打电话、传短讯或发电邮没问题

图 7-3 国外有关手机调查

人们不禁疑惑是什么原因使得低头族对手机如痴如醉、难舍难分呢？接下来就让我们走近大学生“低头族”，了解他们的心理动机。

7.1.2.1 积极的心理需求

（1）学习的心理需求。大学生处于成人初显期，这个时期他们常常精力充沛、思维活跃，对知识充满渴望。而互联网具有信息快捷、内容丰富、技术先进等优势，足以成为大学生获取信息的最主要途径。网络是一个信息的海洋，信息层出不穷，内容丰富，拥有强大的技术支撑，运行快捷、同步使用简便，大学生只需要轻轻一点，通过浏览网页或搜索引擎等方法，就能够迅速了解到最新发生的事情或者找到自己感兴趣的信息，扩大自己的知识面。另外，大学生可以通过网上图书馆增强知识广度，可以通过博客和论坛直接与相关领域的专家交流、沟通，增强知识深度。

（2）信息获取的心理需求。身处信息大爆炸的年代，任何一条新闻或者事件通常是在网络上传播得最快。信息的极速更新在带给大学生便捷的同时也让他们普遍承受着信息堆叠或者遗漏的压力。谁都不想成为落伍的人，因此大部分人都会产生强烈的信息获取欲望，大学生渴望通过对信息的最快最多获取来减轻信息爆炸时代的压力，而手机的便捷高效性恰好提供了这样的机会，因此对于信息需求极其渴望的心理也促使了大学生群体中低头族的形成与壮大。

（3）交往的心理需求。进入大学，生活环境发生了变化，学业压力没有高中时期沉重，大学生渴望交往、释放个性的意愿日渐增强，而网络改变了大学生的人际交往方式，扩大了大学生的人际交往范围。打电话、见面交谈等传统方式逐渐被QQ、微信、MSN、电子邮件等新的联络方式替代。网络上全新的人际互动模式，导致一种全新的人际关系的产生。这种网络人际交往超越时空，使得大学生能够摆脱以往狭小的生活圈子的束缚，突破地域限制，方便、快捷、低成本地与身边或者远方的朋友进行沟通，实现"朋友遍天下"的梦想。

（4）情绪宣泄的心理需要。大学生的课余生活丰富多彩，却仍有很多人觉得孤寂难耐，因为缺少耐心的听众，缺少能够面对面促膝长谈的老友，他们迫切地寻找各种方法来排除内心深处的孤独感。而手机上的社交平台方便、快捷，不失为情绪宣泄的良好途径。它可以帮助大学生获得具有相同兴趣和经历的人的互动和支持，也可以帮助大学生缓解来自学习、生活等方面的压力。同时，手机社交平台建立的人际圈使大学生避开了现实中不能与人交流的尴尬与压抑，寻找到了倾诉的空间和对象，在这里他们可以敞开心扉进行沟通交流，大胆地进行感情宣泄，既有助于缓解压力，又能维持良好的情感交流。这也是大学生中低头族日渐增多的重要原因。

（5）多元化思维的心理需要。随着知识面的不断拓展，社会阅历日渐积累，思维的多元化成为大学生成长的迫切要求。而网络世界包罗万象，庞大的信息、丰富的内容，为大学生呈现出一个多元文化和多种价值观交织的世界，在这里不再局限于单一文化或者一种特定价值观。依托于智能手机，大学生可以通过网络进行创作、开发以及商业活动，从而获得成就感、被人尊重的感觉以及精神满足感。

7.1.2.2　消极的心理需求

（1）弥补心理需求的空白。步入大学校园，大部分同学都能够迅速转变角色，融入校园生活，如鱼得水，但有一部分同学遭遇了挫折，会出现适应障碍、人际交往障碍等一系列心理问题。每个人在内心深处都渴望融入新的环境，在新的群体中得到认同，寻找到归属感，实现自我价值，但当他们在现实中屡屡受挫时，他们很容易转向网络，沉迷于手机这方小小的天地，通过游戏等寻求心理需求，弥补心理空白。

（2）从众心理。从众心理是指个人受到外界人群行为的影响，而在自己的知觉、判断、认识上表现出符合公众舆论或多数人的行为方式。大学生是具有社会属性的群体，他们关注社会动态，追求社会时尚，当手机成为潮流风向时，他们也将手机视为生活中的重要部分，并逐渐习惯这种节奏。这个时候人们会发现这样的现象，如果大部分人都在玩手机，唯独你例外，会让你觉得融入不了群体，甚至产生被群体排斥的感觉，这种压力会逼迫你跟随大众，这也是低头族形成的一个客观因素。

（3）逃避竞争压力的心理需求。大学是一个历练场，大部分同学都会在大学生活中遭遇学习、情感、工作等方面的挫折或压力。只要能够积极应对，方法得当，这些挫折和压力就会成为大学生成长的助推力，使大学生涅槃重生。可遗憾的是，部分学生思想不够成熟，在面对压力和挫折时，会出现畏难情绪和逃避心态，他们不是积极进行自我调适，而是投身于网络世界一发不可收拾，企图借助那些虚幻的缥缈的东西进行自我安慰，网络成为他们逃避现实、寻求自我解脱的一个渠道。

（4）实现虚拟自我价值的需要。根据马斯洛的需求层次理论，大学生渴望实现自我价值需求，但在现实世界中，因为各种因素的限制，大学生的自我价值很难实现，使得理想与现实相互冲突，让一些大学生无所适从，只能转向手机，转向网络，通过发微博获得评论成为达人，或者通过在游戏中的角逐、升级等途径获得成就感，以实现自我满足。然而，虚拟的自我实现心理有时却是致命的“杀手”，它会催生一些不道德行为，甚至将人引向歧途。例如有些大学生为展示才能，通过黑客行动制造电脑病毒、窃取他人的电脑信息，造成他人商业损失乃至成为经济犯罪。

（5）攀比和虚荣心理。大学生群体处于18~25岁，大多心智尚未成熟，还未形成稳定的价值观、世界观与人生观，他们渴望成为群体中的佼佼者，赢得众人的拥护和追随，而拥有好的手机足以让他们赢得同学羡慕的目光。于是手机成为他们相互攀比的标杆，他们渴望通过手机的品牌、功能差异乃至QQ、微信、微博等社交圈子的大小来赢得同学的关注，继而满足他们的虚荣心理。在这种形势下，越来越多的青少年成为低头族，并形成高档低头族和低档低头族的层级分化。

7.1.3 拒绝做低头族

（1）寻求替换法。替换法也称为注意力转移法。换言之，就是用其他的事情来替代，让自己忙碌起来，没有时间玩手机。例如培养自己对所学专业的热爱，努力学习专业知识，夯实专业基础，取得专业方面的资格认证。与此同时，丰富自己的业余生活，培养广泛的兴趣，积极参加社会实践，用其他爱好和休闲娱乐方式转移注意力，冲淡手机的诱惑。

（2）碎片集中法。这种方法主要是将一天中零零碎碎的时间都用来玩手机的习惯戒掉，改为每天计划好一个时间段，专门用来刷微博、看视频、玩游戏等。此种方法类似于给玩手机设定了时间限制，在玩手机的特定时间段里，低头族们可以尽情地刷微博、看视频、玩游戏等，尽情地宣泄他们的情绪，释放他们的压力，一旦过了这个时间，便不允许玩手机。这就需要有自我控制能力，并且有专门的监督人，才能达到最佳效果。

（3）心理暗示与自我鼓励法。下定决心摆脱手机的困扰离不开心理暗示，可以每天都在心里暗示自己，没有手机打扰的日子好清静，很舒服。同时每天可以设定一定量的低头时间，如果一天下来达标了，可以适当的形式鼓励自己，进而提高自己下一步的积极性，不断努力调整，摆脱低头族的帽子。

（4）与亲友、老师、同学建立良好的人际关系。可以在生活和学习中重建自己的交际圈子，重新获得人际交往的自信。例如定时给远方的亲友打电话，分享彼此在学习、生活中的酸甜苦辣，定期拜访以前的班主任或者找现在的老师聊天，倾听他们的人生见闻，与同寝室或相同兴趣爱好的同学一起来一次说走就走的旅行等。

【心理导航】

巴菲特拒绝“低头族”

沃伦·巴菲特是享誉世界的“股神”。他拥有的财富很庞大，2008 年他就超越比尔·盖茨在《福布斯》排行榜中排名第一。2011 年 12 月，这位全球著名投资商向世人宣布，他的儿子霍华德会在伯克希尔哈撒韦公司中扮演继承人的角色。

因为身体状况，巴菲特离开了公司，他把更多的精力投入到慈善事业方面。为此，他需要招聘一名私人助理来协助他。消息刚刚传出，报名的人几乎就要挤爆了，谁都不想错过为世界首富服务的机会。经过几番比较，巴菲特留下四名备选者，并邀请他们周末带着妻子、儿女一起参加聚会。

周末到了，四位备选者先后赶到集合地点。奇怪的是，约定的时间早已经过去，巴菲特却迟迟没有露面。正在这时，巴菲特的秘书出来说，巴菲特临时有点事，请大家耐心等待。半个小时之后，巴菲特终于出现在众人面前。他首先为自己的迟到向与会宾客致以诚挚的歉意，随后他微笑着对着 36 岁的卡桑奇说：“我想请你当我的私人助理，可以吗？”卡桑奇显然吃了一惊，高兴地说：“当然，我愿意！”对于这样的结果，其他三位落选者有些不服气，他们问道：“我们为什么落选？”

巴菲特微微一笑说：“其实我并没有迟到，已经悄悄观察你们好久了。在刚刚过去的半个小时内，你们显然都有些焦虑不安。为了排除等待的无聊，你们分别低下头，目光再也没有离开手机屏幕，而将自己的家人冷落到一边，只有卡桑奇，他在不打扰别人的情况下，跟自己的孩子玩起了手语游戏，并且他还悄悄帮大家烧了两壶开水。你们应该知道，我今后将把更多的精力用来从事慈善事业，所以我需要一个喜欢和家人、朋友交流，并具有热心肠的人，而不是冷漠的‘低头族’，所以，卡桑奇是我目前最好的选择……”

虚拟的网络世界不管多么精彩，都无法代替现实世界的真实美好，心与心的距离，还是需要更多“线下”的沟通。也许，这才是巴菲特拒绝“低头族”的真实原因。

资料来源：张军霞. 巴菲特拒绝低头族［J］. 做人与处事，2014（9）：57.

【心理训练】

“拒绝低头一族”的主题日活动

活动一：制作学霸盒子，给手机一个临时的家

活动目的：通过制作学霸盒子、签订协议，向大家发出倡议“专心学习，课堂不做低头族”，通过外部监督和自律帮助相关同学逐步养成良好的习惯。

活动过程：将参与的人员分成若干小组，由活动组织者向小组成员发放胶水、剪刀、纸板和彩笔等，由小组成员自行设计制作学霸盒子，并将其编号后固定在教室内。小组成员在组长的带领下签订承诺书，在上课时间将手机放在学霸盒子里，下课之后再取出手机。

活动二：“勇当奔跑者，不做低头族”校园环跑活动

活动目的：通过组织校园环跑活动，转移低头族的注意力，使他们亲近自然，提高身体素质。

活动过程：由活动组织者设定环跑路线，每隔一段安排指向标和领跑人员，在确保参与人员安全的情况下，带领参与人员沿校园环跑，最后合影留念。

心理游戏：千丝万缕

活动目的：把大家平时留在心中不敢当面表达的情感，在游戏中表达出来，让别人感受到你的欣赏和感恩。

活动时间：约 30 分钟。

参加人数：分组，10~15 人一组。

道具：塑料绳四卷。

1. 按照刚刚的分组大家围成一圈，任意选出一个人，从他开始分享，对他要感谢的人表达出来自己的感情，并把他手中的绳子的另一头给他要感谢的人，一头留在自己的手中。

2. 接收绳子的人把绳子留在手中一段，继续感谢别的人并把绳头给他要感谢的人。

3. 直到最后，大家用绳子形成了一个网。

4. 分析每组结的网的形状，找到每组中手中结点最多的同学，分享自己的经验。

分享：

1. 引导大家认识到日常生活中同学、朋友对自己的帮助，并当面表达出来，促进彼此之间的沟通。

2. 引导被感谢次数多的人做分享，让大家认识到原因、活动过程中出现的意外，如绳子交织在一块。

3. 引导大家齐心协力解决困难。

【心理自助训练】

1. 学以致用

依据下列访谈内容判断该名大学生基于什么心理动机上网。

（1）我觉得一个人脑子需要多学一些东西。上网是一个获取知识的最快捷的途径。比如一个新闻，同学给你讲述前因后果一大堆，自己上百度一搜，各方面你都可以很清楚地了解了。

（2）网络给我带来压力，觉得自己好多都不懂；同时也是动力，促使自己学习，提高自己的就业竞争力。

（3）在网络上谁也不认识谁，大家都比较客气，也不会太顾忌什么，可以敞开心扉交流。这在现实生活中是很难的，什么都只能说得很少，包括宿舍同学都很少有心与心的交流。

（4）那些游戏也比较容易上手，多玩几次就很厉害了，有水平之后在网上也有一种被人尊重的感觉。像我在宿舍打王者荣耀，经常能把周围的人都吸引过来，这就是一种受人尊重的感觉。那种虚拟的感觉挺好的。

（5）我上网一般看看电影、听听歌，这跟出去散步的愉悦性是相似的。但出去散步通常需要朋友陪伴，而朋友不见得总有时间，所以还是上网方便。

2. 作业布置

观看视频 *Look Up*，写一篇观后感。

7.2 不做网络的超级粉丝

美国著名精神病研究专家戈登伯格曾这样说道：就像火一样，电脑和网络是人类的好帮手。也像火一样，它们是人类的坏主子。网络是一柄双刃剑，但我们可以选择哪一端为我们所用。

【导入故事】

小王，2006年以优异成绩考入S大学学习。在大学学习之初，他充满了抱负和希冀，但是后来发现达不到自己的期望，学习不顺利。在与同学和老师的交往中，他失去了中学时期的中心位置，感觉受到了冷落。但他在网络游戏技术上进步很快，在游戏中他获得了成就感和满足感。在网络中他却交到了很多朋友，网络让他摆脱了现实的孤独和寂寞。一段时间之后，他对网络的使用和游戏具有强烈的渴求和冲动感，与同学交流渐渐减少，性格变得内向，时有自卑感，情绪低落，甚至与家长对抗，对数学知识、体育运动和其他事物兴趣下降，出现一系列的心理问题，并经常逃课，彻夜不归。经同学和班主任的劝告，小王一段时间内停止了网络游戏，但出现周身不适、心烦易乱、易激动、上课注意力不集中、睡眠障碍等现象，后来他再次沉迷网络和游戏，网络已经成为其逃避问题或缓解不良情绪的重要途径。

【故事点评】

故事中的小王由于在大学的学习中达不到自己的期望，在与同学和老师的交往中失去了中学时的中心位置，产生心理落差，出现失落和不满。当他在学习和生活中缺乏成就感，自控力不强，又缺少外在约束时，兼具时空无形化、主体多元化、身份隐蔽性、行为自主性、交流互动性等特点的网络世界呈现在他面前，诱使他进入网络虚拟社会。在网络中，他可以和不同的人交朋友；在网络游戏中，他可以取得进步，满足自身在现实中缺少的成就感。一旦遇到不符合自己要求的事情，他可以毫无顾虑地远离，不会有任何的尴尬和愧疚，也不会对他的现实生活造成不良影响。这让他获得了现实社会中没有得到的成就感和期望值，突破了现实中的种种不满和局限，摆脱了失落的情绪，获得了一种放松的身心体验。这样的虚拟世界让他无法自拔，日渐依赖，不断深陷网络深渊，出现了网络成瘾现象。

在当今网络大潮汹涌而来的网络时代，作为时代“弄潮儿”的大学生始终扮演着互联网忠实追随者的角色。他们热衷于信息网络技术，希望通过网络平台获取知识，交流思想，实现自己的人生价值。但不可忽略的是，不少大学生在恣意享受网络冲浪的快感时，也逐渐显现出许多问题，其中最突出的就是网络依赖和网络成瘾综合征。

7.2.1 网络依赖

网络依赖是近年来出现在大学生群体中的一种心理障碍。它起源于网络空间的无限与大学生自身辨别能力的有限之间的巨大反差。互联网的内容良莠不齐，难以监控和筛选，但其超出想象的刺激性和娱乐性又极易使人上瘾，对大学生群体具有特殊的吸引力。再加上大学生自控能力较弱，模仿能力较强，致使很多学生上网后极易坠入虚拟的网络世界而不能自拔，患上网瘾。他们长时间沉溺于网络游戏、上网聊天、网络技术（安装各种软件、下载使用文件、制作网页），醉心于网上信息、网上猎奇，形成对网络的过度依赖。在虚拟的网络世界里，学生们往往如同迷途的羔羊，下意识或无意识地将网络看成自己最好的“家”，把上网当成人生最大的快乐，导致个人身心受损，正常学习、工作、生活及社会交往受到严重影响。

【知识链接】

关于网络依赖，可依据下面的题进行自查。

指导语：请根据自己的实际情况回答下列问题，你可以用它来帮助自己判断对网络依赖的程度。

1. 你有多少次发现自己在网上逗留的时间比计划的时间要长？
完全没有（1分）很少（2分）偶尔（3分）经常（4分）总是（5分）
2. 你有多少次忽视了家务活而把更多的时间花在网上？
完全没有（1分）很少（2分）偶尔（3分）经常（4分）总是（5分）
3. 你有多少次更喜欢互联网的刺激而不是与亲人之间的亲密？
完全没有（1分）很少（2分）偶尔（3分）经常（4分）总是（5分）
4. 你有多少次与陌生的网友形成朋友关系？
完全没有（1分）很少（2分）偶尔（3分）经常（4分）总是（5分）
5. 你生活中的其他人有多少次向你抱怨你在网上所花的时间太长？
完全没有（1分）很少（2分）偶尔（3分）经常（4分）总是（5分）
6. 你的学习成绩和学校作业有多少次因为你在网上多花了时间而受到影响？
完全没有（1分）很少（2分）偶尔（3分）经常（4分）总是（5分）
7. 在你需要做其他事情之前，你有多少次去查看自己？
完全没有（1分）很少（2分）偶尔（3分）经常（4分）总是（5分）
8. 由于互联网的存在，你的学习表现或学习效率有多少次遭受影响？
完全没有（1分）很少（2分）偶尔（3分）经常（4分）总是（5分）
9. 当有人问你在网上干些什么时，你有多少次为自己辩护或者变得遮遮掩掩？
完全没有（1分）很少（2分）偶尔（3分）经常（4分）总是（5分）
10. 你有多少次用互联网的安慰性的想象来排遣你生活中的那些烦心事？
完全没有（1分）很少（2分）偶尔（3分）经常（4分）总是（5分）
11. 你有多少次发现自己期待着再一次上网的时间？
完全没有（1分）很少（2分）偶尔（3分）经常（4分）总是（5分）
12. 你有多少次担心没有了互联网，生活将变得烦闷、空虚和无趣？
完全没有（1分）很少（2分）偶尔（3分）经常（4分）总是（5分）
13. 如果有人在你上网时打扰你，你有多少次厉声说话、喊叫或者表示愤怒？
完全没有（1分）很少（2分）偶尔（3分）经常（4分）总是（5分）
14. 你有多少次因为深夜上网而睡眠不足？
完全没有（1分）很少（2分）偶尔（3分）经常（4分）总是（5分）
15. 你有多少次在下网时为互联网而出神，或者幻想自己在网上？
完全没有（1分）很少（2分）偶尔（3分）经常（4分）总是（5分）
16. 当你在网上时，你有多少次发现自己在说“就再玩几分钟”？
完全没有（1分）很少（2分）偶尔（3分）经常（4分）总是（5分）
17. 你有多少次试图减少上网的时间，但失败了？
完全没有（1分）很少（2分）偶尔（3分）经常（4分）总是（5分）
18. 你有多少次试图隐瞒自己在网上所花的时间？
完全没有（1分）很少（2分）偶尔（3分）经常（4分）总是（5分）

19. 你有多少次选择把更多的时间花在网上而不是和其他人一起外出？

完全没有（1分）很少（2分）偶尔（3分）经常（4分）总是（5分）

20. 当你下网时，你有多少次感到沮丧、忧郁或者神经质，而这些情绪一旦回到网上就会无影无踪？

完全没有（1分）很少（2分）偶尔（3分）经常（4分）总是（5分）

评分方法与结果解释

将20道题的总分累加。

1. 20~39分：你是一个普通的网络使用者。你有时可能会在网上花较长的时间冲浪，但你能控制对网络的使用。

2. 40~69分：由于互联网的存在，你正越来越频繁地遇到各种各样的问题。你应当认真考虑网络对你生活的影响。

3. 70~100分：过度使用网络正在给你的生活造成许多严重的问题。你需要现在就去解决它们。

7.2.2 网络成瘾

现代医学证明，一个人如果不能控制对网络的依恋，很容易患上“网络成瘾症”“病态性使用网络”或者“强迫性网络使用”。这是一种新型的心理疾病，其主要成因在于过度使用互联网，使工作、学习和生活受到严重的影响和损害。网络成瘾在心理层面主要表现为对网络的依赖性和耐受性，即上网成瘾，患者只有通过长时间的上网才能激起兴奋来满足某种欲望。在生理层面上，网络成瘾对人的健康危害很大，尤其会使人体的自主神经功能严重紊乱，导致失眠、紧张性头疼等，同时还可使人情绪急躁、抑郁和食欲不振，长时间如此会造成人体免疫力下降。网络成瘾症与吸烟、酗酒甚至吸毒等上瘾行为惊人的相似，一上网就兴奋异常，上不了网就“网瘾难耐”。如果在网络成瘾症的基础上，伴发了焦虑性、抑郁性、强迫性、恐怖性（以社交恐惧为主）等神经症或人格改变，就会成为网络成瘾综合征。

据2016年《中国青少年网瘾数据报告》显示：2016年我国城市青少年网民中，网瘾青少年的比例约为14.1%，人数约为2 404.2万人。与2005年（网瘾青少年占青少年网民的13.2%，人数约为1 105.4万人）相比，网瘾青少年的比例上升，并且在数量上大幅增长。

7.2.3 网络成瘾的机制

网络成瘾是一种心理障碍或者心理疾病的表现。关于网络成瘾的机制，心理学五大流派众说纷纭。

精神分析理论认为，网络成瘾是“本我实现”。“本我”代表人类的本能需求，网络成瘾是不成熟的精神防御机制的积累，是童年时期不幸经历的郁结。成瘾者往往否认自己网络成瘾，把上网看作自我调节。

人本主义理论认为，网络成瘾是“巅峰体验”，是象征性的自我实现，上网是自我需要的一种替代，网络成瘾是同感力缺失的后果。网络成瘾者在上网过程中找到了一种愉悦感，这也是网络成瘾的驱动成因，特别是青少年群体。

行为主义理论认为，网络成瘾是一种“习惯养成”。比如学习压力大，或者遇到不开心的事，就到网上释放，并形成条件反射。由于越来越放纵，最后逐渐上瘾。网络成瘾是条件反射的积累。

认知调整理论认为，网络成瘾是一种“傲慢偏见”。比如说，一个学生在学习当中得不到满足，要考最好的学校而考不上，就彻底不学了，要在网上彻底释放之后再学，这是自己骗自己。长期循环之后，理性觉得自己不应该玩那么多，但是情绪还是想玩，导致理性与情绪的不一致。

存在主义理论认为，网络成瘾是一种“活在当下”的状态。成瘾者为自己设定的人生意义就是在网络上得到实现。如果和他谈网络成瘾，他会反过来谈在网上有什么人生实现。

7.2.4 网络成瘾的诊断

网络成瘾目前有三种主要的诊断标准。

第一种诊断标准是参照物质成瘾标准修改而成的，包括7种情况。

（1）耐受性。个体不断增加上网时间和投入程度，以获得原先体验过的满足。

（2）戒断症状。个体不上网时，即产生不良生理反应和负面情绪，如焦虑、狂躁等。

（3）渴求程度。个体渴望更频繁地上网和更长时间地停留在网上。

（4）冲突性。个体因过度上网而与周围他人产生人际冲突或自我内在冲突，如失业、经济问题、婚姻和家庭问题等。

（5）突现性。互联网成为支配个体思维（全神贯注地思考如何打网络游戏）、情感（极度渴望上网）和行为的中心。

（6）情绪改变。个体通过上网来改变消极情绪。

（7）复发性。对个体的互联网成瘾性行为，即使尝试控制与治疗，仍然反复发作。

第二种诊断标准是由美国心理学家金伯利·S. 扬（Kimberly S. Young）提出的，主要针对青少年群体。他认为在描述的10种情况中，只要一年间表现出4种，就可判断为网络成瘾症。

（1）下网后念念不忘网络上的事情。

（2）总认为上网时间太少而不满足。

（3）无法控制上网时间。

（4）一旦减少上网时间就会焦躁不安。

（5）上网时所有烦恼就会消失。

（6）认为上网比上学、做功课更重要。

（7）为上网宁愿失去重要的交往和学习。

（8）不惜支付巨额上网费用。

（9）对亲人朋友掩盖上网的行为。

（10）离开网络就会感到失落。

第三种诊断标准主要参照冲动性控制障碍标准修改而成，包括8种情况。

（1）全身心迷恋互联网。

（2）为了获得原先体验过的满足感增加上网时间。

（3）尝试控制、减少或停止上网而不成功。

（4）因减少或停止上网而感到焦躁、情绪低落、抑郁和愤怒。

（5）比预期的上网时间长。

（6）因为上网而使重要的人际关系、工作、学习或谋职机会损失。

（7）对家人、心理医生或他人隐瞒上网程度。

（8）利用互联网来逃避责任或调整负面情绪（如无助感、内疚感、焦虑、抑郁）。

研究者认为，必须同时具备前5条标准，并至少具备第6~8条标准中的任何一条，才能被判定成网络成瘾者。

7.2.5 网络成瘾的治疗

程度一：依赖网络症状。例如学校老师布置的作业，全部依赖互联网完成。

治疗方法：首先充分认识并区分互联网的优势和危害，尽量防止自己沉迷于网络，同时调节自己的坐姿，控制自己的上网时间和网络使用内容，特别是要注意自己的身体健康，例如眼部保健，当上网时间每到1个小时就要提醒自己凭窗远眺或者做做眼保健操、使用可以缓解眼部疲劳的眼药水；合理摆放电脑的位置，控制眼睛与电脑屏幕的距离，使用直背座椅或背部矫正椅，保持正确的坐姿，避免弯着脖子或者驼着背上网；食用苹果、核桃、豆制品等有益于大脑且营养丰富的水果蔬菜，保证维生素的摄入；选用一些能增加体能、放松情绪的保健饮料代替咖啡；经常到户外走走，呼吸新鲜空气，通过每周3~4次的有氧运动（如慢跑、散步、瑜伽等）锻炼身体，增强身体素质。

程度二：迷恋网络症状。其主要表现为一天不上网就会觉得难受，但在外界的干扰下还可以有效控制。

治疗方法：将每天的上网时间控制在1小时以内，如果不能一步到位，就循序渐进，逐步缩短上网时间。经常与父母、好友、同学进行情感交流，避免与父母、朋友和同学关系的疏远。积极参加课外活动，通过绘画、书法、东西方乐器等，培养自己的兴趣爱好；积极参加篮球、足球、游泳、爬山等体育活动，锻炼身体的同时释放身体能量，宣泄不良情绪；制定与家人或者朋友假期旅游或者参观的活动计划，转移自己的注意力，控制自己对互联网的过度沉迷，同时又能增强彼此之间的感情。

程度三：网络成瘾症状。网络自控能力丧失，不上网就会失魂落魄，干预措施效果微弱。

治疗方法：通过限时上网、监督上网等进行强制约束，通过他律和自律培养良好的上网习惯。主动与父母交流，请父母帮助你摆脱网瘾，对计算机进行防火墙设置、定时关机设置、密码设置，放置在客厅的显眼位置，将自己置身在众人的监督之下。要求父母与你一起进行体育锻炼、积极参加活动，创造与人交流的机会，在与他人的积极互动中吸收正能量，宣泄不良情绪，建立起良好的社会支持系统，重拾自信与阳光。

程度四：完全沉迷症状。全身心沉迷于网络中，上网时间过长，身体健康已经受到严重损害。

治疗方法：此时的你必须接受生理和心理的双重治疗，你可以要求自己的父母带你到专业医院或者“脱瘾”中心进行治疗，同时接受学校或者社区心理方面的专业人士的帮助。因为此时的“脱瘾”是综合性质的，需要生理、心理、药物治疗多管齐下。一方面，生理治疗，采用中西药结合的方式，辅之以物理仪器调整患者内分泌状况使之达到平衡，以改善大脑机能和心理状态，建立起积极的心理防御机制；另一方面，通过心理治疗排除焦虑、烦躁、抑郁等心理困扰，听取医生或者心理专家的建议，形成良好的心态，培养自己的心理韧性与弹性，摆脱网瘾“魔爪”，恢复正常生活。

【心理导航】

正如本课前言所说，网络是一柄双刃剑，但我们可以选择哪端为我们所用。下面我们走进两位网络“大咖”，看他们在网络世界里缔造的传奇故事。

马克·扎克伯格的趣事

Facebook 的创始人马克·扎克伯格很早便意识到心理学知识与互联网技术的结合能爆发出无穷的力量。

马克·扎克伯格于 1984 年出生在美国纽约州的一个犹太人家庭，父亲是一名牙医，母亲则是一名心理医生。父亲非常崇尚科技的力量，使得马克·扎克伯格很早就接触到了电脑，并产生了浓厚的兴趣。在马克 10 岁的时候，父亲奖励给他一台电脑，并为他请了一位计算机工程师，马克得到工程师的倾囊相授。此后，马克已经能够独立完成较为复杂的编程，甚至自编工具软件。

马克 12 岁时，独自完成了第一个编程程序，取名叫“扎克网”，将家里的电脑与诊所里面的几台电脑相互连接，给父亲的工作带来极大的便利。

受父亲诊所“让我们为胆小鬼服务”的口号和母亲关于心理学的讲述的启发，马克开始进行游戏程序修改。他详细地绘制了一张草图，利用心理学原理重新设计了游戏的关卡，使得游戏的趣味性得到了提高。此后，马克不断进行游戏翻新升级，这打消了母亲对于他会沉迷游戏阻碍其成长的担忧，也吸引着母亲参与到游戏的设计中。而且让母亲感到惊讶的是，马克居然能够极准确地把握小朋友们玩游戏时的心理。

上高中时，马克和朋友一起为一款 MP3 播放器设计了插件，命名为“Synapse”，马克通过网络将它免费分享给其他人，这款软件得到了很多技术网站的推荐。微软向马克开出了 200 万美元的年薪，希望他加盟微软。但最终，马克拒绝了微软抛出的橄榄枝，选择去哈佛大学读书。

在哈佛，或许是失恋的刺激，马克尝试了黑客行为，轻易破解了学生宿舍的密码，获取了 12 栋宿舍楼中 9 栋的学生照片，并编写了 Facemash 网站用于对比学生的相貌，整个项目用时 8 小时，Facemash 网站凭借其独特之处让学生们感到新鲜、刺激，让他们几乎沉迷其中。在 Facemash 的基础上，马克结合美国知名社会心理学家斯坦利·米尔格兰姆（Stanley Milgram）曾提出的著名的“六度空间（Six Degrees of Separation）”理论进行完善和升级，形成一个为哈佛同学提供互相联系平台的网站，即 Facebook。由此，Facebook 掀起了风潮，2004 年年底注册人数突破百万。如今，它已成为世界上最重要的社交网站之一。媒体称，Facebook 的市值已高达 1 800 亿美元，马克因此成为世界上最年轻的亿万富翁，同时也是最积极从事慈善事业的美国富豪之一。

资料来源：姜得祺，张鸥. 现在，我们接管世界：马克·扎克伯格传［M］. 南京：江苏人民出版社，2012. 笔者整理归纳。

李开复的网络人生

李开复是中国 IT 业的传奇人物，曾先后在苹果、微软、谷歌等公司任职，2009 年卸任谷歌中国区总裁，创办创新工场，目前担任董事长兼 CEO。基于自己的奋斗经历与人生感悟，李开复在网络平台上与广大的大学生交流沟通，他写给大学生的七封信、他在《一网情深与学生的网上对话》中的谆谆教诲，以及创新工场对大学生创业者的扶持，使他被誉为“人生导师”。

在与广东外语外贸大学的师生进行交流的时候，这位“青年学生的偶像”自曝“大学时对网游也很上瘾”，并指出学会科学管理，充分利用“碎片”时间，可以作为戒掉网游的方法。他建议在场学生不妨每天记录一下时间都花在哪里，然后看哪些能够减少一些，只要记录一个月，就会很有效。在他《给中国学生的第四封信》中也曾建议：大学生要学会安排自己的时间，管理自己的事务。明确“时间多了很多”正是大学与高中之间巨大的差别。时间多了，就需要自己安排时间、计划时间、管理时间。大学四年是最容易迷失方向的时期，学生必须有自控的能力，让自己交些好朋友，学些好习惯，不要沉迷于对自己无益的习惯（如玩网络游戏）里。

珍惜自己宝贵的大学时间，找到自己感兴趣的方向，做一些有意义并能给自己带来满足感的事情。

资料来源：笔者根据网络资料整理归纳。

马克·扎克伯格和李开复虽然都“沉迷”于网络，却没有荒废人生，而是在网络的世界里躬耕经营，谱就耀眼的人生篇章，并惠及他人。

【心理训练】

团体名称：网络朋友一起来

领导者：

成员性质：沉迷于网络者，人数10人左右

时间：5次，共计10小时，具体时间另行安排

活动地点：另行安排

团体理念：

网络沉迷行为严重影响个人的学习效率、生活效能、人际关系、家庭关系及身心健康。活动目的旨在协助网络沉迷的青少年通过寻找例外、成功经验和重新建构问题，确认目标，以提升当事人的自制能力，减少网络使用与沉迷行为，促进青少年形成良好的生活能力，身心得以健康发展。

团体目标：

1. 协助团体成员认识自我、增强自信心。

2. 支持并指导团体成员增进人际间互动。

3. 协助团体成员探讨个人网络使用行为，学习正向的改变。

4. 引导团体成员重新确立行动目标，建立生活重心。

预定活动内容和进行方式（见表7-2）：

表7-2　预定活动内容和进行方式

活动单元	单元目标	单元内容	时间	准备工具
第一单元 寻找朋友	1. 协助成员认识团体性质、目标、进行方式及内容 2. 协助成员相互认识，建立团体，形成融洽、开放的团体气氛，凝聚团体向心力 3. 协助成员制订团体规范，以便于活动开展	1. 寻找朋友 2. 自我拼盘 3. 和大家有约（订定团体契约） 4. 赞美时间	2小时	录音机、音乐带、各种图卡纸、彩色笔、胶水、白色B4卡纸、海报纸
第二单元 网络朋友	1. 了解网络使用问题，协助成员将网络使用问题一般化 2. 协助成员对网络使用问题重新建构 3. 增强成员改变的意愿并建立个人正向的目标 4. 协助成员为团体进展负起责任	1. 棒打朋友 2. 脑力激荡（网络使用的好处） 3. 我的成功经验 4. 我的愿景	2小时	报纸卷成棒状、彩色笔数支、海报纸数张、目标契约书

表7-2(续)

活动单元	单元目标	单元内容	时间	准备工具
第三单元朋友，请赐予我神奇的力量	1. 协助成员从想象问题中引出具体目标 2. 激发成员对自己的改变负起责任 3. 协助成员增加对自己的信心	1. 镜中的朋友 2. 生活派 3. 神奇的仙女棒 4. 得意的一天	2小时	音乐带、录音机、我的生活派、彩色笔、白色B4卡纸
第四单元朋友的好处多多	1. 协助成员了解个人可从其他人处找寻和整合解决问题的资源 2. 引导成员面对因特网时提出解决问题的方法 3. 协助成员澄清个人对网络使用的认知 4. 协助成员肯定自我，建立负责、自信的态度	1. 解方程式 2. 来自心海的消息	2小时	音乐带、录音机
第五单元朋友生活馆，再见朋友！	1. 引导成员思考时间规划与生活安排的方法 2. 培养成员自我控制能力、自治自重的态度与能力 3. 承诺自制，激发未来改变网络沉迷行为的动力 4. 成员之间相互祝福及反馈，结束团体辅导	1. 对对碰 2. 理想生活旅 3. 成功的前世今生 4. 道别与祝福	2小时	音乐带、录音机、心形卡纸

【心理自助训练】

1. 学以致用

小玲，女，20岁，某校大二学生，敏感多疑，性格内向，为人单纯，智力正常，皮肤白皙，个子娇小。在班里成绩一般，刚入学的时候稍好一些，后来略有退步。在校常规方面表现良好，听从老师的管理；但在家经常偷偷溜出去上网，之后自己跑回家。家庭成员有父母、妹妹和弟弟。父母两个人靠做小本生意维持生计，整天非常忙碌，文化程度不高（妈妈是初中毕业，爸爸是初中未毕业就由于家庭的经济原因辍学），还有一个上小学二年级的弟弟和一个上小学四年级的妹妹，与她的年龄差距比较大。父母的教育方式专制、粗暴，认为孩子就是要听家长的，不听就要教育，认为自己的女儿很小、很单纯，而外面的世界太复杂太乱了，不要多和外界接触，要多待在家里，女孩子要有女孩子的样子。所以小玲和父母的关系很紧张，很少说话。小玲高中学习成绩中等，没有担任过班干部，有几个关系还不错的同学。大学时期人际关系一般，跟同学的交往不是很多，经常独来独往。小玲经常到网吧通宵上网，其中发生了两次特别的事情：一次是视频聊天，看到好笑的事情，控制不住自己的情绪，一直笑，把嘴笑歪了、抽筋，后来被送往医院治疗，经过很长一段时间嘴巴才恢复正常；还有一次因为上网时间过长，导致肾亏和身体极度疲劳，幸亏被父母及时发现，送到医院抢救。

以小组为单位根据之前所学的知识分析案例中的主人公小玲沉迷网络的原因、症状以及可行的治疗方案，小组成员之间进行讨论并汇总，推荐一名小组成员向全班同学进行小组成果展示。

2. 作业布置

（1）每次花两分钟时间想一想你上网要干什么，把具体要完成的任务列在纸上。

看一看你列在纸上的任务，估计一下大概需要多长时间。假设你估计要用 40 分钟，那么把小闹钟定到 20 分钟，到时候看看你进展到哪里了，或者可以在电脑中安装一个定时提醒的小软件，在上网的同时打开。

（2）“我知道我可以”。

共分五个步骤：

第一步，先写下动机：为何要改掉坏习惯？如果不改掉你将付出什么代价？

第二步，找出过去成功的经验，曾经如何克服困难，改正不良习惯。

第三步，考虑如果要建立好习惯，你现在所拥有的内在资源，比如个人的特质、潜力、能力、态度等。

第四步，你拥有哪些外在资源可以协助你，比如朋友、爱人、师长……

第五步，一旦你成功了，愿景是什么？你会有什么改变？谁会注意到你的改变？

这份清单，每一项都要以“我知道我可以”开始，尽可能详细，写完后找位好友念给对方听，再请对方提供他的意见，加强“我知道我可以”的内容。

7.3 我们都爱“坏消息”

古语有言“众口铄金，积毁销骨”，俗语说“现实如铁，谣言如火”，谣言无处不在，其破坏力让我们胆怯，我们小心防备却总会在某一时刻中了谣言的招。

【导入故事】

20 岁的小梅，A 校大三学生，性格开朗，喜好读书，理想是当一名新闻记者，以后能采访联合国秘书长。她一向勤奋好学，成绩总是名列前茅，打算考 S 高校新闻系研究生。可是，最近一个月来，她一下子变得萎靡不振，其辅导员向家长反馈她最近时常旷课，活动参与积极性也不高。父母弄了好久才知道答案，原来小梅在上网时，看到了一条微博，讲某重点高校新闻系毕业生就业率几乎为零，新闻机构招聘的都是“有背景”的学生，并表示“用人单位潜规则盛行”，读研还不如“有个好爸爸”。

小梅的父母知道这事后进行了多方查探。首先发现这个信息来源不明，统计粗略，尽管看上去是内部消息，但经核实后并无此事。截至 3 月底，该校新闻系毕业生签约率接近 90%（除出国深造），甚至高于去年同期。此外，很多新闻单位到高校招聘优秀毕业生，都进行了公平的全国统考，根本谈不上“潜规则盛行”。根据他们掌握的调查，这条微博与现实严重不符，扭曲了真相，属于网络谣言。

可就是这个网络谣言，差点断送了小梅的学业。小梅告诉父母，“看了这个微博后，我突然觉得读书没有价值，理想也变得渺茫。支撑我用功学习的动力没有了，上课的积极性也没有了，多次旷课，甚至有挂科的危险。”

小梅的父母则感慨道，“真的不敢想象，如果我们没注意到小梅的变化，她说不定就钻了牛角尖，甚至荒废了学业。”

【故事点评】

故事中的主人公是一名大学生，在查看微博中的消息后萎靡不振，丧失学习动力，甚至采取逃课等消极行为。造成这样的事情的原因一方面在于青少年对社会的认知能力、判断能力较弱，当接触到一些信息时，不能判别其真伪，人生观、价值观容易受到影响，让他们荒废学业、误入歧途；另一方面，现代社会信息技术高度发达、价值观多元化使得网络谣言肆虐，规模之大，涉及面之广，出乎人们的意料。有些谣言连成人也没法很好地分辨，更不用说青少年了。加之互联网集开放性和交互性为一体，具有隐蔽性和匿名性，管理制度相对宽松，人们在传播信息的过程中基于不同的理解及目的，使信息变异，同时因为网络群体心理作祟，甚至会出现成千上万人参与口诛笔伐的现象，形成巨大的杀伤力，即网络暴力。

7.3.1 网络谣言

谣言被视为一种常见的社会心理现象，因此，它不仅是一种信息的类型，也是一种心理的映射，是众多心理学家关注的重要课题。奥尔波特（Allport）和波斯特曼（Postman）在《谣言心理学》里将谣言定义为：谣言是一种据称真实但没有确切证据证明的说法，往往通过人与人之间口口相传。罗斯诺（Rosnow）认为谣言是一种据称真实但未经证实的普遍流传的说法，可以通过印刷品、电子媒介和互联网等媒介进行传播。当谣言与网络相遇就有了传播性和危害性更强的新名词，即网络谣言，它是指通过网络介质（例如邮箱、聊天软件、社交网站、网络论坛等）而传播的没有事实依据的话语。

7.3.2 网络谣言产生的原因

（1）情景因素。研究发现，在情境模糊性较高、威胁性较大或变化性较大时，谣言更容易产生。例如身处风险较高的市场环境，或是地震、泥石流等灾难发生时，个体焦虑感比较强，缺乏有效行动的能力，失去了自己的判断能力，不会采取对谣言进行调查的行为，也没有去求证谣言真伪的欲望。他们不会努力寻找可靠的信息以解决问题，这种较强的模糊感、威胁性或者危险性使得他们更愿意相信谣言，更愿意传播谣言。而当组织进行变革或重组时，谣言会催生组织内部的不信任，从而削弱员工士气。如果组织或者群体的文化氛围是鼓励正式的交流渠道同时打击非正式渠道，人们会倾向于正式渠道，如果正式交流渠道缺失，人们会乐意打听小道消息。

在这些情景中，人们通过传播信息化解恐惧和未知。即便交流的信息是荒诞的，交流本身也能给人一种知晓事态的感觉，可用于平抚不安。谣言的一大功能就是试图挖掘事实，让人知道该做什么。为了抑制恐惧，人们传播谣言。谣言少有积极的，而我们天生倾向于接受消极信息。

（2）个体因素。在雅虎研究信息传播的社会学家邓肯·瓦茨说：关键在于传播信息的意愿，而非你拥有的地位或名望。个体焦虑特质的高低、对谣言的相信程度、对群体的认同度都会影响个体对网络谣言的传播意愿。调查显示，我国68.6%的网民为30岁以下的年轻人，其中18岁以下以及18~24岁的网民比例呈上升趋势。这些年轻的网民血气方刚，冲劲十足，但也容易冲动，容易被激怒，容易放纵自己，容易受群体情绪的影响，也容易受到表面信息的左右，急于对一件事情下是非判断，更有意愿相信网络谣言，传播网络谣言。

（3）群体因素。群体无意识、群体的去个性化以及群体压力等会影响网络谣言的产生与传播。群体中各成员之间在心理上彼此影响，群体心理会使个体产生归属感、认同感。相对于现实生活，网络将身份和个体识别消除，使得人们游离在虚拟的空间中，这时的个体与单独的个体最大的区别在于“有意识的人格的消失，无意识的人格的得势”。群体中个人的才智被削弱，个人的个性也被削弱，“异质性被同质性所吞没，无意识的品质占了上风”。在网络群体中，人人都是无名氏，因此谁也不必承担责任，这样一来，总是约束着个人的责任感彻底消失了。另外，群体中的个人很难意识到自己的行为，就像是受到催眠的人，面对谣言，失去判断的意识，而另一些与自己性格习惯相矛盾的能力得到极大强化，也会感到一种势不可挡的力量，使其敢于发泄出本能的欲望。同时，群体会给成员带来一种压力，那些在现实生活中处事不惊、沉着冷静的人在网络中也可能随波逐流、跟风造谣，正如勒庞所描述的那样：孤立的他可能是个有教养的个人，但在群体中他却变成了野蛮人。

（4）心理动机。①寻求事实的动机。准确信息的获得对于有效、精确地感知并控制我们所处的环境非常重要。为了有效地行动，个体需要掌握与环境相关的精确有效的信息，因此个体总是会有寻求并传播精确信息的动机。他们用各种策略搜集、评估信息，如把相关信息与现有的知识相比较、对信息来源的可信度进行考察等。当某些信息比较重要而模糊性较强时，个体就会产生焦虑感并可能导致个体控制感缺失等。为了减少焦虑、获得对环境的控制感，个体就会通过一些消极的、非官方的渠道来寻求事实。②关系提升的动机。社会网络中存在着一个人群"核心"，他们会在较短的时间内通过人们之间的相互交流对谣言进行扩散。拥有并分享一些被认为来源可靠的、有价值的谣言，从某种程度上可以增进人们的社会关系，提升个体在社会网络中的地位和威望。③自我提升的动机。自我提升动机的范围很广，这里主要指有意识地传播那些有利于自身自尊、地位等提高的谣言传播动机。自我提升动机是对自我产生的威胁进行抑制的同时维持现在的自尊。自我提升主要有两种方式，一种方式为通过贬损他人来提升自己，另外一种方式是通过认同高社会地位群体来提高自身地位。一般来说，群体更容易描述对自己有利的信息；而对外群体更多的是贬损的信息，对外群体有关贬损的谣言要远远多于对自身群体的贬损谣言。自我提升动机还表现为传播与自己的信念、态度、愿望、期望相一致的谣言，当谣言内容与上述因素一致时人们就会更愿意相信这些谣言并进行传播。

7.3.3 网络谣言的社会危害

第一，网络谣言给民众的日常生活带来严重干扰。随着网络技术的快速发展，我国网民数量节节攀升。2019 年 8 月 30 日，中国互联网络信息中心（CNNIC）发布第 44 次《中国互联网络发展状况统计报告》，统计显示，截至 2019 年 6 月，我国网民规模达 8.54 亿人，较 2018 年年底增长 2 598 万人；互联网普及率达 61.2%，较 2018 年年底提升 1.6 个百分点。目前，我国网民的数量仍然在迅速增加。在这个自媒体、微信息时代，人人均有麦克风，均可成为网络舆论的重要主体，像记者一样通过网络报道身边的人和事。在这样的背景下，原有的网络生态已经被完全打破，我们之前习惯用现实社会、虚拟社会区分现实与网络，将网络作为虚拟社会，但是，随着网络技术的进一步发展，现实社会和虚拟社会之间的差异已经逐步削弱，界限也日渐打破。英属哥伦比亚大学心理学家马克·沙勒指出，谣言的传播"关键是信息的特点和传播信息者的目的要符合"。"网上冒烟网下燃"，就当季最热门的话题常常容易滋生网络谣言，发酵为现实社会中的热点事件乃至群体性事件，非常容易成为社会恐慌的爆发点，给民众的生产生活带来严重的负面影响。比如，海南省"毒香蕉"事件中，网络上曝出海南的香蕉有毒，导致香蕉的价格从约 2 元/千克降到了约 0.4 元/千克，不仅影响蕉农的收入，而且对民众的生活产生严重干扰。

第二，网络谣言不断摧毁社会信任体系。网络谣言偏好于社会上的负面信息，所谓"好事不出门，坏事传千里"，负面信息更加容易引起网民的关注，瞬间被大量转载，将事情的真相撕得面目全非。这时网络谣言通常被社会公众误认为就是事情的真相而被广泛传播，即便政府或者相关机构、个人适时出面澄清，但澄清之后的事实却无法引起人们的普遍关注，许多民众的头脑中留存的仍是"谣言"而非事实的真相。网络谣言通过瓦解事实真相的方式，对社会信任体系产生摧毁性的负面作用，一些社会的阴暗面被无限制地放大、扩散，致使矛盾不断激化，甚至衍生出恶意的攻击行为，对社会的和谐稳定造成极大的威胁，使民众对政府和社会丧失信心。网络谣言借助一定的社会矛盾引发的具体事件，充分利用了广大网民的猎奇心理、仇视社会的心理，以谣言方式掩盖事件的真实情形，对社会信任体系产生极大的撕裂作用。

第三，网络谣言不断威胁社会公共安全。我国社会经济取得了迅猛发展，但我国处于社会转型时期，各种深层次的社会矛盾层出不穷，在如此特殊的历史时期，网络谣言往往成为现实中各种突发事件、群体性事件的诱发因素，一些不负责任的网络谣言可能引发更大的社会矛盾乃至导致社会震荡，对公共安全产生严重威胁。某些社会转型时期特有的社会矛盾，通常容易成为网络上谣言的“策划点”，比如资源分配不均、贫富两极分化、腐败问题等内容，这些问题在社会现实生活中确实是一定程度上存在的，但是经过别有用心的或者不经意的网络扩大化宣传、虚假宣传之后，会产生更大的负面传播效应。另外，此类谣言还迎合当前我国转型时期某些群体内心不安全感、不确定性的心理弱点，引起社会公众更为广泛的关注，最终引发严重的社会危机。

7.3.4 文明使用网络，维护心理健康

为尽量减少网络带来的消极影响，维护大学生的心理健康，大学生要不断提高自己的网络素质和网络道德水平，家庭、学校、社会也需要通力合作打造良好的网络使用环境，为大学生的成长筑起坚固的外部防线。

7.3.4.1 提高大学生个人网络素质和网络道德水平

大学生要自律和自省，正确认识网络特性，不仅要关注娱乐交友功能，更要关注网络作为一种高新技术与信息载体的强大功能，同时不忽略网络的隐匿性、开放性、互动性特征下隐藏的种种危机，通过不断吸取知识，增强网络使用鉴别力，提高个人网络素质。在价值多元的时代，大学生还要树立正确的价值观，保持清醒的头脑，坚守理性、客观、积极的立场，冷静辨别，警惕来源不明或恶意煽动的信息，决不能随波逐流、助长谣言。同时，要了解当前社会的发展形势，提高对社会事件的知晓程度和明辨程度，明确自己生存的意义和生命的价值，明确生活的方向和奋斗的目标，向道德先锋模范学习，培养自己的法律意识和社会责任感，积极投身各类精神文明公益活动。

7.3.4.2 家庭、学校、社会三位一体，维护大学生网络心理健康

家庭教育是网络道德形成的基础，家长要自觉遵守网络道德，为孩子树立好榜样。学校教育是网络道德教育的主要渠道，学校要充分发挥教师的引导作用，同时增强网络的道德指导，构建绿色网络平台，帮助大学生形成正确的网络道德态度和行为。社会是网络道德的支撑，各级政府及相关部门要增强网络监管的力度，重视

网络思想舆论阵地建设，坚持正确引导，提倡文明办网、文明上网，净化网络道德环境。为提高大学生的网络心理健康水平，家庭、学校和社会要积极开展丰富多彩的文化生活，将有益身心的活动与网络文化有机结合，同时重视大学生的休闲教育，让大学生树立正确的休闲观；合理安排内容丰富、形式多样的课外活动，帮助大学生养成良好的生活习惯和乐观的生活态度，避免其过度沉迷网络，引发网络心理健康问题。

【知识链接】

名人被“去世”

据悉，文坛重磅人物金庸“逝世”的谣言曾出现不下20次。2010年6月和12月，微博两次传出金庸“去世”的消息，均引起轩然大波，网友震惊之余并不顾消息真假疯狂转发，最终当事人亲自现身辟谣，回应称“（面对谣言）我很淡定”。2011年金庸再度被谣传“逝世”，一个名为“信e站”的网友微博称“金庸先生于2011年10月15日3点12分在中国香港尖沙咀圣玛利亚医院去世。”消息一出，引发网友议论，纷纷求证传言，后经和金庸先生亲友取得联系证实，该消息属谣言。

2013年9月6日22点17分，创新工场董事长兼CEO李开复在其认证微博中发布“世事无常，生命有限，原来，在癌症面前，人人平等”，称自己已经确认患淋巴癌，并感谢网友祝福。随后，创新工场联合创始人、新闻发言人王肇辉发微博证实此消息，“很遗憾地告知大家，开复被诊断出癌症。目前正在遵医嘱接受治疗。谢谢大家的关心。”2014年1月17日21:16分，微博名为“染香”的用户爆料“2014-01-17，20:47，开复因病去世”，引发网友各种猜想。对此，@微博辟谣23:08发消息称，“经与@李开复助理联系，李开复病情稳定，目前休养中。”2014年1月18日7:44分李开复也在本人的微博中亲自辟谣，“请新浪处理谣言和造谣者，谢谢。”

资料来源：林依. 盘点近年十大网络谣言及社会危害［EB/OL］.［2013-12-09］. http://lohas.china.com.cn/2013-12/09/content_6522530.htm；竹圆. 李开复“被去世”微博怒斥造谣者［EB/OL］.［2014-01-18］. http://ent.sina.com.cn/s/m/w/2014-01-18/08554083938.shtml.

“地震”传言令山西数百万民众受惊

2010年2月20日至21日，关于山西一些地区要发生地震的消息通过短信、网络等渠道疯狂传播，由于听信“地震”传言，山西太原、晋中、长治、晋城、吕梁、阳泉六地几十个县市数百万群众2月20日凌晨开始走上街头“躲避地震”，山西地震官网一度瘫痪。21日上午，山西省地震局发出公告辟谣。

山西省公安机关立即对谣言来源展开调查，后查明造谣者共5人。

35岁的打工者李某某最先将道听途说的消息编写成“你好，二十一号下午六点以前有六级地震”的手机短信息发送传播，被晋中市公安局榆次区分局行政拘留7日。

一名20岁的在校大学生傅某某在网上看到有关地震的帖文后，便在百度贴吧发布《要命的进来》帖文：“我爸的一个朋友，国家地震观测站的，也是打电话来，说震的概率很大！大约是90%的概率，愿大家好运！这绝对权威！”被行政拘留5日。

在太原打工的韩某某出于玩笑，以“10086”名义发送“地震局公告：今晚8时太原要地震，请大家不要传阅，做好预防工作，尽量减少人员伤亡”的信息，被行政拘留10日。

在北京打工的张某为了提高网上点击率，先后在百度贴吧等多地发布《最新山西地震消息》：“山西2010年2月21日地震消息，据官方报道，山西吕梁地区死亡36人，伤亡人数正在统计中。晋中、太原、大同等地未来72小时可能发生不下30次余震，余震范围包括山西晋中、晋南地区、山东西部、河南北部，大家及时防范。”被行政拘留10日并处罚款500元。

24岁的工人朱某某纯为起哄，在百度贴吧发帖称“山西太原、左权、晋中、大同、长治地震死亡100万人”，被行政拘留10日并处罚款500元。

资料来源：林依. 盘点近年十大网络谣言及社会危害［EB/OL］.［2013-12-09］. http://lohas.china.com.cn/2013-12/09/content_6522530.htm.

【心理训练】

你比我来猜

1. 将全班同学分成5~8组，每组站成一列，由组织者助理向队列前排同学展示卡纸内容，由队列前排同学向身后同学比划，逐一传递直至最后一名同学，由最后一名同学说出传递内容。

2. 比划者只可以用肢体语言向猜词者传达信息，不得说出词中的任何一个字，以最短时间传递内容的组为赢。遇到相同分数的则加赛一组。其他同学不得提醒，否则取消参加资格。最后，参与人员分享在游戏中的感受。

【心理自助训练】

1. 学以致用

观看网络谣言相关的视频节选，两组学生以此收集材料，组成辩论队，辩题为“人肉搜索”是正义的化身/恶魔的化身，其余学生进行辩论观摩。

2. 作业布置

针对辩论主题和现场反应，学生写一篇题为“大学生与网络责任”的观后感。

专题8　我的未来我做主

我们不是提线木偶，在别人安排好的路上亦步亦趋；我们是自己职业生涯的主人，知己知彼方能百战百胜。

8.1　丈量自我

【导入故事】

小王是一名工程类专业的大四学生，但是一直不太喜欢自己学的这个专业。他以前想过要考管理学专业的研究生，现在却又有点儿犹豫了，因为不知道自己真正需要的到底是什么。他并不了解自己，也不知道应该怎样了解自己，这让他很苦恼。他不知道走上社会是否可以帮助自己更了解自己，所以在先就业还是先考研之间犹豫不决。他一方面想考管理学的研究生，但是对管理学了解得又不多，也不知道是否真的喜欢这个专业；另一方面，近几年就业形势不容乐观，因为对自己了解不多，对未来的就业方向没有清晰的认识，不知道自己的需要，不了解自己真正想要的是什么，也就无法做出具体的职业规划。小王对此苦恼不已，不知道该怎么办。

【故事点评】

很多站在毕业的十字路口上的大学生往往会像案例中小王那样茫然不知所措，在继续求学深造和参加工作之间、在各种工作与工作的选择之间犹豫不决，不知该走向何方。其实这个时期的学生没有必要给年轻的自己太多的约束，关键是加深对自己的了解，搞清楚自己的兴趣究竟是什么，拥有什么样的工作价值观和一般价值观，具备哪些优势能力及核心竞争力，通过对兴趣、价值观、能力、个人特质等全方位的自我评估进行生涯探索，明确发展方向，完成具体的职业计划和准备，而不是急于做出选择。

漫画家蔡志忠说：做人最重要的就是要了解自己。有的人适合做总统，有的人适合扫地。如果适合扫地的人将做总统作为人生目标，那他只会一生痛苦不堪，受尽挫折。我们要想有一个美好的未来，首先要对自己有一个正确的认识，即正确的自我分析。对自己进行全面、准确分析是规划职业生涯的第一步。它使我们更好地了解自己，能够取己所长，避己所短，帮助我们更好地作出职业生涯规划，更好地安排未来，谋求一生的幸福。

自我分析也称自我认知，是对自己进行全面准确的分析，通过认识和了解自己的各方面特点，准确定位自己的过程。自我评估时要对自己进行深入分析和探索，要全方位审视自己。大学生的自我分析主要包括外在自我分析（如性别、身高、形态、外貌等）和内在自我分析（如性格、兴趣、能力、价值观等）。

8.1.1 外在自我分析

在认识自己的过程中，首先要考虑个人的生理因素。生理特征是我们自己无法选择的，例如性别、身高、体形等。而有些职业是要求具有特殊生理特征的，如篮球运动员对身高、体态都有一定的要求；模特对外貌、身高、形态等方面也有特殊的要求。如果一个人的生理特征与所理想的职业要求差距太大，那么他就必须付出比常人更多的努力和艰辛才能达到该职业的要求。例如，残奥会上的运动员所付出的汗水和努力比常人多得多，所承受的压力和痛苦也是无法想象的。因此，在自我评估时，我们应该想清楚是否要选择在自己生理特征允许范围外的职业，是否做好准备去承受未来的一切。

8.1.2 内在自我分析

8.1.2.1 性格

俗话说“性格决定命运”。心理学专家认为，根据自己的性格来选择职业，能使自己的行为与工作相吻合，使自己的聪明才智和一技之长得到最大限度发挥，从而游刃有余地干好本职工作。而如果性格与职业不匹配，可能会引发很多问题。例如，一个性格冲动、做事鲁莽的人从事教育、医疗等服务行业，可能会给单位和个人带来严重的损失，以至于找不到立足之地，无益于以后的发展。又如，一位性格内向、不善交流、羞怯的人选择外贸、销售等行业，不仅得不到领导的欣赏，自己也将失去自信心，做起工作来也是郁郁寡欢。近年来，有一些用人单位在遴选人才时提出了一种新的理念，认为性格要比能力更重要。如果一个人能力不足，可以通过培训来提高，但是如果性格与职业不匹配，要改变就很难。当今的一些大企业（如华为、通用电气）在招聘员工时，往往把对性格的测验放在首位，当性格与职业匹配时，才对其能力等其他方面进行进一步的考核。因此，我们应根据自己的性格选择合适的职业，这样才能更有针对性、更高效地工作，在工作中如鱼得水，从而充分体现自我价值，获得自我成就感。

心理学家通过对职业选择的研究，总结出一些对性格进行测验的量表或者其他工具，用来帮助人们判定自己的性格类型，为择业做好准备。比较常用的有迈尔斯布里格斯类型指标（mayer-briggs type indicator，MBTI）及大五人格测验（big five inventory，BFI），我们可以根据这些测验性格的量表来了解自己的性格特征。

【大五人格测验】

大五人格测验是最常用的测量人格特质的量表。它是以戈登伯格（Goldberg）的“大五”人格结构理论为基础发展而来的人格测验量表。这五个维度是开放性（openness）、尽责性（conscientiousness）、外倾性（extraversion）、宜人性（agreeableness）、神经质（neuroticism），又被称为人格的海洋（ocean）。常用的大五人格测验量表（简体版）共有60道题，采用五级评分的方法，主要内容如下：

这里有一些对人格特点的描述，可能适合你也可能不适合你。请在每个描述旁边写下相应的数字，表明你在多大程度上同意或不同意该描述。

1	2	3	4	5
非常不同意	有点不同意	无所谓	有点同意	非常同意

1. 我不是一个容易忧虑的人。
2. 我喜欢我的周围有许多朋友。
3. 我喜欢沉浸于幻想和白日梦中。
4. 我尽量有礼貌地对待遇到的每一个人。
5. 我让自己的东西经常保持整洁、干净。
6. 我有时候会发怒、充满怨恨。
7. 我很容易发笑。
8. 我喜欢培养和发展新的兴趣爱好。
9. 我有时会采取威胁或奉承等方式说服别人按我的意愿去做。
10. 我擅长安排好自己的工作进度，以保证按时完成任务。
11. 当面对极大的压力时，有时我会感觉好像就要垮掉了。
12. 我喜欢那些可以独立完成、不受别人打扰的工作。
13. 我对自然环境和艺术作品中蕴涵的美非常着迷。
14. 有些人认为我有点儿以自我为中心，很少考虑别人的感受。

15. 许多时候，等到事到临头了，我才发现还没有做好准备。
16. 我很少感到孤独和忧郁。
17. 我乐于跟别人聊天。
18. 我觉得让学生接触有争议的学说或者言论会混淆、误导他们的思想。
19. 如果有人挑起争端，我随时准备反击。
20. 对于分配给我的一切任务，我都会尽量认真地去完成。
21. 我经常感到紧张、心神不宁。
22. 我喜欢剧烈的运动或极限运动。
23. 我对诗歌没什么感觉。
24. 我觉得自己比周围大多数人更优秀。
25. 我有明确的目标，并且能有条不紊地向它迈进。
26. 我有时感到自己一文不值。
27. 我经常会回避人较多的场合。
28. 让大脑无拘无束地进行想象对我来说是一件困难的事。
29. 如果受到别人粗暴无礼的对待，我会尽量原谅他们，并且让自己忘记这件事。
30. 在开始着手学习或工作之前，我常常会浪费很多时间。
31. 我很少感到恐惧或者焦虑。
32. 我常常感到自己精力非常旺盛，并充满了能量。
33. 我很少留意自己在不同情境下的情绪变化或感觉变化。
34. 人性是善良的。
35. 我努力做事以达到既定的目标。
36. 别人对待我的方式常使我感到愤怒。
37. 我是一个乐观开朗的人。
38. 我经常体验到许多不同的感受或情绪。
39. 很多人觉得我对人冷淡，常常和别人保持一定距离。
40. 一旦做出了承诺，我通常会贯彻到底。
41. 当事情不顺利时，我常常会感到泄气，想要放弃。
42. 我不太喜欢与别人聊天，很少从中获得太多的乐趣。
43. 阅读一首诗或者欣赏一件艺术品时，有时我会感到非常兴奋或喜悦。
44. 我是一个固执倔强的人。
45. 有时候，我并不是那么可靠和值得信赖。
46. 我很少感觉忧伤或沮丧。
47. 我的生活节奏很快。
48. 对于思考宇宙规律或人类生存状况，我没有什么兴趣。
49. 我尽量对他人做到体贴周到。
50. 我是一个很有做事能力的人，做事情总是善始善终。

51. 我经常有无助的感觉，希望有人能帮我解决问题。

52. 我是一个十分积极活跃的人。

53. 我对很多事物都十分好奇，充满求知欲。

54. 如果我不喜欢某一个人，我会让他知道。

55. 好像我总是不能把事情安排得井井有条。

56. 有时候我会感到非常羞愧，以至于只想躲起来，不想见任何人。

57. 我宁愿自己独自做事，不喜欢指挥别人。

58. 我喜欢研究理论和抽象的问题。

59. 如果有必要的话，我会利用别人来达到自己的目的。

60. 对于每件事，我都力求做到最好。

大五人格测验量表的评分标准如下：

1. 神经质：1、6、11、16、21、26、31、36、41、46、51、56，其中1、16、31、46为反向计分。该维度评估的是情感的调节和情绪的不稳定性，得分高的人倾向于有心理压力、有不现实的想法、有过多的要求和冲动及不适应环境的应对反应。

2. 外倾性：2、7、12、17、22、27、32、37、42、47、52、57，其中12、27、42、57为反向计分。该维度反映了人际互动的数量和密度、对社交刺激的需要及获得愉悦的能力。

3. 开放性：3、8、13、18、23、28、33、38、43、48、53、58，其中18、23、28、33、48为反向计分。该维度反映了对经验的开放性、对经验本身的积极寻求和欣赏及对不熟悉情景的容忍和探索。

4. 宜人性：4、9、14、19、24、29、34、39、44、49、54、59，其中9、14、19、24、39、44、54、59为反向计分。该维度反映了个体对别人持有的态度，包括亲近的、有同情心的、信任别人的、心软的、宽大的等方面，也包括敌对的、爱摆布人的、复仇心重的、无情的等方面。

5. 尽责性：5、10、15、20、25、30、35、40、45、50、55、60，其中15、30、45、55为反向计分。该维度评估个体在目标导向行为上的组织、坚持和动机。这个维度把可信赖的、讲究的个体同懒散的、马虎的个体进行比较，同时反映个体自我控制的程度和延迟需求满足的能力。

资料来源：笔者根据网络资料整理。

8.1.2.2 兴趣

兴趣是指一个人喜爱或喜欢做的事情，但这并不意味着他一定特别擅长做这些事情。当一个人对某一事物产生十分浓厚的兴趣时，他就会对这个事物保持充分的注意，并进行积极的探索活动。当兴趣直接指向与我们的职业有关的活动时，就被称为职业兴趣。研究者认为，被用于职业选择的兴趣是最重要的特质（Sharf，1997），它会影响人的职业定位和职业选择，激发人的潜能，增强人的职业适应性和稳定性。

兴趣和爱好是受社会环境制约的，不同的环境、不同的文化层次、不同的职业的人，兴趣和爱好也会有所差别。不同的职业也需要不同兴趣的人，一个喜欢技能操作的人，能够靠他灵巧的双手在技能操作领域里得心应手，但如果硬是要让他把兴趣放到书本中的理论知识上，他就会感到处处掣肘，没有用武之地。美国著名心理学教授、职业教育专家约翰·霍兰德（John Holland）结合其实践研究及现有职业分类提出了职业兴趣理论，他把职业兴趣分为六种，分别是实际型（realistic）、研究型（investigative）、艺术型（artistic）、社会型（social）、企业型（enterprising）和传统型（conventional）。他认为职业兴趣与职业环境的模式是否匹配是决定成功与否的最关键因素之一。

霍兰德根据职业兴趣理论进一步开发出了相应的职业兴趣量表。霍兰德职业兴趣量表是目前使用最广泛的一种职业兴趣量表，它可以很清楚地量化个体的兴趣和能力，结果简洁直观。该量表的中国版本在修订过程中充分考虑了中国的具体国情及中国的广大学生和工作者的实际情况，是目前职业咨询和生涯规划中应用最广泛的一种辅助工具之一。通过职业兴趣量表的测试，我们可以非常清晰地了解自己的职业兴趣类型和在职业选择中的主观倾向，从而在纷繁的职业机会中寻找到最适合自己的职业，有效避免职业选择中的盲目行为。霍兰德的职业兴趣理论可以帮助我们做好职业选择和职业设计，从整体上认识、发展自己的职业能力和职业兴趣，适时进行职业调整，从而帮助我们顺利走向职业成功。

8.1.2.3　能力

能力，就是对一项活动的胜任力，是指一个人现在知道或能够做到的事情。比如我们参加一门大学课程考试，是对我们目前能力的一种测验。能力有高低之分，也有不同种类之分。在大学校园里，大部分同学之间的智力水平并没有太大的差异，更多的是能力擅长的种类不同。比如有的人语言能力较强，善于表达自己的观点；有的人数理能力较强，能够较快地进行逻辑推理。因此，了解自己的优势能力，注意个人能力与职业类型相匹配，是做好职业选择的重要基础。

能力又可以分为一般能力和特殊能力，一般能力指多数活动共同需要的能力，如语言表达能力、感知记忆能力、人际交往能力等。特殊能力指在特殊活动领域内表现出来的完成相关活动必不可少的能力。数学能力、绘画能力、文学写作能力、表演能力、音乐能力等都是特殊能力。拥有一种或几种特殊能力往往能使人从众多求职者中脱颖而出。随着社会的发展，企业对大学生各方面能力的要求也越来越高。因此，我们在选择职业时，必须了解自己的优势所在，了解自己的能力在哪方面表现得更突出、能力的大小如何，然后再做出选择。这有助于我们择业的成功，也能促进在今后的工作中实现自我价值，增强自信心。

8.1.2.4　价值观

对古代人来说，“他乡遇故知”“久旱逢甘霖”“洞房花烛夜”“金榜题名时”是人生四大乐事。对于现代的我们来说，最值得庆幸、最感到快乐的事情又有哪些呢？每个人都会有自己的答案。判断一件事情的好坏，其实并不在于某些客观的外在标准，而是在于人们主观的内在看法，这就是价值观。

价值观是一种内心尺度，是指一个人对周围客观事物（如人、事、物）的意义、重要性的总体评估或总的看法。简而言之，在我们的生命中，什么是最重要的，什么让我们最重视，我们最需要什么，我们生命的意义是什么，这就是我们的价值观。

职业价值观在于探讨我们在职业选择和职业生活中，对职业方向和职业选择持有的基本观点和判断，是我们在一定的世界观、人生观和价值观的指导下，对我们未来所从事的职业和发展目标的基本认识和态度。在众多的价值取向里，优先考虑哪种价值是价值观取向最重要的内容。目前我们的职业价值观从价值基础上大体可分为以下四种类型：

第一种：社会价值型。这种职业价值观从国家和社会的需要出发，以事业为重，个人的需要服从国家和社会的需要。很多学生能够响应国家号召，到军营、基层、西部偏远山区及生产的第一线去，以在平凡的工作岗位上做出不平凡的成绩为荣。

第二种：个人价值型。这种职业价值观把能否发挥个人聪明才智作为出发点，把发挥个人才能置于首位。持有这种价值观的人在选择职业时，通常会考虑在哪种行业、哪个部门工作更符合自己的兴趣、特长，能够更好地发挥自己的才华，体现自己的价值。

第三种：经济收入型。这种职业价值观把经济收入作为出发点，把个人的经济收入置于首位。这些学生在选择职业时普遍比较倾向于高薪行业，把能赚大钱、有较高收入作为选择职业时主要考虑的因素。

第四种：社会交往型。这种职业价值观主要以结交更多朋友为出发点，把人际关系开发置于首位。这些学生在选择职业时偏重于与人打交道的行业和职业，特别是与高端消费者接触交往，通过这个方式建立广泛的人际交往渠道，为日后谋求更大的发展做准备。

我们的价值观是在成长的过程中潜移默化地形成的，受社会价值、家庭熏陶、信仰以及周围环境和学校学习的影响。社会价值是多元的，当我们面临职业、事业、家庭和生活的选择时，需要清楚地知道对自己最重要的是什么。

【知识链接】

MBTI 性格类型指标

MBTI 性格类型理论是目前国际上最权威、受到最广泛认可的理论之一。MBTI 类型指标是一种迫选、自我报告式的性格评估测试。它源自瑞士著名的心理分析学家卡尔·荣格（Carl Jung）有关人格中知觉、判断和态度的心理类型理论，后经美国心理学家凯瑟琳·布里格斯（Katherine Cook Briggs，1875—1968 年）和她的心理学家女儿伊莎贝尔·迈尔斯（Isabel Briggs Myers）的研究和发展，现已被广泛地应用于职业发展、职业咨询、团队建议、婚姻教育等方面，是目前国际上应用最广泛的职业规划和性格测评理论之一。据统计，世界前100强公司中有89%的公司引入使用MBTI性格类型指标作为员工和管理层自我发展、改善沟通、提升组织绩效的方法。

根据MBTI理论，大部分人在20岁以后会形成稳定的MBTI类型。当然，MBTI会随着年龄的增加、经验的丰富而发展完善。每种个性类型均有相应的优点和缺点、适合的工作环境、适合自己的岗位特质。使用MBTI的关键在于如何将个人的人格特点与职业特点进行结合。

MBTI理论认为，一个人的个性可以从如下四个维度进行分析：

(1) 驱动力的来源：外向—内向（Extroversion-Introversion，E-I）。外向是指将注意力和能力主要指向外部的人和事，内向则是指将注意力和能力集中于内部世界。荣格认为，这种态度的差异形成了一种人格能量的张力，外向者习惯于外界活动，喜欢与人打交道；内向者则喜欢安静、独处或一对一的人际交往。

(2) 接收信息的方式：感觉—直觉（Sensing-Intuition，S-N）。感觉和直觉是我们感知世界、获取信息的两种方式，感觉型的人通过自己的感官来感知外部环境、获取信息，着眼于现在；直觉型的人则习惯通过想象等超越感官知识的方式来获取信息，他们对抽象的事物和未来有明显偏好。

(3) 决策的方式：思维—情感（Thinking-Feeling，T-F）。思维和情感是我们对获取到的信息如何做决定并得到结果的方式。思维型的人往往通过数据分析来作出符合逻辑的客观选择；情感型的人则习惯于通过自己的价值判断来作出主观的评价。

(4) 对待不确定的态度：判断—知觉（Judging-Perceiving，J-P）。判断和知觉是关于我们如何对作出的决策采取行动的两种态度。持有判断型态度的人往往通过思维和情感去组织计划和调控自己的生活；持有知觉型态度的人则倾向于通过感觉和直觉去做决定。

对这四个维度的回答将得出你的类型偏好。偏好是一种特定的行动和思维方式，无好坏之分。偏好类型由4个字母组成，编码顺序是E或I，N或S，F或T，P或J。例如INTJ代码表示的是这样一种人：内向（I），习惯于通过直觉（N）来获取信息，依据思维（T）来作决定，主要通过判断（J）的态度来与外界发生联系。

MBTI类型中的偏好有助于解释人们考虑问题时的差异，4个字母的代码两两组合代表了16种可能的偏好类型。表8-1列出了每种类型的特征。当然，人类的偏好远远不只这16种，它仅仅提供了对人类偏好的一部分描述。MBTI不会告诉你你一定是什么样子的，它仅仅是提供你对该量表的回答所提示的可能性的选择。另外，4个字母代码中的主导偏好并不意味着你就不具备那些不占主导地位的偏好。如一个外向的人有时也可能会喜欢一个人独处，而一个内向的人有时也喜欢社交。主导的偏好只是表明它是一个人最习惯的方式。

知道自己的MBTI类型，可以帮助我们了解自己的职业倾向。有研究表明S-N和T-F两种维度的组合ST、SF、NF、NT与职业的选择更为相关。SF型的人喜欢通过实践的方式帮助别人，比如健康护理和教育领域。例如，一位SF型的心理咨询专业硕士更关注自己的管理和督导技能，以发展和促进同事之间的有效沟通。ST型的人倾向于关注通过实效和实际的方式应用详细资料，如商业领域。例如，一位ST型的心理咨询专业硕士很可能会成为心理测评及应用方面的专家。NF型的人希望能通过在宗教、咨询和艺术等领域的工作来帮助别人。例如，一位NF型的心理咨询专业硕士将成为临床专家来帮助人们成长和发展，学习如何更好地了解自己和他人。NT型的人则更关注理论框架，如科学、技术和管理、喜欢挑战等。例如，一位NT型的心理咨询专业硕士将运用他的战略重点和管理技巧，成为人力资源领域的管理者。

16种类型各有其职业倾向（见表8-1）。职业倾向的描述都是从大的类别来描述的，因而我们在理解自己的职业倾向时，不要局限于类别名称的描述，而要关注跟这一类别相对应的工作具有什么样的特点。

表8-1　MBTI 16种性格类型的职业倾向

ISTJ 管理者 行政管理 执法者 会计 或者其他能够让他们可以利用自己的经验和对细节的注意完成任务的职业	ISFJ 教育 健康护理（包括生理、心理） 宗教服务 或者其他能够让他们运用自己的经验亲力亲为帮助别人的职业，这种帮助是协助或辅助性的	INFJ 宗教 咨询服务（包括个人、社会、心理等） 教学/教导 艺术 或者其他能够促进他们情感、智力或精神发展的职业	INTJ 科学或技术领域 计算机 法律 或者其他能够让他们运用智力创造和技术知识去构思、分析和完成任务的职业
ISTP 熟练工种 技术领域 农业 执法者 军人 或者其他能够让他们动手操作、分析数据或事情的职业	ISFP 健康护理（包括生理、心理） 商业 执法者 或者其他能够让他们运用友善、专注于细节的相关服务的职业	INFP 咨询服务（包括个人、社会、心理等） 写作 艺术 或者其他能够让他们运用创造和集中于他们的价值观的职业	INTP 科学或技术领域 或者其他能够让他们基于自己的专业技术知识独立、客观分析问题的职业

表8-1(续)

ESTP	ESFP	ENFP	ENTP
市场 熟练工种 商业 执法者 应用技术 或者其他能够让他们利用行动关注必要细节的职业	健康护理（包括生理、心理） 教学/教导 教练 儿童保育 熟练工种 或者其他能够让他们利用外向的天性和热情去帮助那些有实际需要的人们的职业	咨询服务（包括个人、社会、心理等） 教学/教导 宗教 艺术 或者其他能够让他们利用创造和交流去帮助促进他人成长的职业	科学 管理者 技术 艺术 或者其他能够让他们有机会不断尝试新的挑战的工作
ESTJ	**ESFJ**	**ENFJ**	**ENTJ**
管理者 行政管理 执法者 或者其他能够让他们运用对事实的逻辑和组织完成任务的职业	教育 健康护理（包括生理、心理） 宗教 或者其他能够让他们运用个人关怀为他人提供服务的职业	宗教 艺术 教学/教导 或者其他能够让他们帮助别人在情感、智力和精神上成长的职业	管理者 领导者 或者其他能够让他们运用实际分析、战略计划和组织完成任务的职业

每一个偏好和类型没有好坏、对错之分，每种类型都是独特的，都会在适合的环境中发挥自己的特点。世界上没有绝对适合某种性格的职业，也没有绝对不适合某种性格的职业，懂得用己所长，避己所短，整合资源，才是解决问题之道。

资料来源：笔者根据网络资料整理。

【心理导航】

职业倾向测验量表

本测验量表将帮助我们发现并确定自己的职业兴趣和能力特长，并提供可能适合我们的职业类型，从而帮助我们更好地作出求职择业或专业选择的决策。

本测验共包含七个部分，每部分测验没有具体的时间限制，请你尽快按要求完成。

第一部分 你心目中的理想职业

对于未来的职业，你肯定早有考虑，它可能是抽象的、朦胧的，也可能是很具体、清晰的。不论是哪种情况，现在都请你把自己最想干的3种工作，按意愿顺序写下来，并说明理由。

A. 市场销售类

B. 运营类（包括生产、计划、质量管理、物流、采购、供应链、技术、研发）

C. 人力资源管理

D. 财务、会计、投资、兼并

E. 创业者

F. 其他（请说明）

1. 职业：________________

理由：____

____

2. 职业：________________

理由：____

____

3. 职业：________________

理由：____

____

第一部分已完成。现在请你继续进行第二部分。

以下第二、三、四部分每个类别下的每个小项皆为“是”“否”选择题，请选出比较适合你的，与你的情况相符合的项目，并按有一项符合计 1 分的规则统计分值，完成后将相应的分值填写在第六部分的统计项目中。

第二部分　你所感兴趣的活动

表 8-2 列举了若干种活动，请判断你是否喜欢这些活动。这些活动无所谓好坏，如果你喜欢，计 1 分，不喜欢的不计分。这一部分测验主要是想确定你的职业兴趣，而不是让你选择工作，你喜欢某种活动并不意味着你以后一定要从事这种活动。答题时不用考虑过去是否干过或者是否擅长这种活动，只根据你的兴趣直接判断即可。请务必做完每一道题目。

表 8-2　感兴趣的活动

R：实际型活动	A：艺术型活动
1. 装配修理电器或玩具	1. 素描、制图或绘画
2. 修理自行车	2. 参加话剧、戏剧
3. 用木头做东西	3. 设计家具、布置室内
4. 开汽车或摩托车	4. 练习乐器、参加乐队
5. 用机器做东西	5. 欣赏音乐或戏剧
6. 参加木工技术学习班	6. 看小说、读剧本
7. 参加制图描图学习班	7. 从事摄影创作
8. 驾驶卡车或拖拉机	8. 写诗或吟诗
9. 参加机械和电气学习班	9. 进艺术（美术、音乐）培训班
10. 装配修理机器	10. 练习书法

表8-2(续)

I：调查型活动	S：社会型活动
1. 读科技图书或杂志 2. 在实验室工作 3. 改良水果品种，培育新的水果 4. 调查了解土和金属等物质的成分 5. 研究自己选择的特殊问题 6. 解算术或数学游戏 7. 物理课 8. 化学课 9. 几何课 10. 生物课	1. 学校或单位组织的正式活动 2. 参加某个社会团体或俱乐部活动 3. 帮助别人解决困难 4. 照顾儿童 5. 出席晚会、联欢会、茶话会 6. 和大家一起出去郊游 7. 想获得关于心理方面的知识 8. 参加讲座会或辩论会 9. 观看或参加体育比赛和运动会 10. 结交新朋友
E：事业型活动	**C：常规型活动**
1. 鼓动他人 2. 卖东西 3. 谈论政治 4. 制订计划、参加会议 5. 以自己的意志影响别人的行为 6. 在社会团体中担任职务 7. 检查与评价别人的工作 8. 结交名流 9. 指导有某种目标的团体 10. 参与政治活动	1. 整理好桌面与房间 2. 抄写文件和信件 3. 为领导写报告或公务信函 4. 检查个人收支情况 5. 打字培训班 6. 参加算盘、文秘等实务培训 7. 参加商业会计培训班 8. 参加情报处理培训班 9. 整理信件、报告、记录等 10. 写商业贸易信

第三部分　你所擅长或胜任的活动

表8-3从六个方面分别列举了一些十分具体的活动，用来确定你具备哪一方面的工作特长。回答时，只需要考虑你过去或现在对所列活动是否擅长、是否胜任，而不用考虑你是否喜欢这种活动。如果你认为你擅长从事某一活动，就计1分，如果不擅长就不计分。注意，你如果从未从事过某一活动，那就请考虑一下你将来是否会擅长从事该项活动。请务必做完每一道题。

表8-3　擅长或胜任的活动

R：实际型能力	A：艺术型能力
1. 能使用电锯、电钻和锉刀等木工工具 2. 知道万用电表的使用方法 3. 能够修理自行车或其他机械 4. 能够使用电钻订、磨床或缝纫机 5. 能给家具和木制品刷漆 6. 能看建筑设计图 7. 能够修理简单的电器用品 8. 能修理家具 9. 能修理收录机 10. 能简单地修理水管	1. 能演奏乐器 2. 能参加二部或四部合唱 3. 独唱或独奏 4. 扮演剧中角色 5. 能创作简单的乐曲 6. 会跳舞 7. 能绘画、素描或书法 8. 能雕刻、剪纸或泥塑 9. 能设计板报、服装或家具 10. 能写一手好文章

表8-3(续)

I：调研型能力	S：社会型能力
1. 懂得真空管或晶体管的作用	1. 有向各种人说明解释的能力
2. 能够列举三种蛋白质多的食品	2. 常参加社会福利活动
3. 理解铀的裂变	3. 能和大家一起友好相处地工作
4. 能用计算尺、计算器、对数表	4. 善于与年长者相处
5. 会使用显微镜	5. 会邀请人、招待人
6. 能找到三个星座	6. 能简单易懂地教育儿童
7. 能独立进行调查研究	7. 能安排会议等活动顺序
8. 能解释简单的化学	8. 善于体察人心和帮助他人
9. 能理解人造卫星为什么不落地	9. 帮助护理病人和伤员
10. 经常参加学术会议	10. 安排社团组织的各种事务
E：事业型能力	**C：常规型能力**
1. 担任过学生干部并且干得不错	1. 会熟练的打印中文
2. 工作上能指导和监督他人	2. 会用外文打字机或复印机
3. 做事充满活力和热情	3. 能快速记笔记和抄写文章
4. 有效利用自身的做法调动他人	4. 善于整理保管文件和资料
5. 销售能力强	5. 善于从事事务性的工作
6. 曾作为俱乐部或社团的负责人	6. 会用算盘
7. 向领导提出建议或反映意见	7. 能在短时间内分类和处理大量文件
8. 有开创事业的能力	8. 能使用计算机
9. 知道怎样做能成为一个优秀的领导者	9. 能搜集数据
10. 健谈善辩	10. 善于为自己或集体做财务预算表

第四部分　你所喜欢的职业

表 8-4 列举了多种职业，请认真地看完并选择你感兴趣的工作，有一项计 1 分，不太喜欢或不关心的工作不选，不计分。请务必做完每一道题。

表 8-4　喜欢的职业

R：实际型职业	S：社会型职业
1. 飞机机械师	1. 街道、工会或妇联干部
2. 野生动物专家	2. 小学、中学教师
3. 汽车维修工	3. 精神病医生
4. 木匠	4. 婚姻介绍所工作人员
5. 测量工程师	5. 体育教练
6. 无线电报务员	6. 福利机构负责人
7. 园艺师	7. 心理咨询员
8. 长途公共汽车司机	8. 共青团干部
9. 电工	9. 导游
10. 火车司机	10. 国家机关工作人员

表8-4(续)

I：调研型职业	E：事业型职业
1. 气象学或天文学者 2. 生物学者 3. 医学实验室的技术人员 4. 人类学者 5. 动物学者 6. 化学学者 7. 数学学者 8. 科学杂志的编辑或作家 9. 地质学者 10. 物理学者	1. 厂长 2. 电视制片人 3. 公司经理 4. 销售员 5. 不动产推销员 6. 广告部长 7. 体育活动主办者 8. 销售部长 9. 个体工商业者 10. 企业管理咨询人员
A：艺术型职业	**C：常规型职业**
1. 乐队指挥 2. 演奏家 3. 作家 4. 摄影家 5. 记者 6. 画家、书法家 7. 歌唱家 8. 作曲家 9. 电影电视演员 10. 电视节目主持人	1. 会计师 2. 银行出纳员 3. 税收管理员 4. 计算机操作员 5. 簿记人员 6. 成本核算员 7. 文书档案管理员 8. 打字员 9. 法庭书记员 10. 人员普查登记员

第五部分　你的能力类型简评

表8-5、表8-6是你在6个职业能力方面的自我评定表。你可以先与同龄人比较出自己在每一方面的能力，然后斟酌后对自己的能力作出评估。请在表中适当的数字上画圈，数值越大表明你的能力越强。

注意，请不要画同样的数字，因为人的每项能力是不会完全一样的。

表8-5　职业能力自我评定表（1）

R型	I型	A型	S型	E型	C型
机械操作能力	科学研究能力	艺术创作能力	解释表达能力	商业洽谈能力	事务执行能力
7	7	7	7	7	7
6	6	6	6	6	6
5	5	5	5	5	5
4	4	4	4	4	4
3	3	3	3	3	3
2	2	2	2	2	2
1	1	1	1	1	1

表 8-6 职业能力自我评定表（2）

R 型	I 型	A 型	S 型	E 型	C 型
体育技能	数学技能	音乐技能	交际技能	领导技能	办公技能
7 6 5 4 3 2 1	7 6 5 4 3 2 1	7 6 5 4 3 2 1	7 6 5 4 3 2 1	7 6 5 4 3 2 1	7 6 5 4 3 2 1

第六部分 统计和确定你的职业倾向

表 8-7 职业倾向统计表

测试内容		R 型 实际型	I 型 调查型	A 型 艺术型	S 型 社会型	E 型 事业型	C 型 常规型
第二部分	兴趣						
第三部分	擅长						
第四部分	喜欢						
第五部分 A	能力						
第五部分 B	技能						
总分							

请将表 8-7 中的 6 种职业倾向的总分按大小顺序依次从左到右重新排列：

_____型、_____型、_____型、_____型、_____型、_____型

得分最高的职业类型意味着最适合你的职业，假如你在 I 型上得分最高，说明你适合做自然科学方面的研究工作，如气象研究、生物学研究、天文学研究或科学杂志编辑等。其余类推。

如果最适合你的工作和你在第一部分所写的理想工作之间不太一致，或者在各种类型的职业上你的能力和兴趣不太匹配，那么请你参照第七部分——职业价值观来作出最佳选择。例如，你在第二部分 I 型上得分最高，但在第三部分 A 型上得分高，那么请参考你最看重的因素：假如你最看重（8）能充分发挥自己的能力特长或（2）工作环境（物质方面）舒适，那么 A 型工作最适合你；假如你最看重（10）能从事自己感兴趣的工作或（4）工作稳定有保障，那么 I 型工作最适合你；假如你最看重的是其他因素，那么请向专家咨询，选择与你的职业价值观最接近的工作。

第七部分 你所看重的东西——职业价值观

这一部分测验列出了人们在选择工作时通常会考虑的 10 种因素（见下文附：

工作价值标准）。现在请你在其中选出最重要的两项因素，并将它们填在下面相应空格上。

最重要：________　次重要：________

最不重要：________　次不重要：________

附：工作价值标准

1. 工资高、福利好

2. 工作环境（物质方面）舒适

3. 人际关系良好

4. 工作稳定有保障

5. 能提供较好的受教育机会

6. 有较高的社会地位

7. 工作不太紧张、外部压力小

8. 能充分发挥自己的能力特长

9. 社会需要与社会贡献大

10. 能从事自己感兴趣的工作

以上全部测验完毕。

现在请将你测验得分居第一位的职业类型找出来，对照霍兰德职业索引——职业兴趣代码与其相应的职业对照表（见表 8-8），判断一下自己适合的职业类型。

表 8-8　霍兰德职业索引——职业兴趣代码与其相应的职业对照表

代号	类型	职业
R	实际型	木匠、农民、飞机机械师、火车司机、操作 X 光的技师、鱼类和野生动物专家、长途公共汽车司机、工程师、自动化技师、机械工（车工、钳工等）、无线电报务员、电工、修理机器员、机械制图员、电器师
I	调查型	气象学家、生物学者、药剂师、动物学者、化学家、天文学家、科学报刊编辑、科技作者、科研人员、地质学者、物理学家、植物学者、数学家、实验员
A	艺术型	室内装饰专家、摄影家、图书管理专家、音乐教师、作家、演员、记者、作曲家、编剧、雕刻家、诗人、漫画家
S	社会型	社会学者、导游、咨询人员、精神病工作者、福利机构工作者、社会工作者、社会科学教师、学校领导、公共保健护士
E	事业型	推销员、进货员、商品批发员、饭店经理、广告宣传员、调度员、律师、政治家、旅馆经理、零售商
C	常规型	记账员、会计、计算机操作员、银行出纳、法庭速记员、税务员、成本估算员、核算员、打字员、办公室职员、统计员、秘书

你可以在线搜索与 3 个代号的职业兴趣类型一致的职业表，对照的方法如下：首先根据你的职业兴趣代号，在职业表中找出相应的职业，例如你的职业兴趣代号

是RIA，那么牙科技术人员、陶工等是适合你兴趣的职业。然后寻找与你的职业兴趣代号相近的职业，如你的职业兴趣代号是RIA，那么，其他由这三个字母组合成的编号（如IRA、IAR、ARI等）对应的职业，也较适合你的兴趣。

【心理自助训练】

1. 根据自己的实际情况，结合生理特征、性格、兴趣、能力、价值观等方面对自我进行外在和内在的全面分析。

2. 根据霍兰德职业兴趣测验提供的可能职业类型，选择一项职业并进行应聘简历的书写，重点分析自己的性格、兴趣、能力、价值观与该岗位的匹配程度，并总结自己存在的不足。

8.2 职业发展规划

【导入故事】

去还是留？——规划好您的职业生涯

目前，小阳是X公司IT部门的一名员工。在大学四年级时，小阳在一家软件公司实习，实习薪水2 000多元。临近毕业时，X公司的老总给他打了个电话，欲请他帮忙建设企业网络，他们公司正在投资6 000万元建设厂房和办公大楼。小阳欣然答应。

之后，小阳就帮忙负责设计网络、招标、采购设备等。X公司的老总十分器重他，他也觉得这样的工作非常充实、愉快。后来，小阳就没去原来的软件公司实习了，而是留在了X公司实习。尽管实习工资不高，但工作比较充实，是负责弱电工程（网络、监控、电话、有线电视）的具体实施。

当时，小阳就立志以后做一个首席信息官（chief information officer，CIO），为这家公司的信息化建设做出点成绩。后来，小阳满腔热情地报名参加了“助理企业信息管理师”考试，并拿到了合格证书。毕业后，他很自然地就留在了这家公司。

经过两年的锻炼，小阳渐渐成了IT部门的骨干，相当于部门主管。虽然部门的人不多，但工作比较充实。小阳的日常工作主要是负责维护弱电系统、电脑维修、软件安装、网络维护以及有关信息化项目的鉴定验收资料（是一个市级项目，主要是验收公司的智能设备），偶尔也给老总做个演讲文件等，但是至今没有实施过任何信息系统。

公司的一个副总曾对小阳说他很看重小阳。小阳感觉自己很受领导器重。

又过了两年，小阳慢慢开始觉得心里有些不平衡了。现在公司的信息化一直没有新的进展，缺乏锻炼的机会。另外，作为传统企业的IT部门，尽管做的事情不少，可薪水不高，远远没有一些软件公司的工资高。

小阳很困惑。目前，IT 部门的职能就是维护系统和网络，仅仅是一个“修理工”的角色。想提高技术吧，又缺少实践的机会；想深入行业中涉足管理，使 IT 部门日后成为信息化实施方面的主导吧，又觉得没有那个能力，尤其是信息化战略规划，一般是由专业的咨询公司才能做的工作，IT 部门怎么能做得好呢？

当前，小阳遇到了一个跳槽的机会。有一家软件公司要挖他，想让他做一些具体的软件开发方面的工作，薪水比现在要高。

小阳非常困惑，到底是去还是留？如果留下，是不是一辈子都要干“修理工”的活儿呢？如果跳槽，又背离了自己立志朝“企业信息化”方向发展的初衷。

一般情况下，IT 部门在企业中的地位往往决定了该部门人员的职业发展走向。在一些信息化做得好的企业，IT 部门的地位相对比较高，IT 人员的发展前景就比较好。相反，对于一些信息化起步比较晚的企业，IT 人员的职业前景就相对黯淡。

IT 人员应该如何规划自己的职业发展方向呢？面对当前的困惑与外界的诱惑，小阳是去还是留？

【故事点评】

在合适的时机为自己规划未来发展的方向，能够让自己既安心在目前所在岗位上积累学习，又能促使个人的职业发展曲线保持上升的发展趋势。

从职业发展周期来看，毕业四年的小阳，此时正处在一个自我反省与客观环境评价进行对比的“矛盾动荡期”。一方面，经过几年工作的积累和学习后，自己是否已经获得了一定的能力和经验；另一方面，企业所提供的机会和资源是否能够满足自己职业发展的需要？在两方面比较与评价之后，再来全面思考个人未来的职业发展方向。

小阳从大学刚毕业就有了自己明确的目标——成为企业的 CIO，并且为这个目标而不断地努力。这和那些只求在公司中有“一口饭吃”，或谋得“一官半职”就满足的人们相比，他有着更清楚的奋斗目标。也正因如此，他才会陷入“痛苦的抉择”中。但是，由于小阳狭隘地理解了“目标”和职业发展之间的差别，小阳才会陷入过于具体且狭窄的目标中，反而缺乏客观地评价自己与外部环境的能力。这一点很大程度上是与不清楚职业发展规划和发展规律有关，而只是粗浅地将“目标”等同“方向”，才导致“抉择”的问题。

那么，“职业发展规划”在规划什么（what）？在何种时机下进行规划（when）？应该如何来进行规划（how）？这是所有与小阳有着类似困惑的人们首先要回答的问题。

8.2.1　职业发展规划概述

如果把一个人的职业生涯比作一次旅行，那么出发之前最好先设定旅游线路，这样既不会错过梦想已久的地方，也不会历经千辛万苦却去到了并不喜欢的景点。

职业发展规划是指一个人对其一生中所承担职务的相继历程的预期和计划。例如，一个人打算选择什么样的行业，什么样的职业，什么样的组织，想达到什么样的成就，想过一种什么样的生活，如何通过学习与工作达到预期的目标。从个人的角度来看，职业发展规划的作用在于帮助我们树立明确的目标与规划，运用科学的方法和切实可行的措施，发挥个人专长，开发自己的潜能，克服职业发展困阻，避免人生陷阱，不断修正前进的方向，最后获得事业的成功。

职业规划的目的，绝不只是帮助我们按照自己的资力条件找到一份工作，达到和实现个人目标，更重要的是帮助我们真正了解自己，为自己定下事业大计，筹划未来，进一步详尽估量主客观条件和内外环境优势和劣势，设计出符合自己特点的合理而又可行的职业发展方向。

职业规划不可能做到科学和精确，也不能预言将来要发生什么，它是一种用来思考的工具——思考为了取得未来的结果现在该做些什么。我们今天站在哪里并不重要，重要的是下一步要迈向哪里。

人人都想取得成功，但人人都应该面对现实。面对自我的现实，正确把握自己的优缺点，对自己的兴趣、能力、爱好，将来可能在哪些方面取得成功的情况都要做到心中有数，扬长避短，在通往成功的路上少走弯路。

8.2.2 职业发展规划的步骤

8.2.2.1 自我分析

自我分析也就是全面了解自己，是职业发展规划的第一步。一个有效的职业发展规划必须是在充分且正确认识自身条件与相关环境的基础上进行的。要审视自己、认识自己、了解自己，做好自我评估，包括自己的兴趣、特长、性格、学识、技能、价值观等。即要搞清楚我想干什么、我能干什么、我应该干什么、在众多的职业面前我会选择什么等问题。

自我评估的方法包括自省、测评、角色建议。中国古代就有“吾日三省吾身”的做法。目前，国内也已经有了许多职业测评工具供我们选择。常言道“当局者迷”，一个人对自己的认识总是片面的，所以在自我评估中还应当包括他人的意见。这些人包括父母、老师、同学、朋友，还有职业生涯的专业咨询人员。这些不同人物角色的建议，会帮助我们更清醒地认识现实与理想间的差距。

8.2.2.2 环境评价

每个人都处于一定的社会环境之中，与各种组织或多或少有着这样那样的关联。因此，职业发展规划也就离不开对这些环境因素的了解和分析。具体说来，我们要了解自己所处环境的特点、发展变化的趋势、自己与环境的关系、自己所处的地位、对自己有利或不利的条件等。例如，对所在单位和所属行业进行分析。这些外部条件对寻找恰当的职业发展路径是至关重要的。“知彼”更重于“知己”。毫无疑问，环境因素对我们职业生涯发展的影响是巨大的，作为社会生活中的一个个体，我们只能顺应外部环境的需要，趋利避害，尽最大可能去发挥个人优势，才能实现个人目标。

外部环境分析包括对社会政治环境、经济环境和组织（企业）环境的分析，即评估和分析环境条件的特点、发展与需求变化趋势，自己与环境的关系以及环境对自己的影响等。人是社会的人，任何一个人都不可能离群索居，都必须生活在一定的社会环境之中，特别是要生活在一个特定的组织环境之中。环境为我们每个人提供了活动的空间、发展的条件和成功的机遇。特别是近年来，社会快速变化，科技高速发展，市场竞争加剧，对个人的发展都产生了很大的影响。在这种情况下，个人如果能很好地利用外部环境，就有助于事业的成功，否则就会处处碰壁，寸步难行，难以成功。在制订职业生涯规划时，要分析外部环境的特点、环境的发展与变化情况、个人与外部环境的关系、个人在环境中的地位、环境对个人提出的要求以及环境中对自己有利与不利的因素等。环境分析主要是通过对组织环境特别是组织发展战略、人力资源需要、晋升发展机会的分析，以及对社会环境、经济环境等有关问题的分析与探讨，弄清环境对职业发展的作用及影响，从而更好地规划职业目标，选择职业路线。

8.2.2.3 职业定位与选择

将自身条件与外部环境整合在一起，为职业目标与自己的潜能以及主客观条件谋求最佳匹配的过程即是职业定位。良好的职业定位要依据自己的最佳才能、最优性格、最大兴趣、最有利的环境等信息，职业定位过程中要考虑性格、兴趣、特长及专业等因素与职业的匹配程度。

职业定位应注意依据客观现实，考虑个人与社会、单位的关系，比较职业的条件、要求、性质与自身条件的匹配情况，选择更符合自己特长、自己更感兴趣、经过努力能很快胜任、有发展前途的职业；要扬长避短，看主要方面，不要追求十全十美的职业；还要审时度势，适时调整，根据情况的变化及时调整择业目标，不要固执己见，一成不变。

在充分了解了职业的外部环境及其内涵，同时对自己的各种内因作出充分评价之后，结合自己所学的专业知识，对将来要从事的职业作出正确的抉择，确定自己的职业方向。

8.2.2.4 确立目标

人生必须有目标，有了明确的目标，我们才知道要往哪里走。正如人们常说“你今天站在哪里并不重要，关键是你的下一步走向哪里。”职业规划的目标是职业发展设计的核心之一，在职业定位的基础上，确立职业发展的目标。例如，一个一年级的大学生，准备成为一个出色的会计师，这便是他的职业发展目标。在确定好人生目标及职业长期发展目标之后，将其进行分解，一般分为：人生目标、长期目标、中期目标和短期目标。其中短期目标又分为年目标、月目标、日目标。大量的事实说明，明确的目标是人生成功的动力之一。他可以引导人们去努力追求、拼搏，而不清楚或很不清楚自己的目标的人常常会无所事事、一事无成。

8.2.2.5 制订行动计划与措施

职业目标和路径确定后，行动便成了重要的环节。没有完成目标行动，目标就难以实现，也就谈不上事业的成功。通过划分目标实施的具体阶段，确立不同阶段具体学习、工作的内容，总结学习方法和策略等环节，制订出一个具有针对性、明确性的目标实施计划。在制订计划时要注意区分轻重缓急，在制订完成行动计划和策略后，要采取高效的行动，学会时间管理和应对干扰。

8.2.2.6 定期评估与反馈

我们处在一个快速变化的时代，计划需要针对变化而调整。影响职业发展规划的诸多因素在不断变化，有的变化因素是可以预测的，而有的变化因素难以预测。在这种情况下，要使职业生涯规划行之有效，就必须不断地评估与修订职业发展规划。其修订的内容包括：重新选择职业及职业生涯路线，修正人生目标，变更实施措施与计划等。

【知识链接】

国外一些职业生涯领域的研究者对职业生涯的发展做出了很多有益的探索。其中比较著名的是舒伯（Super）提出的职业生涯发展观。他的生涯发展观的提出是职业生涯发展史上的分水岭，使原来的职业指导发展到职业生涯辅导。

20世纪50年代，舒伯从全新的视角提出了职业发展的彩虹理论，把职业发展作为人生发展的重要组成部分。就像万事万物的发展有着生长、成熟、衰退的规律一样，舒伯认为职业发展也包括成长、探索、建立、维持和衰退这几个阶段。我们可以从表8-9中了解每个阶段的特点。

表8-9 舒伯的职业生涯循环发展任务表

生理阶段	儿童、少年（出生到14岁）	青年（15到24岁）	成年（25到44岁）	中年（45到65岁）	老年（66岁到人生终点）
与生理阶段对应的职业阶段	职业成长	职业探索	职业建立	职业维持	职业衰退
	发展关于“我是谁”的合理观念	从各种机会中学习	在选定的领域酝酿崛起	清醒认识自己的职业选择	减少休闲活动的时间
	学会跟伙伴建立良好的关系	找寻心仪的工作	将身心投入到所选的工作中	努力保证当前工作的持续性	减少体力活动时间
	了解自己的能力	找到新问题并想方设法去解决	学习发展新的适应性技能	做好准备，应对竞争	只专注必要的活动
	发展合适的社会角色	为自己备好后路	为自己的梦想奋斗	寻找生活的乐趣	减少工作的时间

除了舒伯的职业发展观之外，职业生涯辅导之父帕森斯提出人格特性和职业因素匹配的职业生涯发展观，金斯伯格和格林豪斯也分别提出与舒伯的职业发展观相似的职业发展阶段。他们一致认为，职业的发展与生命的发展是密不可分的。可以说，我们的一生是职业发展的一生，是履行职责的一生。

8.2.3　职业发展规划常用的方法

8.2.3.1　SWOT分析法

SWOT分析法是通过分析自身的优势、劣势等内部环境和机遇挑战等外部环境，将内部环境和外部环境结合起来，制定适合自己的就业目标和发展目标的一种科学的分析方法。SWOT是优势（strength）、劣势（weakness）、机会（opportunity）和威胁（threat）四个英文首字母的缩写。通过SWOT分析的方法，我们可以了解自己的能力、职业偏好及职业机会。一般来说，在进行SWOT分析时，应遵循以下四个步骤：

（1）评估自己的优势和劣势。

优势分析：

第一，你学了什么。在过去几年的学习生活中，你学习到了哪些有用的东西？社会实践活动提高了你哪方面的知识和能力？

第二，你曾经做过什么。在学校期间担当的学生职务，参加过什么社会实践活动，这些经验让你对哪些方面的工作比较熟练，比较擅长？这些经验将如何成为你择业时的有力支持？

第三，最成功的是什么。你做过的事情中最成功的是什么？怎样成功的？通过分析，可以发现自己的长处，例如坚持不懈的毅力、顽强的斗志、踏实诚恳等，这些都是你个人发展的宝贵资源。

劣势分析：

第一，性格的弱点。人天生都有弱点，这是我们与生俱来且无法避免的。我们可以通过与别人聊天，听听他人对自己的看法，全面地认识自己，努力改正自己的缺点，以适应单位、组织的工作环境。

第二，经验、经历中所欠缺的方面。欠缺并不可怕，这些都是需要时间的，在以后的工作中会慢慢地体会，并积累这些经验。

第三，最失败的是什么。你做过事情中最失败的是什么？如何失败的？通过分析失败的原因，从而认识自己的不足，努力学习并改正。

总之，自我认识一定要全面、客观、深刻，绝不能规避缺点和短处。“当局者迷，旁观者清”，尽量多参考父母、同学、朋友的意见，从而能对自己认识更清楚、更透彻。

（2）找出自己的职业机遇和威胁。

机遇分析：

环境为每个人提供了活动的空间、发展的条件和成功的机遇。特别是近年来，社会的快速发展，为我们提供了更多的岗位和机会，在这种情况下，个人如果能很好地利用外部环境，就会有助于个人发展的成功；否则，就会寸步难行。同时，我们也面临各种各样的机遇，如自主创业、灵活就业、出国、考研、考博等。这都是大学生面对的机遇，如果我们不善于创造机会，那我们一定要把握住身边的每一个机会，不可让机会从指尖溜走。

挑战分析：

除了机遇之外，我们也要面对许多的挑战和威胁。这是我们无法控制的外部因素。这些因素包括所学专业过时或不符合社会的需要、来自同学的竞争、面对有更多实践经验的竞争者以及性别、年龄、经验的限制等。这都是我们可能遇到的挑战。对于这些挑战，我们不能一味回避，既然社会不能满足个人，那么我们只能改变自己适应社会，把挑战转化为一种内在的动力。这样，我们才能避免不利的影响，在困境中脱颖而出。

（3）制订3~5年的目标规划。

列出你最希望实现的目标，如技能、职位、薪水等，通过这些目标来激励自己今后努力工作。注意，必须竭尽所能地发挥出自己的优势，使其与行业提供的工作机会圆满匹配。

（4）制订行动计划。

宏伟的计划和目标必须一步一步地行动才能实现。要把长期目标化解为短期目标，难度大的事情化解为难度小的事情去做，只有这样一步一步地积累、实践，五年之后，你才能够实现自己的五年规划。

8.2.3.2　五“what”归零法

许多职业咨询机构和心理学专家进行职业咨询和职业规划时经常使用的一种方法就是有关五个“what”归零思考的模式：从我是谁开始，然后顺着一路问下去，共有五个问题：我是谁？我想做什么？我能做什么？环境支持或允许我做什么？我的最终职业目标是什么？回答了这五个问题，找到了它们的最高共同点，你就有了自己的职业生涯规划。

第一个问题“我是谁？”应该对自己进行一次深刻的反思，有一个比较清醒的认识，优点和缺点都应该一一列出来。

第二个问题“我想干什么？”是对自己职业发展心理趋向的检查。我们每个人在不同阶段的兴趣和目标并不完全一致，有时甚至是完全对立的。但随着年龄和经历的增长而逐渐固定下来，并最终锁定自己的终生理想。

第三个问题“我能干什么?”是对自己能力与潜力的全面总结，我们对职业的定位最根本的还要归结于我们的能力，而职业发展空间的大小则取决于我们自己的潜力。对于潜力的了解应该从几个方面着手去认识，如对事情的兴趣、做事的韧力、面临问题的判断力以及知识结构是否足够全面、是否及时更新等。

第四个问题“环境支持或允许我干什么?”这种环境支持在客观方面包括本地的各种状态，比如经济发展、人事政策、企业制度、职业空间等，人为主观方面包括同事关系、亲戚关系、领导态度等，两方面的因素应该综合起来考虑。有时我们在做职业选择时常常忽视主观方面的东西，没有将一切有利于自己发展的因素都调动起来，从而影响了自己的职业切入点。

明晰了前面四个问题，就会从各个问题的答案中找到对实现有关职业目标有利和不利的条件，列出不利条件最少的、自己想做而且又能够做的职业目标，那么第五个问题：“自己最终的职业目标是什么?”自然就有了一个清楚明了的框架。

8.2.3.3　决策平衡单法

决策平衡单法是一个对未来职业定位、选择和决策非常有效的科学工具，可以帮助我们综合判断未来的职业选择，能够帮助我们明确职业方向，把职业因素按照自身需求的强烈程度进行排序，从而做出求职决策。这一方法将重大事件的决策思考方向集中到四个主题上：自我物质方面的得失、他人物质方面的得失、自我赞许与否（自我精神方面的得失）、社会赞许与否（他人精神方面的得失）。运用平衡单法进行决策时一般要经过以下五个步骤：

步骤一：确定你的职业决策考虑因素，如考研、销售、办公室工作三个方案。

步骤二：把三个方案填入平衡单的选择项目中。

步骤三：在第一栏职业决策考虑要素中，根据对你而言职业选择的重要性和迫切性，赋予它权数，加权范围1~5倍，填写权数一栏。权数越大说明你越重视该要素。

步骤四：打分。根据每个方案中的要素进行打分，优势为得分，缺点为减分，计分范围为1~10。

步骤五：计划方法。将每一项的得分和减分乘以权数，得到加权后的得分或失分，分别计算出总和，最后加权后的得分总和减去加权后的失分总和得出“得失差数”，并以此分数来作出最后的决定，即比较三个选择方案的得失差数，得分越大，该职业方案越适合你。

决策平衡单样表见表8-10。

表 8-10 决策平衡单样表

考虑因素	选择项目 / 加权分数	重要性的权数（1~5 倍）	选择一		选择二		选择三	
			+	−	+	−	+	−
个人物质方面的得失	1. 收入							
	2. 工作的难易程度							
	3. 升迁的机会							
	4. 工作环境的安全							
	5. 休闲时间							
	6. 生活变化							
	7. 对健康的影响							
	8. 就业机会							
	其他……							
他人物质方面的得失	1. 家庭经济							
	2. 家庭地位							
	3. 与家人相处的时间							
	其他……							
个人精神方面的得失	1. 生活方式的改变							
	2. 成就感							
	3. 自我实现的程度							
	4. 兴趣的满足							
	5. 挑战性							
	6. 社会声望的提高							
	其他……							
他人精神方面的得失	1. 父母							
	2. 师长							
	3. 配偶							
	其他……							
加权后合计								
加权后得失差数								

8.2.3.4 PPDF 法

PPDF 是 personal performance development file（个人表现发展档案）的缩写，是指对我们工作经历的一种连续性的参考。它既能指出我们现在的目标，也能指出我们将来的目标及可能达到的目标。它标示出我们如果要达到这些目标在某一阶段应该具有什么样的能力、技术及其他条件等。同时，它还帮助我们在实施行动时进行认真思考，自己是否非常明确这些目标，以及我们应具备的能力和条件。

PPDF 的主要内容有：

（1）个人情况。

①个人简历：你的生日、出生地、现住址、部门、职务等。

②文化教育：你初中及以上就读的校名、地点、入学时间、主修专业等。所修课程是否拿到学历，在学校负责组织过何种社会活动等。

③学历情况：填入所有的学历、取得的时间、考试的时间、课题以及分数等。

④曾接受过的培训：曾接受过何种与工作有关的培训（如在校、业余还是在职培训）、培训课题、培训形式、培训开始时间等。

⑤工作经历：按顺序填写你以前工作过的单位名称、工种、工作地点等。

⑥有成果的工作经历：写上你认为以前有成绩的工作是哪些，不要写现在的。

⑦以前的行为管理论述：写下你对工作的评价，以及关于行为管理的事情。

⑧评估小结：对档案里所列的情况进行自我评估。

（2）现在的行为。

①现时工作情况：应填写你现在的工作岗位、岗位职责等。

②现时行为管理文档：写上你现在的行为管理文档记录，可以在这里加一些注释。

③现时目标行为计划：设计一个目标，同时列出和此目标有关的专业、经历等。这个目标是有时限的，要考虑到成本、时间、质量和数量的记录。如果有什么问题，可以立刻同你的上司（老师）探讨解决。

④如果你有了现时目标，它是什么？

⑤怎样为每一个目标设定具体的期限？此处写出你和上司（老师）谈话的主要内容。

（3）未来的发展。

①职业目标：在今后的 3~5 年里，你准备在单位里做到什么位置？

②所需要的能力、知识：为了达到你的目标，你认为应该拥有哪些新的技术、技巧、能力和经验？

③发展行动计划：为了获得这些能力、知识等，你准备采取哪些方法和实际行动？其中哪一种是最好、最有效的？谁对执行这些行动负责？什么时间能够完成？

④发展行动日志：此处填写发展行动计划的具体活动安排，所选用的培训方法，如听课、自学、所需日期、开始的时间、取得的成果等。这不仅仅是为了自己，也是为了了解工作、了解行为。同时，你还要对照自己的行为和经验等，写上你从中

学到了什么。

PPDF 是一本完整的手册。当你将 PPDF 的所有项目都填好后，交给你的直接领导（老师）一份，自己留下一份。领导（老师）找你时，你要告诉他你想在什么时间内，以什么方式来达到你的目标。他会跟你一起研究，分析其中的每一项，给你指出哪一个目标你设计得太远，应该再近一点儿；哪一个目标设计得太近，可以将它往远处推一推。他也可能告诉你在什么时候应该和相关培训机构联系，他也可能会亲自为你设计一个更适合你的方案。总之，不管怎样，你要单独和所信任的领导（老师）一起探讨该如何发展、奋斗。

8.2.4 大学生职业生涯规划存在的心理误区

尽管很多高校已经认识到了大学生职业生涯规划的重要性，并设置了相应的职业发展机构，开设了相应的职业发展规划课程，但大学生职业生涯规划仍然存在许多心理误区。其中，常见的心理误区包括以下方面：

误区一：计划不如变化快，因此没必要做职业生涯规划。

有些人认为，当今世界瞬息万变，社会发展突飞猛进，我们无法预料未来，因而不需要做职业生涯规划。但是如果世界一成不变，每个人都确切知道自己未来的发展和社会位置，也就没有必要做职业生涯规划了。职业生涯规划的目的正是要应对当今世界和社会的诸多不确定性，让我们在变化的世界中应变自如。

误区二：职业生涯规划可以等到即将毕业或踏上工作岗位时再做。

外国有一句谚语，说人生一世其实只有三天：昨天、今天和明天。昨天是幸福的或者无奈的回忆，今天是人生的“核心成分”；只有安排好今天，才能让明天生活得更加美好。这则谚语提示我们，大学生从入学伊始就要树立职业生涯规划的正确理念，并在专业老师的指导下逐步建立自己的职业生涯发展规划。实际上，近些年异常严峻的就业形势已经促使一些大学生在大一入学时，就将职业生涯规划作为大学生活中至关重要的内容而认真对待。

误区三：把职业生涯规划等同于短期的学习计划或长远的职业目标。

我们首先应该明白，职业生涯规划不等于职业目标。除了职业目标之外，职业生涯规划的核心是达到职业目标或人生目标的方法、步骤和时间安排。职业生涯规划包括长期计划、中期计划和短期计划。另外，职业生涯规划更不等于学习计划，达到人生或职业目标不仅需要具备相应的知识，更重要的是要具备相关的能力。因此，职业生涯规划是以提升与职业需求相关的能力为重点，并着眼于长远发展，以实现人生目标。

误区四：认为“心锚”等价于“职业锚”。

在日常生活中，我们看到一些事物便会产生各种各样不同的心情。这些能够促使人产生特别感觉、诱发不同心境的东西，我们称之为心锚。心锚可以是几个字、一句话、一件物品或者是一个动作，人们通过感官或看、或听、或嗅、或尝、或想，眨眼之间就能产生特殊的内心感受。职业锚与心锚不同，它是美国的施恩教授提出的一个职业生涯规划的概念。施恩认为，职业生涯规划是一个连续不断的探索过程，在这个过程中，每个人都在根据自己的动机、需要、态度、天资、能力和价值观等逐渐形成较为明晰的与职业发展相关的自我概念。随着一个人对自己的了解逐步加深，就会明显地形成一个占据核心位置的职业锚；这个职业锚实际上就是我们选择和发展自己的职业生涯时所依托的、不可放弃的核心位置的信念。由此可见，心锚和职业锚不是一回事。

误区五：认为大学专业就是将来要从事的职业。

很多人认为，只有专业对口才说明大学阶段是学有所成。但实际情况是：有80%的人并没有在他所学的专业方向继续走下去，大部分人毕业后所从事的职业往往同所学专业是不相关的。专业学习是学生阶段的任务，某种程度上是一种知识的被动接受的过程，而职业发展则是步入社会后的人生发展任务，是一种较为主动的谋生手段，两者的关联也许只是一些知识经验和人脉背景。虽然大多数大学生都会希望自己当前的专业就是自己毕业后的职业方向，但实际上大多数人都不能"如愿以偿"，而且转向新的行业所要付出的代价也不仅仅限于"知识背景"，大学阶段的人生阅历、人际关系、个性发展对于职业的成功都是至关重要的。

误区六：认为高文凭的人也会有高的专业技能。

实际上，学历与能力向来是不能划等号的。职业发展中所需要的能力与学校中的学习能力是不同的。高学历的人可能会掌握更多的知识，但这不等于他们具备一项职业所要求的能力。换言之，能力和知识是两码事。有一些学历高、学习成绩优秀的毕业生并不受用人单位的欢迎，其中一个非常重要的原因就是他们缺乏足够的职业能力，比如个人形象塑造的能力、人际交往的能力、言行得体的能力、语言文字表达的能力、随机应变的能力、组织协调的能力、理解和执行上级意图的能力等。

误区七：职业生涯规划就是大学生的学习生涯规划。

一些人会把职业生涯规划等价于大学生的学习生涯规划，但两者其实是不一样的。大学生的学习生涯规划是一个人人生规划的重要组成部分，是人生生涯的阶段性计划、设计和铺垫。大学生的学习生涯规划对个人生涯规划具有至关重要的影响，可以说，职业生涯规划的实现在很大程度上取决于大学生的学习生涯规划。所以，走好职业生涯规划的第一步——大学生学习生涯规划，是非常重要的。

【知识链接】

只需四步，为你量身定做职业发展规划

著名的在线学习网站Udacity的大卫·约拿（David Joyner）博士在佐治亚理工学院读完博士后忽然意识到，自己在生活中想做的大部分事情并不需要一个博士学位。从此，他踏上了职业发展中的升华之路，并经过多年的积累，提出一套简洁有效的职业生涯规划策略。

约拿认为，只需要四步就可以制定出有效的职业发展规划：确定目标、明确通向目标的路径、找出制约条件、勇敢上路。

◆ 第一步：确定目标

人都是目标导向的，如果没有明确的目标就会在无关的道路上蹉跎。而目标有很多种，比如找到一份待遇优厚的工作、在自己喜欢的领域找到工作、调动到公司内部的另一个团队、到山区做志愿者。你要做的第一件事就是仔细考虑自己的目标，并把它写在纸的右边（如图8-1所示）。

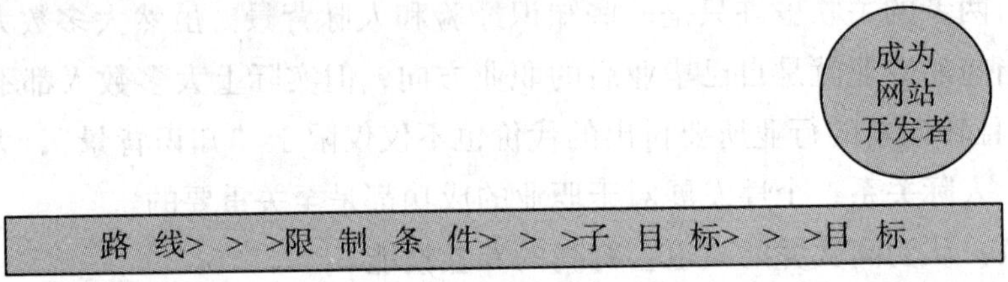

图8-1 确定目标图

制订目标的难点在于，很多目标并不完全由我们自己说了算。我们可以为实现目标努力奋斗，但并不能保证目标就一定会实现。把目标细化能够很好地增加目标的可行性。一旦确定了工作目标，你就可以查看职业网站和相关的资料，了解这项工作的普遍要求。这些要求就是你要实现的一个个的小目标，它们是你自己能够掌控的，比如你需要获得一份职业资格证书。比如在图8-1所示的图例中，要成为网站开发者需要达到四个重要的子目标：学习网站开发技能、建立自己的作品集、获得职业证书和建立圈内工作关系。一旦你完成了这些目标，实现终极目标就很有希望了。

◆ 第二步：明确通向目标的路径

你可能对哪些路径能通向自己的目标有了初步了解，那么，接下来就把这些路径写在纸上。把你最先想到的那些路径写好后，再参考子目标，认真想想还有哪些通向目标的路径，并补充在下面。接下来，在每条路径和它能够达到的子目标之间画一条线。这样你就能得到如图8-2所示的图例。

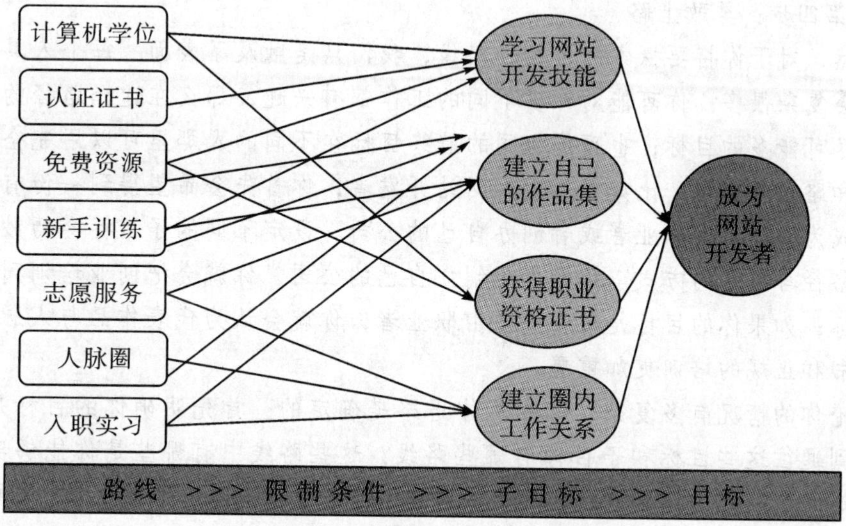

图8-2　明确通向目标的路径图

如果你不能为某一个子目标找到清晰的路线，那就重新审视这个目标，看能否把它分解成更多个可以执行的目标。这个图中的线条越多，就表明有更多的机会向你敞开大门，帮助你实现自己的目标。那么，有这么多机会，怎么决定究竟要走哪条路呢？

◆ 第三步：找出制约条件

上一步中我们找到的路线有的并不可行。这时候就需要我们明确现实生活中存在哪些制约条件，比如资金制约、时间制约、地点制约、自我能力制约等。你可能没有能力去取得一个计算机博士学位，或者已经工作而无法再进行职前实习。如果有这种情况，就把这些路线去掉。

在进入下一步之前，你还需要重新审视一下这些路线，认认真真地问自己：这些制约有多大程度上是绝对的？例如，你可能觉得没有太多的时间来做某项工作。这也许很对，也意味着你可能无法回到学校参加全日制的学习。但是你写下的路线很多时候是可以变通的。例如，你能够在晚上、中午、周末或者节假日上课吗？很多人因为各种含糊不清的借口而掉入自己设置的陷阱，拒绝掉了本来可能的大好机会。为了修正你的制约条件列表，确保它们确实是存在的、不可避免的，你要尝试让定义更加明确，比如“我一周可以花多少个小时在这项工作上，”或者“我在这上面可以花费多少钱”。经过这样的思考，你就会发现，你能够利用的资源比你预想的要多得多。

现在第三步要结束了，你应该有了比较明确的计划：为了达成目标，现在你能够做些什么？当然，也有可能在上述练习完成之后，你突然发现还有个子目标没有任何现在可行的路径能够实现它。这时候你应该重新审视这个目标图，以找到其他的能够弥补这个困难目标的替代目标或者子目标，或者想其他办法把几条路径拼合来实现这一子目标。最后，你应该得到一张通往目标的明确的、可以实现的路径图。

◆ 第四步：勇敢上路

当然，对于你将要探索的目标和路线，我们只是触及了表面。每个人具体的目标可能会复杂很多：你可能对许多不同的工作都有兴趣，那么在选择路径的时候尽量考虑尽可能多的目标；也可能相同的最终目标在不同的人那里可以用完全不同的子目标和路径来实现，比如为了成为网站开发者，你首先会希望得到一份有保障的工作、成为一个自由职业者或者创办自己的公司。设定不同的子目标会巧妙地改变你安排路径与目标的方式。如果你想创立自己的公司，你就会把创业培训列入相应的子目标；如果你的目标是做一个自由职业者，你就会认为代表作品与人脉关系比资格证书和正规的培训更加重要。

无论你的情况有多复杂，你的总体思路是确定的：首先明确你的目标是什么？其次找到通往这些目标和子目标有哪些路线？这些路线中有哪些是你能够实行的？一旦确定好了路径，你要做的就只有一件事了：勇敢地出发！不要犹豫，不要蹉跎，从最简单易行的步骤开始吧！

实际上，在这个阶段感到犹豫是非常自然的。你也许会问自己，如果我没有办法完成既定的路径怎么办？如果我遇到了始料未及的制约条件怎么办？如果到最后我突然发现不喜欢那个目标了呢？或者，如果我的目标或路径不够好怎么办？

尽管面对这些问题，也别让犹豫拖住你的脚步。踏上一段旅程并不意味着你一定会走到终点，但是如果你从未启程，那就永远也到不了终点。你也许会发现，在你选择的道路上花费了一段时间之后，情形发生了变化，你需要停下来调整目标、路径或制约条件。当你这样想的时候，表明你已经对现状有了新的认识、新的理解，也积累了新的经验，这些都可以使你的下一步计划更为精准。开始越早，你就能学到更多的东西，就能更早达到最终的目标。

所以，出发吧！千里之行始于足下，迈开你通往目标的第一步，虽然这一步可能非常微小，但对你的职业生涯而言却可能是一大步。你可以从现在开始你的旅程，无论是去取得一个学位、获得一个证书还是建立一个人脉圈，都不要犹豫。不管第一步从哪里出发，不管它是多么微不足道，现在就迈出第一步吧。向前走，别回头！

资料来源：笔者根据网络资料整理。

【心理导航】

亲爱的同学，对于未来的发展，你有没有问过自己想要的究竟是什么呢？下面提供的这个练习叫作“一生只做八件事”，它可以帮助你更加清楚地了解自己对未来的期望。

1. 请你找一个安静的空间，让自己摆脱干扰，完全放松下来；然后拿一张白纸，画一朵生命之花——先画一个圈，再在圈的中间画一个交叉的十字，最后再画一个倾斜的十字。这样，大圆圈就被分成了八瓣等分的花瓣（见图8-3）。一朵一尘不染的生命之花就跃然纸上了。

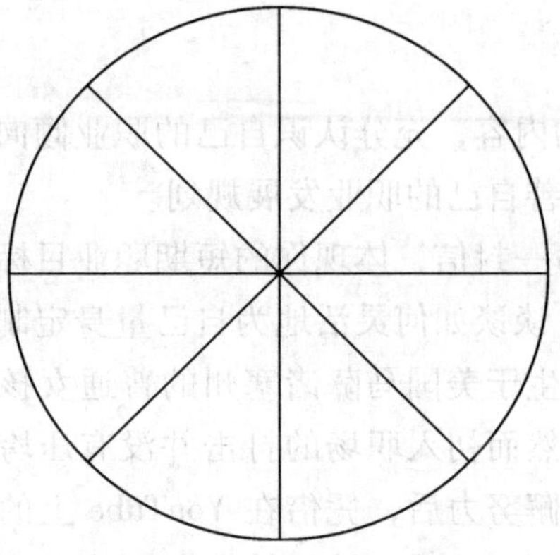

图8-3　八瓣等分的花瓣图

生命之花画好之后，请你仔细思考以下几个问题，并把答案写到纸上。

（1）想一下你最想要的未来是什么？

（2）如果让你用几个单词来表达，你会用哪几个词来描述你的需要？（请至少找到八个单词，从这八个单词中，请选出对你最重要的三个，然后写到纸上）

（3）想一下如果用一句话来描述，你想成为一个怎样的人呢？

（4）想一下如果你成为这样的人时，你头脑中最理想的画面是什么样的呢？

2. 思考一下你的一生中需要做到哪些事，你才能成为这样的人呢？

这个过程中，你需要注意的是：我们的生命全程规划中，应该包含自己、家庭、社会和事业四个象限。当你用这样的格局去做人生发展的规划时，你的生命就会运行在一个全新的轨道。因此，一定要分别从这四个维度去思考、去分类你一生中希望做到的事情。

3. 在上面的四个维度上，把你思考得到的八件事，用精炼的语句填入生命之花的八朵花瓣之中。

4. 结合自己一生要做的八件事，进一步分解出自己以后十年要做的八件事、以后三年要做的八件事、今后一年要做的八件事、这一学期要做的八件事、后面三个月要做的八件事、今后一个月要做的八件事、这一周要做的八件事、明天要做的八件事。

需要注意的是，在做人生规划的过程中，你要持有一个最基本的思想：今后十年要做的八件事和你一生要做的八件事一定是相互关联的。今后三年要做的八件事以及一年、半年、三个月、一个月乃至于一周和明天要做的八件事也都要跟一生要做的八件事是相互关联的。把这些事情一步一步关联起来，你就会发现，你要做的任何一件事情都是和你人生要做的八件事相互关联的。如果从今天开始，你在每天、每分、每秒所做的每一件事都与你一生要做的八件事相关联，那么，你人生要做的八件事就像庖丁解牛那样，很容易就做到了。这样一来，你就会轻轻松松地完成你的人生目标，实现人生的理想！

【心理自助训练】

1. 根据所学第一课的内容，充分认识自己的职业倾向；然后根据所学第二课的内容，采用不同的方法完善自己的职业发展规划。

2. 给三年后的自己写一封信，体现你的短期职业目标和实现目标的方法。

3. 结合下面的故事，谈谈如何灵活地为自己量身定制职业生涯发展规划。

米歇尔·潘是一位出生于美国马萨诸塞州的普通女孩。她曾经申请过兰蔻专柜的导购员，但不幸被拒。然而初入职场的打击并没有压垮她，米歇尔·潘开始自学化妆技术，经过几年的不懈努力后，凭借在YouTube上的教学视频，她一举成为兰蔻公司的第一位视频化妆师。此后，她开始自主创业，一手创办了一家年收入高达1.2亿美元的化妆公司。如今，27岁的米歇尔·潘俨然成为一位现实版的灰姑娘。

米歇尔·潘自13岁就开始学习用水彩和染料作画。经过最初几年的绘画训练后，她开始别出心裁地把绘画技术应用到化妆上面。在设计学院上大一时，米歇尔·潘曾经想在当地一家兰蔻化妆品专柜申请一份临时工作，虽然她以出色的成绩通过了化妆演示，但最终由于缺乏相关的工作经验而与这份工作失之交臂。更戏剧性的是，当潘的化妆视频于两年后在YouTube上疯传时，这段视频被一名兰蔻的高管发现了。为了让这个广受尊敬的化妆品牌紧跟信息发展的前沿，这名兰蔻的高管主动联系了潘，并最终让她签约成为兰蔻的第一位官方视频化妆师。事后，潘谈到她的经历时说："我相信第一次被拒是一件好事。它让我知道还有更好的机会在其他地方等着我。后来我发现这个机会就藏在我的电脑和相机里面。当我最终签约兰蔻，面对这迟来的喜悦，就好像上天在对我说：'看到了吧，我早就告诉过你的'。"

在最初大获成功的YouTube视频中，潘让自己化身成为白雪公主、茉莉公主、花木兰等形象，充分展现了化妆的迷人力量。如今，潘又利用在YouTube上的成功开创了一家预估年收入超过1亿美元的化妆公司Ipsy。随着成功和财富的到来，潘在创业的路上越走越远。现在，她已经进军软件产业、社交媒体和教育领域，她的美妆理念已经在许多人的心中开花结果，她的事业也在蒸蒸日上。

在谈到创业时，潘说："有很多关注我的人刚刚从大学毕业，苦于找不到工作，前途渺茫，不知如何是好。我希望他们摆脱原来的思维牢笼，希望创业者能不断涌现出来，创造或者拥有更有意义的工作，而不是去从事那些日复一日、年复一年都没有变化的枯燥工作。"

专题9 生命教育

9.1 生命的绽放

若无红绿，以何组成自然之颜；
若无双目，以何欣赏世界的彩；
若无鸣动，如何体现自然之灵；
若无双耳，如何倾听世界的歌；
若无生命，双目如何欣赏，双耳如何倾听？
若无时间，生活如何期待，生命如何展示？
倘若时间能够回流，一切是否依旧可贵？
倘若生命可以重来，一切是否依旧奇迹？
追逐梦想，趁年华正好；
追寻目标，趁青春招摇。

【导入故事】

幸存的7岁女孩

2015年1月2日晚，美国肯塔基州库塔瓦的普通居民拉里·威尔金斯家里的两条猎犬开始吠叫，使家中71岁的老人注意到门外微弱的敲门声。老人打开门，看见门口站着一个只穿着一只袜子，鼻子、胳膊和腿上流着血，不停哭泣的7岁小女孩。老人了解到，小女孩乘坐的飞机失事，她的爸爸妈妈都失去了生命。老人带着小女孩报了警，当地警方接到报警后，在肯塔基湖附近的一片树林里找到了一架坠机残骸以及4人遗骸。而这位幸存的7岁女孩名为赛勒·古茨勒，机上四名死者分别是她的父母、姐姐和表姐。据了解，赛勒·古茨勒穿着短袖衬衫和短裤在气温大约4摄氏度的外界环境下，光脚走了约1.6千米，其间她穿过两处堤坝、一座山、一处河床，终于走到威尔金斯老人家里，在老人的帮助下，获得了救助。

【故事点评】

赛勒·古茨勒是不幸但又幸运的，一家人原本高高兴兴地游玩，不料意外来临，从此与家人天人永隔。从空中坠落，却仅仅依靠自己，去寻得救助。在那样绝望的境地下，一个7岁的小女孩完成自救，是出于生存的本能。哪怕是一个成年人，若是没有遇到绝境，也很难完成如此艰难的任务，何况是一个7岁的小女孩。生命是很神奇的。你若是不逼自己，你永远都不知道自己是如何的优秀。对生存的可能，对生命的尊重，使赛勒·古茨勒拯救了自己。倘若发生如此的变故，若是你，你会像赛勒·古茨勒那样做吗?

9.1.1 生命之源

当第一个精子在适合的机会穿过卵子的细胞膜后，神奇的化学变化开始了。其他所有的精子就无法再进入这个卵子，然后妊娠期开始了。（此时，你的存在已经赢在起跑线了。）卵子和精子的结合，形成了受精卵。小小的受精卵开始沿着输卵管下移，并且不断进行分裂，进入子宫这个温暖的房间。待受精卵找到房间最舒服的暖床，就开始慢慢地发育。到第一个月末，你小小的心脏开始形成，与此同时，脑、肾、肝和消化道也开始发育。第二个月，面部开始变得清晰了，四肢也有了初步的发育。第三个月，你的性别已经可以确认了，你的身体也可以开始呼吸、吞咽和排尿了。接下来，就是快速发育的时期，身体和体重快速发育，同时，你已经可以做出吮指和踢腿等一些精细的动作。医生的听诊器也可以听到你“咚咚”的心跳声了。第四个月，宝宝的人形已经开始显现了。五六个月的时候，隔着妈妈的肚皮，可以听到你更为强烈的心跳。然后接下来的几个月，你在妈妈的肚子里继续成长，各种器官开始成熟。然后在出生前，大多数的宝宝开始旋转自己的头部向下，准备离开妈妈，迎接新的生活了。每个宝宝在妈妈的肚子里面就已经发育了触觉、味觉、嗅觉和听觉。心理学家已经可以通过超声波图像看出，你已经表现出了很明显的优势手现象，即你是左撇子或者不是。尽管在妈妈孕育过程中，每个宝宝都不知道自己成长的变化，也不知道自己完成了多少成长，但是生命就是如此神奇。

9.1.2 成长之路

宝宝离开妈妈的时候，也就是每个人计算自己生日的那一天，你就开启了自己的独自成长之旅。此时，要说说有个叫埃里克森的人，他曾追随弗洛伊德（心理学界泰斗）。当年，弗洛伊德提出的发展理论只是研究到青春期，他认为每个人过了青少年时期，发展就基本上结束了。这个时候，埃里克森没有完全按照老师的讲授。他觉得人的发展是一生的事，正如一切事物都是变化的。

埃里克森强调每个儿童都是好奇宝宝，对这个世界充满好奇，每个人都积极地探索外部环境，并且每个人都在努力适应自己的环境。当然，也有不是那么努力的孩子，以及慢慢地适应环境的孩子。在此，我们还是先来看看埃里克森的发展理论，在他的著作《童年与社会》中，针对大多数正常的个体，他觉得应该有八个阶段，每一个阶段的个体都会有一个心理社会性的任务要完成，就像每一个阶段需要得到一个宝藏，然后才能完成下一个任务。但是每个任务的完成又都是有难度的，会产生相关阶段的冲突，阶段性的宝藏不是那么容易让你得到。每个人都要按照这个途径来完成，没有捷径可走，当然大家更不能不完成，就在原地待着。

于是，在每个阶段，冲突的产生又会伴随出现两种可能的情况。第一种情况，冲突得到很好的解决，个体就会出现一个积极的内置品质，进一步的发展；第二种情况，冲突持续下去，没有得到良好的解决，自我受损。

下面开始介绍埃里克森的心理发展阶段。

第一阶段：信任对不信任。

个体从出生到1岁，婴儿完全依赖他人，婴儿在家人温情和及时的照顾下，就会得到一种对外界的信任感，认为这个世界是美好的；若是婴儿因为家长的忽略、冷漠，未被很好地照顾，或被苛刻对待，婴儿后面会发展不安全感，猜疑或者很难与他人建立关系，就此产生了不信任。所以，家人的良好照顾对每个宝宝的成长至关重要。

第二阶段：自主对羞愧和怀疑。

个体从1岁到3岁，在这个阶段，儿童出现了自控能力的增强，开始进行爬行、触摸、自己动手来探索周围的世界。开始学习到很多新的心理技能和活动技能，进行简单的选择和决定。若是家人对儿童合理的选择进行赞同，对其不合理的选择进行正确的引导，而不是帮助儿童做决定或者强行把自己的观点教给儿童，过度地保护儿童，以及羞辱儿童不合理的选择，儿童的自主能力就能够得到良好的培养。否则，儿童就会对自己产生羞愧和怀疑。父母对小孩的支持是不可或缺的。

第三阶段：主动对内疚。

个体从3岁到6岁，这个阶段儿童大多是通过游戏来探索自己将可能成为什么类型的人。父母对孩子新的目的给予支持，小孩就会获得主动感，有责任和雄心去完成自己的目标。若是父母对儿童进行过多的控制，那么，儿童就会引发内疚。

可以看出，前三个阶段中，原生家庭对儿童的发展是最为关键的。

第四阶段：勤奋对自卑。

个体从6岁到11岁，儿童开始加入社会这个大家庭，更多的时候是在学校接受教育。儿童以学习为主要活动，生理和心理都产生很大的变化，出现了集体意识，儿童开始和小伙伴进行合作，培养合作的能力。在学校，和同伴相处的时候体验到一些消极经验，儿童会觉得自己无能，产生自卑感。老师和同伴在这个阶段扮演了重要的角色。

第五阶段：自我认同对角色混乱。

个体进入青少年期，进入了过渡期，主要体现在半成熟和半幼稚结合，独立性和依赖性结合。青少年进入了生理发育的“高峰期”，生理发育首先是外形改变，其次是身体机能增强，最后是性发育成熟。心理发育中出现自我意识和个性的发展，开始进行自我定位，喜欢关注自己在别人眼中是怎样的，试图回答“我是谁”“我在社会中是什么角色”等问题。青少年不断探索自我，从而形成个人的自我认同。若是在这个阶段对未来的角色认识不够，则容易引起成人后的角色混乱。在这个阶段，同伴团体之间的帮助和支持尤为重要。

第六阶段：亲近感对孤立感。

个体经过青少年时期的角色认同后，开始建立深厚的友谊，寻找属于自己的爱和陪伴。埃里克森的亲近感有着专门的定义，即指一种关心他人并与他人同甘共苦的能力。[①] 这个阶段的个体主要任务是走向独立，成家立业，与他人共享自我认同，若是关系顺利，会拥有美满的事业和家庭；若是建立亲密关系受阻，则会出现孤独感和孤立感。这时，爱人或配偶对个体的发展提供重要社会支持。

第四阶段至第六阶段，是人生中最美好的时光，也是最麻烦的阶段。

第七阶段：繁衍对停滞。

个体进入中年期，此时成人需要面临事业是否做出成绩、家庭是否关系和睦等问题，体现出关心自己以及关心自己的后代。此时是个体心理能力在整个人生中最成熟的阶段。个体对小孩的培养和对老人的照顾，良好关系的建立，可以让成人得到繁衍的满足感；若是无法组建家庭，或者是不愿承担责任，人就很容易变得停滞，或者自私自利。家人对成人的社会支持以及行为的规范起着重要作用。

第八阶段：圆满感对绝望感。

个体进入这个时期，已经是人生的最后阶段，老年人感知觉和记忆力开始衰退，事业上离开工作岗位，进入了对自己生活的总结阶段，对健康的需要最强烈。若是觉得此生有意义，完成了自己制订的目标或者是拥有丰富的、愉快的经验，一生充实和对自己负责，能够自尊自重，带着尊严面对死亡，则会体会到完善。若是对未实现的目标充满失望，有未完成的诺言等，则会出现对生活的失望，害怕死亡。所以，个体的生活经验决定了最后阶段的状态。

埃里克森对人一生的发展进行了研究，修正了弗洛伊德的发展理论，他的理论在人类发展中占有重要的地位。在这个理论中，虽然会遗漏许多细节，但是人的生

---

① Dennis Coon，John O. Mitterer. 心理学导论：思想与行为的认识之路［M］. 13版. 郑钢，等译. 北京：中国轻工业出版社，2014：127.

命周期的整个脉络清晰可见。埃里克森的发展理论更加强调了人作为社会中一员的方面，其发展必定要在生活的文化情景中来理解，每个个体的发展都是由内到外的成熟和与社会文化环境的交互影响。埃里克森的发展理论主要是针对正常的个体来讲的。在这个世界上，人虽然大致按照埃里克森发展理论来发展，但每个人都要走一条适合自己的路。

9.1.3　尊重生命

埃里克森的发展之路，并不是所有的人都会走的路。每个个体都与众不同。人无完人，每个人都有缺点，有不足，但是每个生命都应该被认真地、严肃地对待。现在，让我们来了解生命所拥有的以下特点：

（1）生命的珍贵在于不可逆。每个人的生命都只有一次，无论你是穷人或富人，无论你是中国人或美国人，无论你是伟大的人或普通人。生命一旦失去了，就永不回来。生命从受精卵开始，生长至死亡结束。正是因为生命的不可逆，人们才可能更加珍惜生命。

（2）生命的珍贵在于有限性。每个人的生命都是有限的，因为生命的存在时间是有限的。长生不老，是大家都想追求的终极目标。传说秦统一六国后，秦始皇曾经命人到世界各地去寻求长生不老药。即使是贵为帝王，拥有至高无上的权力，他仍然不能让自己永葆青春。人是社会的人，生命的存在也不能离开群体单独生活，社会的支持和帮助能让生命完成更多使命。

（3）生命的珍贵在于不可替换性。在这个世界上，每个人都是独一无二的，正如世界上找不到相同的两片叶子。而每个人的未来将面临的生命之路也是独一无二的。无论对自己是满意或者不满意，都无法与别人进行交换，别人也无法代替你而活。你自己每一步的选择，都体现了你对生命的态度，让自己的生命在每一阶段展示出最好的自己。

（4）生命的珍贵在于有创造性。人的生命是一个不断发展、不断完善的动态过程。每个人对生命的拓展都有无限的可能性，无论你是健全的人，还是带有残疾的，都可以在生命的过程中发展自我，让自己获得最想要的生活，体现生命的无限创造性。

所有的生命都体现了上述几个特点。世界的多彩就在于，不是所有的人都可以完整地看待这个世界。他们更多的是带着某些缺陷，完成了这个世界上最不可思议的事。下面就有几位代表人物，他们走了少有人走的路，这条路异常艰辛，但他们都获得了人生的圆满。

第一位，霍金：轮椅上的巨人。

史蒂芬·威廉·霍金，这个人相信大家都不陌生吧。一提到他，“黑洞”两个字就会浮现在眼前了。霍金，如此光芒万丈的一个人，却患上了肌肉萎缩这种疾病，这位英国著名物理学家和宇宙学家全身瘫痪，不能发音。1963年，年轻的霍金被诊断出患有肌肉萎缩性侧索硬化症。肌肉萎缩性侧索硬化症即运动神经病，之前许多明星做的“冰桶挑战”就是为此类患者进行的募捐活动。医生无情地宣布他只能活两年。生病的霍金却开启了新的路程，在手术后的几天写下了世界著名的《时间简史》。他奇迹般地活下来了，随着时间的推移，霍金的病情加重，研究却从未停止。他的主要研究领域涉及宇宙论和黑洞，证明了广义相对论的奇性定理和黑洞面积定理，提出了著名的黑洞蒸发现象和无边界的霍金宇宙模型。

第二位，力克·胡哲：“海豚人”的拥抱。

尼克·胡哲，这个人可能和霍金比起来，没有研究影响世界的理论，没有霍金那样出名，但是他注定是一颗星星，用自己温柔的小光芒来影响他人。尼克·胡哲出生于1982年12月4日，一生下来，就没有双臂和双腿，只在左侧臀部以下的位置有一个带着两个脚趾头的小“脚”。他父母没有遗弃他，仍然好好地培养，像一个普通人一样。整个成长的过程中，尼克·胡哲学会了做越来越多的日常事务，开始良好地适应生存的环境，甚至还学会了骑马、打鼓、游泳、足球，像一个正常人一样。对于他来说，没有他不能完成的事，没有他不能追逐的梦。后来，尼克·胡哲创办了“没有四肢的生命”这个组织，成了著名的残疾人励志演讲家。他在全世界的演讲，让很多对生活失去希望的人重新找回面对生活的勇气，他因此也是全世界拥抱他人和被他人拥抱最多的人。

第三位，让·多米尼克·鲍比：眨眼之间的妙语。

让·多米尼克·鲍比，一个法国杂志编辑和作家，1997年3月9日离开这个世界。这个世界上有些人自始至终都不知道他是谁，他做过什么。在这里为什么要提到他。他不过是众多时尚杂志编辑之一，仅仅在流行服饰杂志*ELLE*工作。原本平凡的人，却在某一天某一时刻出现了意外。1995年12月8日他中风，20天后苏醒，仅剩下一只左眼能够眨动。他体重锐减，却花了两年的时间用左眼来与人沟通，完成了生命中唯一的一本书——《潜水钟与蝴蝶》。整本书的写作只依靠一张记录着按照法语字频排序的字母表，鲍比用眨眼来选择需要的字母，用如此往复的独特的顺序听读方式完成全文的写作。在书的写作中，每个单词平均耗时两分钟，而整本书依靠左眼的大约200 000次眨眼完成。此书出版后两天，他在医院过世。此书出版后，首周销量达到150 000本。全书四万字，道出了一个人的神奇：纵使肉体如潜水钟般沉入水底，思想却可以像蝴蝶一样破茧翩飞。

命运往往喜欢和人开玩笑，你总是会过着你意想不到的生活。生命也正是因为这种意外而获得更多的惊喜。看得见的叫安排，看不见的才叫未来。他们三位只是众多生命中小部分代表，世界上还有很多像他们一样的人和与他们不一样的人，他们表现出对生命的渴望、对生活的无限希望，即使身体残缺，也阻止不了他们对生命的尊重。因为他们相信，只要有生命的存在，任何奇迹都可能会出现。

9.1.4 珍爱生命

因为生命的唯一性，因为生命的有限性，因为生命的短暂性，生命的话题从来都很沉重。近年来，我国的青少年以自杀结束生命的案例越来越多，自杀也越来越低龄化。让我们在对生命陨逝的惋惜中思考，警醒更多的人珍爱生命。

（1）珍爱生命，充分感受生命的美好。世界上很多事情，都不能按照我们自己的心愿来设置，但是我们可以用我们自己的双眼来寻找属于我们的特殊美好，感受到美好，转变心态。

【知识链接】

远古时候，塞浦路斯有一个国王叫皮格马利翁。这个国王性情孤僻，特别喜爱雕塑。一天，他用象牙雕刻了一座理想中的美人像，久久依伴，每天以深情的眼光观赏不止，竟对自己的作品产生了爱慕之情。于是他祈求爱神阿佛罗狄忒赋予雕像以生命。阿佛罗狄忒被他的真诚爱情所感动，就使这座美女雕像活了起来。皮格马利翁遂称她为伽拉忒亚，并娶她为妻。

有个心理学家叫罗森塔尔，了解到这个希腊神话故事，开始了一个著名的实验。他和小助手来到一所小学，对着校长和老师说，咱们要进行一个“未来发展趋势的测验”，然后选定一个班级的学生，对其进行了相关的测试。最后，煞有介事地以赞赏的口吻，将一份“最有发展前途者”的名单交给了校长和相关教师，叮嘱他们务必要保密，以免影响实验的正确性。其实，他在此撒了一个“权威性谎言”，因为名单上的学生根本就是他和小助手随机挑选出来的。实验后面没有转折，那就没有罗森塔尔效应的出现了。8个月后，奇迹出现了，所有名单上的学生，个个成绩都有了较大的进步，且各方面都较之前优秀很多。这个就是著名的罗森塔尔效应。

不得不说，罗森塔尔的“权威性谎言”发挥了很大的作用，因为这个谎言对老师产生了暗示，改变了老师对这些学生的看法。教师又将自己的这一心理活动通过情绪、语言和行为感染了学生，使学生强烈地感受到来自老师的爱和期望，变得更加自尊、自信和自强，从而使各方面得到了异乎寻常的进步。你的美好期望，会让你获得妙不可言的结果。

（2）珍爱生命，拒绝不良生活的诱惑。我们是社会中的人，在社会中就要分辨好坏，越长大越应该具有分辨是非的能力。世界上的诱惑有很多，如吞噬生命的毒品，消磨意志的赌博，助长危险的暴力游戏等。能够坚决地抵制不良诱惑，是对生命的直接保护。

（3）珍爱生命，养成良好的生活习惯。一个人有健康的身体和心理，才能保证生命的完整。一个心理学家曾经说过，行为决定习惯，习惯决定性格，性格决定命运。每天保持健康的日常行为，则可以带来良好的习惯，继而潜移默化地改变自己的性格，最后改变自己的命运。

（4）珍爱生命，懂得感恩和分享。我们在亲人、朋友以及陌生人等的帮助和支持下能够很好地生活。所以，要懂得感恩，感谢他们无时无刻的帮助，因为拥有社会系统的支持，我们才能够更好地完成我们的生命旅程。我们在使自己的生命不断圆满的同时，也要分享我们所拥有的，让他人也能够感到生活的美好。赠人玫瑰，手有余香；分享快乐，无与伦比。

（5）珍爱生命，爱护他人的生命。当我们珍爱自己生命的同时，也应该要爱护世界万物的生命。保护环境，爱护他人的生命，不伤害动植物，不伤害他人。每个个体的生命都很重要，只有存在丰富的生命体，我们生活在这个世界上才不孤单。

【心理导航】

美好生命

美好生命，是一个团体辅导的游戏，让每个参与者在游戏中思考自己所了解的自然，投射自然生物，了解生命的存在意义。

活动目的：

1. 让学生认识到自然，解读生命。

2. 让学生学会深爱生命，优化生命存在的意义。

游戏规则：

1. 老师对学生进行分组，每组 6~8 个人。

2. 老师给每个小组分发一张大白纸，彩色的画笔以及一些彩色的卡纸。

3. 每个小组在老师的口令下，画出自己喜欢的自然界的生物，也可以用卡纸裁剪或制作立体的相关生物的图形。

4. 全部小组完成以后，每个小组的成员可以在自己或者别人的作品上面，添加这种生物在自然界中的作用是什么，对自然界有什么价值。

5. 全部完成，每个小组进行分享，让每个小组的成员了解大自然的美好。

【心理自助训练】

1. 感恩惜福

闭上眼睛，进行回忆，想想童年、想想过去，然后睁开眼睛，在纸上写下或者画出你身边让自己感到开心、感动、满足的事或者人，写得越多越好。写完自己看看，有没有满满的幸福？

2. 电影赏析

《肖申克的救赎》中，安迪（Andy）说：“记住，希望是件好事——甚至也许是人间至善。而美好的事，永不消失。”

《美丽心理》中，爱是无限，爱是信仰，爱是一切逻辑和缘由。用力活着吧，因为有爱。

《当幸福来敲门》：这似是而非的人生，大可不要，因为我可以让每一件事都刻骨铭心。

《哈佛风雨路》：无论什么样的逆境，只要还活着，只要还努力，只要还坚持，就没有到不了的地方。

选择自己喜欢的电影，写下自己的感悟，或一字，或一词，或一句。

3. 自我批评

每个人都有很多缺点，想想自己身上有什么缺点，把每一点都仔细写下来，然后，按照坏习惯的程度进行等级划分，根据所学的知识来分析如何进行整改，如何实行整改计划。

9.2 呵护生命之花

【导入故事】

2014年11月30日早晨7点48分，泸州一名1995年出生的小伙子在微博上连续发布了多条微博，其内容充满厌世情绪，并配有安眠药、炭火盆的图片，疑似正在自杀。网友们看到此微博，大力转发、留言，阻止小伙子进一步的自杀行动。警方接到报案，经过排查，下午在一间民房内发现这位小伙子因服药和一氧化碳中毒陷入昏迷。送医院抢救，但为时已晚。19岁的男孩，就以这样的方式结束了自己的生命。

据不完全统计，在2014年网络上搜索大学生自杀的数据，看到如此多还未进入社会的学生，还未体验过世界精彩的学生以及还未完成生命历程的学生，居然选择以自杀的方式来结束自己的生命。对于他们自己，他们少了创造生命奇迹的机会；对于家人，他们少了可以期待的希望。我们想知道，到底是怎样的事件触动了他们最弱的神经，怎样的原因让他们要选择自己放弃自己？我们想知道，他们在选择以极端方式结束自己生命之前，是否有寻找过求助？我们想知道，他们在选择以极端方式结束自己生命之时，是否有一点点的舍不得？我们无法知道，如此美丽的世界，怎能留不住他们年轻的生命？我们无法知道，为何家人无法帮助他们摆脱绝望？世界卫生组织提供的数据显示，自杀已经是15~34岁青壮年人群的首位死因。

人是否能够按照自己所设定的人生之路一直走下去？我想，这个问题每个人心中都有答案。人的一生如此之长，长到每天都有很多小细节、小故事足够让你在白发苍苍之时来慢慢回忆。但人的一生又如此短暂也如白驹过隙，转瞬即逝。每一天，都会遇到很多很多的精彩、意外、挫折、考验，我们可以在生命之路中成长，开出最美的生命之花。

9.2.1 挫折考验

生命固然美好，但是没有哪一个人能保证自己的生活总是一帆风顺。我们在生活中总会遇到不顺心的时候，总会遇到各种挫折，经过这些挫折的考验，我们更加能够体会到生命的宝贵和生命不可预知的魅力。

9.2.1.1 挫折来源

挫折在心理学上的定义为：由于动机不能满足或目标不能达到而引起的一种内部情绪状态①。现在，出现了除培养学生的智商、情商，还要培养学生的逆商的理念。逆商是指逆境商数，指人们遇到逆境时的反应方式，即遭遇挫折、脱离困境和摆脱困难的能力。产生挫折的原因可以分为自身原因和外部原因。

（1）自身原因。自身原因包括了认知方式不正确、各种潜在的心理冲突、个性特点、承受力大小、心理障碍、生理缺陷等。

①认知方式不正确。我们每个人的经验、学识以及体验不同，对我们的生活有不同的认识，正所谓一千个人眼中有一千个哈姆雷特一样。对于不同的事物，有不同的认知，面对挫折时，每个人产生的心理压力也不同。

②各种潜在的心理冲突。大家都明白鱼和熊掌不易兼得。但是世界若仅仅是让我们在鱼和熊掌之间选择，已经是很简单的了。世界就是这样的丰富多彩，我们可能会面临很多的选择和冲突，所以有四种冲突出现：双趋冲突，就是一般所说的鱼和熊掌都很好但不能兼得的情况下，不知道选择哪一种；双避冲突，犹如牙痛，不想去看牙医拔牙，但是吃饭又很痛；趋避冲突，个体的目标既有吸引又有排斥，就如明天要考试，为了考出好成绩今晚想要复习，但是又想好好休息来放松；多重趋避冲突，体现在面临大学择校、择业以及婚姻等重大人生选择时。若是冲突处理不好，就会出现挫折感。

③个性特点。性格开朗、乐观、自信的同学，会寻找到许多方法来处理挫折；而性格内向、懦弱的同学在处理挫折的时候，就容易产生不协调。性格特点没有办法在短时间内改变，但是可以寻求他人的帮助，得到缓解。

④承受力大小。每个人对挫折的承受力是不一样的。有人遇到挫折时迎难而上，百折不挠，能经历各种挑战；有的人遇到挫折时一蹶不振，失去信心，开始怀疑自己的能力，产生严重的挫败感。

⑤心理障碍。拥有心理障碍的同学，无法正确对待相关的问题。例如有人际交往障碍的人，不能很好地与人进行沟通成为朋友，容易独来独往，在遇到无法解决的问题的时候，得不到别人的支持，容易导致挫折的产生，以及出现走极端的现象。

⑥生理缺陷。某些大学生在生理上存在着天生的缺陷，例如身材矮小、四肢残

---

① Dennis Coon，John O. Mitterer. 心理学导论：思想与行为的认识之路［M］. 13版. 郑钢，等译. 北京：中国轻工业出版社，2014：531.

疾、面容难看等，或者是后天染上相关的疾病，容易产生挫败感，尤其是就业的过程中更容易产生自卑。

（2）外部环境。除了上述自身的原因容易导致产生挫折感，还有外部环境是导致学生产生挫折的原因。外部环境涉及家庭、学校和社会。

①家庭环境。原生家庭对学生的成长有着至关重要的影响。家庭中父母对学生的关心和支持，以及父母的教养方式不同，对学生都会产生极大的影响。例如，儿童时期遭遇分离，或者受到虐待等不良对待，学生对待挫折的态度不可能像正常人一样，极容易扩大挫折感。

②学校环境。学校是学生除了家庭以外最重要的成长环境。学校若是对学生的思想政治培养工作不力，学校的管理方式不当，学校过多限制学生的行为，对抗挫折能力的培养重视不够，容易导致学生不能正确对待问题，从而产生挫折感。

③社会环境。目前，网络信息时代的到来，社会上某些不良现象的出现，使得学生无法分辨是非，对某些社会现象产生不良的反应。大学生对某些问题感到无能为力，难以接受，也会产生挫折感。

9.2.1.2　应对方式

上述内容分析了产生挫折的各种原因。人遇到挫折，通常第一反应是坚持当前的行为，然后会产生各种各样的应对方式。

（1）坚持行为。个体遇上挫折，坦然面对，坚持自己的行为，日积月累，障碍就会慢慢消失。许多困难都抵不过坚持。水滴石穿，是最容易让人明白的道理。

（2）变换对策。个体遇上挫折，一旦发现自己即使坚持了当下的行为，也无法改变不利的现状，就应该改变认知，改变方法，从另外的角度来进行整体认识，或者停下来休息一下，迂回制胜。坚持固然是重要的，但是要认识到自己坚持的是什么，是否是正确的，所谓“识时务者为俊杰”。因此，知进退方可成功。

（3）退缩或逃避。个体遇上挫折，无论怎样努力，都不能改变目前的状态或者是克服当前的障碍时，某些人就会选择退缩或逃避行为，不再面对挫折，也不再进行努力试图来改变挫折。对当前的困难采取不作为的行为，任其自由变化，其实是不能真正解决相关的问题的。若是个体每次遇到挫折都采取退缩或者逃避的方式，很容易让个体降低适应能力。逃避的方式有两种：一种方式是离开挫折源，一般做法包括退学、离职或离婚等；另外一种方式是心理逃避，一般做法是情感保持冷漠，或者使用酒精、大麻、可卡因等有麻醉性药物①。

（4）退化。退化行为，即个体表现出与自己年龄不相符合的行为。个体遇到挫折，开始采取退化的行为，以得到别人的同情和帮助，这会减弱自己的行动能力，其实也是逃避困难的一种方式。

---

① Dennis Coon，John O. Mitterer. 心理学导论：思想与行为的认识之路［M］. 13版. 郑钢，等译. 北京：中国轻工业出版社，2014：532.

(5) 攻击。攻击是个体觉得自己无力解决挫折时最容易出现的一种行为。攻击是一种情绪的发泄。不伤害别人和自己的时候，适当的攻击其实也是一种自我防御；但是一旦攻击行为伤害到别人或者自己，这种应对方式就不合适。心理学上有一个理论叫“挫折攻击理论”，研究者发现，即挫折总是会产生攻击行为。当个体遭遇挫折时，很容易爆发出攻击行为，甚至犯罪或自杀。

面临挫折，上述讲解了一些面对挫折的方式，其中有积极的应对方式，也有消极的应对方式，我们要全面了解，才能面对挫折，知道自己应该怎么做。下面提出一些思考，便于自己避免不必要的挫折感：首先，确定挫折的来源。挫折是来自自身原因，还是外部环境？其次，分析挫折源是否可控。挫折是自己可以控制，还是自己无能为力？最后，确定挫折的应对方式。面对可控的挫折，需要多大的努力才能改变？即使自己付出超出自己能力范围的努力，仍然无法应对挫折时，应该如何改变目标？面对不可控的挫折，应该如何改变或者转移挫折源？

9.2.2 焦虑危机

每个正常的个体都会遇到挫折，而接下来，我们将来看看某些个体遇到的心理障碍，尤其是大学生主要的几种心理障碍。

9.2.2.1 焦虑障碍

当个体遇到应激事件，会产生焦虑，这个是很正常的。适度的焦虑可以保护生命，维持生命体征，使人获得成长。例如，考试前有焦虑，担心自己考不好，某几天晚上睡不着，这个是很正常的；毕业后第一次参加面试，要面对众多的考官，一时间紧张出汗，也是正常的；你的身体检查报告出来，发现自己身体有异常的病变，担心自己的身体而情绪低落等，也是正常的。若是生命中没有焦虑，人是不能够正常生活的。例如，遇见危机情况没有焦虑，则不会触发保护机制，我们什么事都不能做好。

焦虑是一种正常的情绪。那如何区分焦虑障碍，如何判断焦虑障碍的出现呢？上述案例中，考试前有焦虑，每天晚上都睡不着，导致整宿的失眠，以及在考场上无法回答试卷，自己复习的知识无法反映到试卷上，或者四肢僵硬，无法进行写作等异常行为的出现，这就是焦虑障碍。曾经有一个真实的案例，一个女生担心自己高考不能正常发挥，与自己向往的大学失之交臂，产生焦虑，导致自己无法正常说话。因此，若是焦虑的强烈程度已经妨碍自己完成正常事件，导致身体机能或者局部器官出现失调以及情绪失控等，就成了焦虑障碍。患有焦虑障碍的人常感觉自己无法控制焦虑，进而产生更多的焦虑，形成一个怪圈。

9.2.2.2 焦虑种类

以过度焦虑为特点而产生的心理障碍有很多种类，在本书中，我们主要介绍与大学生密切相关的焦虑障碍，如广泛性焦虑障碍、社交恐惧障碍、创伤后应激障碍以及强迫症（请各位同学不要自行判断，这些症状对应的相关障碍需要专业医师的诊断）。

（1）广泛性焦虑障碍。患者对日常生活中的每一件小事都会感到莫名的担心。杞人忧天般的患者不仅产生过度的焦虑情绪，难以控制，时间至少要持续6个月，并且还伴随着身体变化，如出汗、心动过速、心悸、颤抖、眩晕、恶心、呼吸急促、不能集中精力、易疲劳、烦躁等。一项研究指出，针对儿童，此障碍可能只出现躯体的症状。一般统计，女性患此障碍多于男性。

（2）社交恐惧障碍。患者害怕他人对他过多观察和评论，避免在公共场所学习、讲话以及吃东西。若是遇到无法避免的公共场所及事件，患者常常有躯体的不适应，感到尴尬。若是患者暴露在自己害怕的场景中，容易引起焦虑，甚至心跳加速、手抖、脸红，不能与人正常交谈。成年人能够认识到这种恐惧是不合理的，但是无法控制。一个人若是患有社交恐惧障碍，将影响他个人的正常工作、学习以及日常的人际关系。

（3）创伤后应激障碍。这是由应激性事件或意外处境引起的个体延迟性反应。其中，应激性事件或处境，最为常见的要属战争。但是，目前经常涉及的是个体身体受到攻击，例如车祸、自然灾害或者亲人的突然死亡等事件。患者会在接下来感到恐惧、无助或者出现憎恶感。患者经常在记忆或者睡梦中再次体验受创事件。患者不一定会马上体验到或者被诊断出创伤后应激障碍。另外有一些研究指出，患有创伤后应激障碍的患者，自杀的念头或者行动是最多的。“5·12”汶川地震之后，亲身经历过亲人去世、自己受伤、房屋倒塌等事件的人，很多都患有创伤后应激障碍，后续需要专业人士的介入与治疗。

【知识链接】

诊断标准概要（DSM-IV-TR）①

创伤后应激障碍特点包括：

＊个体亲身经历创伤性事件，在此过程中，个体经历、见证或者面对死亡威胁或严重的伤害等场景，个体对这些场景表现出了严重的害怕、无助和恐惧。

＊以下列一种或多种方式持续体验到创伤性事件：①反复出现闯入性的对事件的痛苦回忆，包括对事件的想象、思考或感知；②反复做与该事相关的噩梦；③有认为创伤性事件会再次出现的感觉，包括错觉、幻想以及闪回现象；④经历会引起创伤回忆的事件时，出现强烈的心理痛苦；⑤对能引起创伤回忆的事物，表现出明显的生理反应。

＊持续回避与创伤性事件相关的刺激，以及反应麻木。

---

① 马克·杜兰德，戴维·巴洛. 变态心理学纲要［M］. 王建宁，等译. 北京：中国人民大学出版社，2009：4，186.

＊ 持续的唤醒水平提高现象，如难以入睡、神经过敏以及高度的警觉。

＊ 临床上明显的痛苦，或社会功能、职业以及其他一些重要领域功能的显著受损。

＊ 病程超过1个月。

（4）强迫症。患者陷入某种痛苦的想法而被迫做出某种反复行为。大部分人偶尔都会体验到感觉自己的门锁没有关好，要反复检查；考试时感觉自己的某些内容没有填写在试卷上面，要反复检查；感觉自家的水龙头没有关好，需要重复检查。这些行为还不足以成为强迫障碍。因为强迫症的诊断还需要专业人士来判断。有反复的、持续的强迫观念、想法、冲动等，有反复的行为或心理活动（如数数、祈祷等），这些强迫行为和强迫观念每天持续的时间至少1个小时，并且个体已经感到明显痛苦，以至严重干扰了个体正常的日常生活和人际关系。

9.2.2.3 焦虑来源

以上障碍内容，同学们可以参照，不可以简单对应，如果怀疑，也必须由专业人员诊断。导致焦虑及其相关的障碍，是多种因素的结果，其中包括生物学因素、心理学因素和社会因素。

（1）生物学因素。越来越多的研究证明，焦虑障碍不是由一种单一的因素决定的，而是存在具有某种紧张不安的遗传倾向。大脑中的神经递质也与焦虑有关，边缘系统与焦虑有着最为密切的关系。

（2）心理学因素。大多数心理学家认为条件反射可以解释某些焦虑恐惧以及模仿和其他的现象。多种因素的交互作用也会产生焦虑。早期的儿童成长经历以及父母的教养方式都可以导致个体产生焦虑。其中，儿童早期经验中的控制感是个体在成长发展中对焦虑最为敏感的因素。

（3）社会因素。生活中的压力触发了个体生理中和心理中的焦虑易感性。当今时代经济高速发展，生活中人们会面临各种压力，其中人际关系方面，例如结婚、工作、亲人去世等；身体发生相关意外方面，例如身体受伤、严重疾病等；社会压力方面，例如学生升学、丢失工作等。

9.2.2.4 治疗方式

上述三种因素以及综合因素导致焦虑障碍的发作，若是个体获得焦虑障碍，则应该到相应的机构例如医院进行继续专业诊断，接受专业的医师心理治疗和药物治疗。一般来讲，药物治疗短期有效，心理治疗长期有效。

大学生的适当焦虑是正常的，不适当的焦虑若是不及时进行调整，容易发展成为焦虑症，是不利于大学生心理健康的。因此，大学生应该学会自我调节和心理治疗。

（1）自我调节。

大学生无论是否遇到焦虑，都应该在自己生活、学习中进行适当的调节。自我调节可以让大学生在生活学习中得到良好的个体发展。让我们来跟着下面的建议，今天就开始试着做自我调节吧。

①培养良好的人际关系。有这样一个笑话：有个精神病患者，一直穿着一件黑色的衣服，无论晴天雨天都打着一把伞，蹲在角落里一动不动，很多医生看着他却只能摇头。突然有一天，一个医生也穿着黑衣服，打着伞蹲在他旁边，一动不动。过了很久，他突然说："难道你也是蘑菇？"看完这个，你想想自己身边是否也有这样的"蘑菇"？良好的人际关系是大学生生活、学习的重要支持。人际关系和谐，大学生的日常学习生活才能顺利。当个体遇到焦虑，找朋友、师长等聊天、倾诉，困难会迎刃而解。这个世界上最幸福的事，就是有个人在你需要的时候做你的倾听者。

②目标细化，认真执行完成。大学生最主要的焦虑来源是学习。对于学习，应该进行良好的目标细化，分成子目标，然后进行子目标记录，逐步完成。完成一个，进行标注，及时反馈，子目标完成越多，总目标完成越好。细化目标，认真执行，目标就会简单明了。总目标被有条不紊地完成，焦虑情绪自然减少。

③适当释放焦虑情绪。一旦遇到困难，产生焦虑情绪，要适当释放出来。找安静的地方听听自己喜欢的音乐，找些朋友聊天、看电影、开展户外活动等，做自己喜欢的事。尤其是做户外活动，让自己和人群、大自然接触，能让人不容易钻牛角尖，让焦虑情绪得到缓解。

【知识链接】

音乐治疗

用音乐治疗疾病被称为音乐治疗，4 000~6 000年前就有音乐治疗疾病的记载，20世纪以来更是风行于世界。如产妇聆听音乐，有助于解除产前紧张情绪。在精神病医院，用音乐可作为治疗焦虑症、抑郁症、躁狂症、神经症及假性痴呆等疾病的手段及促进精神康复的方法。

音乐为何能治疗疾病呢？这是因为音乐能影响人的情绪。轻松、欢快的音乐能使大脑及整个神经功能得到改善；节奏明快的音乐能使精神焕发，消除疲劳；旋律优美的音乐能安定情绪，提高注意力，增添患者生活情趣，有利于心身健康的恢复。音乐治疗可影响人的生理功能，节奏鲜明的音乐具有兴奋作用，使人精神振奋；节奏缓慢、优雅的音乐具有镇痛、降压、镇静及调节情绪的作用。因此，音乐能改善人的心理功能及生理活动，故用音乐治疗疾病被称为音乐治疗。

在心理治疗界对音乐治疗的原理虽然解释不同，但对其治疗作用的肯定却达成了共识。音乐心理治疗瑞典学派的创始人庞特威克仔细研究了心理共鸣理论，认为音乐通过音响的和声系统反映了某些原始形式的精神生活，和缓而平静的音乐使人安慰，而洪亮、欢快的音乐则使人激动、振奋。另有人研究音乐与情绪的关系证明，徐缓的大调忧郁、悲切、苦闷、伤感、凄凉，使人感到忧伤；快速的小调内含激情、焦虑不安、惊慌、凶狠、危急，易使人愤怒；快速的大调则欢腾、愉快、喜悦、富有朝气，能使人感到愉快。研究表明，正确的音乐既能消除病人的不良体验，也能扩大其能享受到的感受和体验的领域，还能使听音乐过程中出现的思维结构得以提高，因而大多数病人可依据这些不能理解的原则进行音乐心理治疗。

④锻炼意志，逐步完善人格。大学生的目标之一是顺利度过大学生活。大学时期，我们除了要完成学习任务，还要锻炼意志，培养自我控制、自我调节的能力，逐步完善人格。

（2）心理治疗。

大学生除了自我调节，若是有严重的焦虑症状，还应该进行专业的心理治疗。下面介绍四种心理治疗，让大学生有些了解。

①放松疗法。此方法是通过自己有意识地控制身体活动将心理状态降低到最低的唤醒水平，从紧张进入松弛状态的一种心理疗法。放松疗法认为个体若是放松躯体，心理状态也会达到平和状态。放松疗法的做法很简单，可以按照以下的步骤进行：第一步，在安静的环境，找到自己最舒服的姿势；第二步，闭上眼睛，保持头脑放空；第三步，从头部开始，慢慢地达到自己最舒服的放松模式，再从脖子、肩部，慢慢从上到下，一直到脚完全放松；第四步，调整自己的呼吸，慢慢地，保持一定的节奏；第五步，循环自己的呼吸，保持两分钟，慢慢睁开眼。若是期间头脑中有胡思乱想，暂时不用刻意理会，注意力都集中在调整呼吸和放松身体上。放松疗法是一种正常人的身体保健，是消除疲劳、缓解紧张和焦虑情绪等简单有效的方法。

②系统脱敏法。系统脱敏方法的创立和发展源于美国的沃尔帕，主要用于让有需要人士一步一步地暴露在自己所焦虑的情景中，以达到最终用放松状态来消除焦虑障碍的目的。系统脱敏疗法的步骤分为：第一步，将个体的恐惧或者焦虑建立一个等级层次，按照自己的实际症状来进行不同等级划分；第二步，进行放松状态的调整；第三步，治疗者在放松的状态下，从最小的恐惧或者焦虑等级的刺激来进行想象，直到克服了这一等级刺激，达到放松状态；第四步，进行下一等级的刺激想象，直到放松，如此循环第三步，以达到最大等级仍然保持放松状态。其中需要注意的一点，想象下一等级的恐惧或者焦虑等级让个体处于一种无法控制的恐惧或者焦虑情绪，需要立即终止这一等级情景想象，重新回到上一等级。必须要达到一个阶段的恐惧或者焦虑刺激想象完全放松，才能进入下一等级的情景想象。整个系统脱敏方法需要多次的治疗，不能一蹴而就。研究表明，在大多数情况下，此方法放松反应从想象情景到现实情况的转移是成功的。

③满灌疗法。满灌疗法也叫暴露疗法。满灌疗法一般采用想象的方式，不进行放松训练，而是直接激励病人想象最使他恐惧的场面、焦虑的目标，或者是心理治疗师在治疗者旁边反复地讲述他最感恐惧、最焦虑的情景细节，或者采用录像、幻

灯放映让治疗者观看最恐惧、最焦虑的情景，用以加深治疗者的恐惧或焦虑程度，同时不允许治疗者采取堵耳朵、闭眼睛、哭喊等逃避措施。在反复的恐惧、焦虑刺激下，使治疗者因恐惧或焦虑紧张而出现身体反应，如心跳加剧、呼吸困难、面色发白等，经历了最难过的阶段后，患者发现最担心的、最恐怖或者最焦虑的可怕灾难并没有按想象发生，恐惧或者焦虑反应也就相应消退了。但是，满灌疗法在具体运用时，还要考虑治疗者的多种自身因素，如治疗者的文化水平、易受暗示程度、其发病原因和身体状况等多种因素。尤其是对体质虚弱、有心脏病、高血压和承受力弱的治疗者，不能应用此疗法，以免发生不必要的意外。因此，在满灌疗法之前，心理治疗师必须要事前告诉治疗者，在这里各种急救设备俱全，他的生命是绝对安全有保障的，并且应该进行专业的身体检查。注意，此疗法必须有专业的心理治疗师在场，同学们可以了解，但不能自行操作。

④理性情绪疗法。理性情绪疗法是美国心理学家阿尔伯特·艾利斯于20世纪50年代创立的。其疗法主要是以理性思维，也就是俗称的合理的思维来替代非理性思维，帮助治疗者改变对事物或人的认知，减少他们由非理性思维而带来的困扰或避免后续的异常行为。阿尔伯特·艾利斯认为情绪的产生并不是由外在的客观事物引起的，而是由个体经历这一事件对这个事件的解释和评价而引起的。其疗法主要有以下几个步骤：第一步，治疗者要与患者建立良好的关系，尽快找到他所关心的各种问题，从其最迫切希望解决的问题开始。第二步，治疗者主要帮助患者认识到自己不适当的情绪和行为表现或症状，即找出他们的非理性信念。第三步，治疗者主要采用辩论的方法动摇患者非理性信念，让患者在此过程中用理性的信念取代非理性的信念。第四步，治疗者还要探索是否存在与情绪障碍有关的其他非理性信念，让患者学会用理性的思维来思考问题。

除了上述介绍的心理疗法，还有其他很多认知行为技术，有兴趣的同学可以自己寻找相关的书籍学习和了解。

9.2.3 生命领悟

危机这个词，大家一定不陌生，每个人在一生的发展中都会存在危机。还记得之前讲过的埃里克森的八个心理发展阶段吧，每一个阶段若是发展不顺，就会出现相关阶段的危机。年轻人会遇到学业方面、感情方面等危机，中年人会遇到事业方面、家庭方面等危机，老年人会遇到精神和疾病等危机。危机得到处理，生命则会迅速成长，得到满意的结果；危机处理不当，个体往往出现挫折、心灵扭曲、行为怪异甚至结束生命。

9.2.3.1 危机的含义

美国心理学家吉利兰和詹姆斯对危机进行了相关的研究，曾经出版《危机干预策略》，书中罗列了危机的六种含义：①危机是当人们面对重要生活目标的阻碍时产生的一种状态。这里的阻碍，是指在一定时间内，使用常规方法不能解决的问题。②危机是一段时间的解体和混乱，在此期间可能有过多次失败的解决问题的尝试。③危机是生活目标的阻碍所导致的，人们相信用常规的选择和行为无法克服阻碍。④危机之所以是危机，是由于个体感到自己无法对某种境遇有恰当反应。⑤危机是一些个人的困难和境遇，这些困难和境遇使得人们无能为力，不能有意识地主宰自己的生活。⑥危机是一种解体状态，在这种状态中，人们遭受重要生活目标的挫折，或者生活周期和应付刺激的方法受到严重破坏。它指的是个人因这种破坏所产生的害怕、震惊、悲伤的感觉，而不是破坏本身①。

9.2.3.2 危机的特征

大学生群体所面临的危机有如下几个特征：

（1）危机具有普遍性。本节内容一开始讲述了危机是每个个体在成长中都会遇到的。危机的存在，是一种正常的经历，一种特殊的经历，一种可以让个体快速成长的经历。正是因为危机的普遍性，才能让人们在日常生活中能够面临各种各样的问题，重塑自己的生命进程，体验生命的多样性。

（2）危机具有特殊性。尽管危机具有普遍性，即每个个体遇到危机是一定的，但是个体之间的危机又是不同的。危机的特殊性让每个个体在生活中感受不同的危机，体验生活的多样性。

（3）危机具有复杂性。危机的复杂性是指危机与个体的家庭氛围、生活环境、社会文化等相互交错的关系密不可分。危机可能是生理变化所带来的，如疾病、成长变化等；可能是心理变化所带来的，如需要的不满足、个性的缺陷等；可能是社会文化所带来的，如社会的发展不均衡、社会的变迁、社会文化变革等。危机也可能是上述三种变化综合交互产生的。危机的产生可能是短暂的冲突所带来的，可能是日久常年所积累的，也可能是个体对经历的事件的认知产生偏差所带来的。个体即使遇到相同的危机，也可能带来不同的认知以及不同的后续行为。

（4）危机具有突发性。危机的产生常常是突发的，让人意想不到。突如其来的危机，容易给人们造成不良反应、心理扭曲、异常行为等。例如，车祸的出现，那种场面是触目惊心的，劫后余生的幸存者都会想到一句话，那就是仿佛天塌下来一样，让人猝不及防。研究危机的社会学家、心理学家有很多，目前都不能找到一种快速的解决危机的方法。一旦个体遇上危机，要想一步到位解决好危机，是不可能的。个体只能在这个过程中，慢慢进行摸索，找到最适合自己的解决危机的方法。

（5）危机具有动力性。危机这个词，体现了危险和机会并存。因此，危机也常常包含了个体在日常生活中成长和改变的动力。埃里克森的发展理论，也研究过在个体的成长与发展中，总是存在焦虑和冲突，若是处理得当，转化为动力，就能成功解决危机。因此，危机是人生成长和发展必不可少的，应该把它看成一种磨炼，

① 王朝庄，雷云. 大学生心理健康教育［M］. 郑州：大象出版社，2007：228-229.

是提高自己适应生活能力的机会，人们可以用它调整状态，迎难而上，寻求新的生活方式。也就是说，每一次的成长和发展危机，都是每个个体成熟和完善自己的催化剂。就好比你要得到最美的结果，就要经历最痛的过程。

（6）危机具有时代性。每个时代所产生的个体危机都是不同的。个体所面临的危机，部分是由于时代的变迁所产生的。社会对个体的要求不同，个体体现的压力不同，产生的危机也有所不同。时代的变迁，个体对外在环境的需求、对理想的追求也有所变化。最简单的例子，在金融危机前后，大学生的就业压力不同。时间赋予了危机时代性，也让个体在成长中有不同的经历和不同的体验。

（7）危机具有危险性。危机必然包含危险。若是个体在遇到危机之时，不能良好地进行处理，则可能出现危险的行为。这种危险可能会影响个体的日常生活与人际关系，甚至是出现最坏的结果，即失去生命。曾经有大学生因为自己家境贫穷，不能适应大城市的繁华，导致心理失衡，产生严重的自卑感，采取了自杀的行为。危机的危险性不容忽视，每个人都应该提高警惕。

（8）危机具有不确定性。危机的不确定性表现为：①危机发生的时间、地点、人物、事件的不确定性，每个人都有可能此时此刻遇到，也有可能彼时彼刻遇到；②危机发生时人们所进行的选择不确定，产生的认知不确定，后续的行为也就不确定；③针对不同的危机，所采取的方法和解决方式不同。没有哪一个专家一定可以解决所有的危机，以及危机所带来的结果。

9.2.3.3　危机的来源

作为大学生，心理危机的来源往往与周围的环境、人物和事件密切相关。下面将几种常见的危机罗列出来，让大学生进行深入的了解，看看是否自己也遭遇过或正在经历。大学生可以通过以下内容直观了解到，很多危机不仅是自己所特有的，很多同学都会遭遇到。我们要学会认识危机、理解危机，知其然也要知其所以然。

（1）危机来源于成长。大学生在读书期间，正属于生理发育基本成熟阶段，但是心理发展却不能同步成熟，人生观、世界观、价值观逐渐形成，心理状态不稳定，在外界环境的各种影响中，不能良好地应对外界的影响而产生危机。

（2）危机来源于环境变化。大学生通过高考筛选来到陌生的学习环境、生活环境，同学们来自全国各地，不同的文化、不同的生活、不同的习惯相互碰撞，在陌生的环境下，必定会产生很多冲突与不适应。

（3）危机来源于学业。一方面，曾经在学校和家庭双重的监督下学习的学生，一进入大学，开始了独立自主的学习和生活，没有老师和家长的日常监督，部分学生放松了学习，选择了堕落等消极的生活。另一方面，学生所学习的专业并非自己所喜欢的专业，在课程的压力下，学习状态越来越差，容易造成长期的精神紧张和焦虑。尤其是曾经学习成绩较好的同学，一旦学习下降，很容易造成心理失衡。

（4）危机来源于人际关系。人是社会中的人，良好的人际关系是任何人在日常生活中不可缺少的因素。大学生在寝室、学生组织中与人和睦相处，不仅可以获得许多良友，还可以获得很多不同的知识。良好的人际关系可以在自己遇到困难、阻碍时及时获得一种支持，发泄不良的情绪等。不良的人际关系会影响个体的日常生活、行为、情绪，因为人际关系不良而发生的大学校园血案不计其数。

（5）危机来源于情感。大学生属于成年人，因此，校园爱情现在是大学里面的一道风景线。现实生活中，从校园开出的爱情之花，修成正果的例子数不胜数。但是爱情是两个人的事，一旦其中一方感情变化，很容易造成对方的情感危机。失恋，是大学生中最常见的情感危机。情感危机很容易造成大学生悲痛、焦虑、抑郁、精神崩溃等不良情绪的产生，甚至导致自杀等过激行为。

（6）危机来源于经济。一方面，大学生离开家庭，入住学生公寓，自己管理自己的日常生活，若是没有合理地安排生活费用，很容易出现浪费情况。大手大脚的花钱习惯会产生后续很多不良行为。另一方面，高校的学生来源于不同家庭，家庭贫困的学生若是日常生活中不能得到必要的物质满足，很容易产生自卑的心理，而部分同学产生的攀比心、虚荣心更易导致不良的后果。

（7）危机来源于就业。大学生在大学中学习最终的目的是进入社会，找到一份自己喜欢的工作，能够把自己的所学运用于实践，并获得经济报酬来养活自己及家人。但是，目前每年很多学生就业困难，大学生毕业时无法找到工作，或者不能从事自己喜欢的工作，容易产生心理落差。另外，看见和自己差不多的同学已经找到满意的工作，自己却还在为工作而奔波时也很容易产生焦虑。阿兰德·波顿曾经在《身份的焦虑》里面写着，个体容易与身边条件差不多的人相比，若是感觉比不上，很容易产生过多的焦虑。

9.2.3.4 危机判断

大学生在遇到危机时，可以从情绪、躯体、行为和认知四个方面来判断，以便于及时发现问题，进行专业干预，以免造成无法挽救的后果。一旦危机解决，四个方面的异常情况即可消失。

（1）情绪方面。当事人若是遇到危机，情绪出现害怕、紧张、悲伤、焦虑、恐惧、易怒等失常情绪，与正面情绪区别明显。

（2）躯体方面。这是指当事人躯体方面的变化，如失眠、头晕、头痛、食欲不振、颤抖等明显的异常行为。

（3）行为方面。这是指当事人一改往日作风，不能专心地学习或工作，回避他人，对人际关系的处理消极，或过于依赖某人等，可能会伴随破坏性行为，以及出现从未出现的行为等。

（4）认知方面。由于当事人主要的注意力集中在危机中，很难专注其他人或物，记忆和知觉容易发生变化。同时，解决问题能力下降，即使某些简单的问题也不能正常解决。

9.2.3.5 自我干预

自我干预是个体遇到危机时，积极地进行自我关怀、支持和保护，使自己恢复到心理正常状态。自我干预的方式主要有以下几种：

（1）客观对待危机。在危机面前，要正视危机，客观对待，不能高估危险性，也不能忽视其危险。正确搜集相关的信息，全面客观地看待危机，找到危机的来源，积极应对，不逃避，不退缩，不歪曲事实，动员一切的力量来寻求解决危机的办法。

（2）积极调整情绪。危机出现，容易产生消极的情绪，而消极的情绪会导致自己看待很多事物都是消极悲观的，从而导致更持续的消极情绪。我们要杜绝这样的恶性循环，及时积极地调整自己的情绪。例如，可以采取抑制消极情绪的方法，暂时不去理会消极情绪；可以分散自己的注意力，转移到其他美好的事物；可以观看喜爱的电影，听听轻松的音乐等，让情绪进行调整。一定要有着这样的想法：即使我正经历磨难，前方依然会有阳光明媚闪耀。

（3）寻找社会支持。当事人遇到危机，身边有家人、朋友陪伴对解除危机是很有利的。在危机面前，自己不是一个人在奋斗，而是有着关心和支持，心中就会充满力量。有心理学家说过，早期没有家庭的良好支持，小孩在成长以后会出现严重问题。社会支持包括家庭的关爱、朋友的关心、老师的温暖、陌生人的帮助。

当我们遇到自己无法解决的危机时，我们需找专业的老师进行危机干预。

9.2.4　生命陨逝

我们都知道，每个生命来之不易，呵护好生命之花，我们义不容辞。可是，世界上充满着无数的未知，我们在这个生命之旅中，都可能会收获或者失去一些东西。关于生命的话题，从来都是很沉重的。生活有着残忍的一面，有时就会出现不该凋零的花。大学生采取极端方式结束生命，这对于他们的家庭是无法弥补的损失。关于大学生自杀的研究指出，大学生自杀率是同龄人中的3倍左右。

9.2.4.1　凋零始末

花朵凋零总有始末。寻找大学生自杀的原因，积极劝阻，努力消除，可以减少大学生自杀事件的发生。大学生自杀的原因有多种，以下为常见的方面：

（1）随遇而不安。大学最开始，在家里被疼爱惯了的人，离开家，住在校园宿舍。天南地北的同学遇上了，很多问题就来了。从小被过多保护，被溺爱，性格孤僻、内向、不合群的孩子就容易不适应，从来都是中心的人，居然变得无关轻重，随遇而不能安，孤独、无助，不适应新环境的同学，这时会选择逃离，甚至选择死亡。

（2）读书不得间。大学生的主要任务是学习，没有制定适合的学习目标、学习方法不正确、对自己的期望太高、不能学习自己感兴趣的专业、学习的压力过重等，都容易让学生产生挫败感，尤其是曾经特别优秀的学生，学习上遭遇不顺，则挫败感更强，很容易走向极端。

（3）两情不长久。恋爱现在已经是很多大学生在大学期间的一门“必修课”。

在学习和生活中多一个人陪伴，自然是件高兴的事。可是，古语云“落花有意随流水，流水无心恋落花”，或者是两情不能长久，导致恋爱受挫。若是感情过分执着的人，一旦失恋，精神上受到严重打击，容易心生怨恨、自暴自弃，出现伤人或自伤、自杀的行为。感情中，女孩子更容易在失恋后采取轻生的念头。

（4）郁郁长寡欢。若是患有抑郁症、焦虑症、强迫症等神经症的大学生，一旦遇上症状导火索，容易出现精神异常、行为消极、身心疲劳、心情压抑、闷闷不乐、郁郁寡欢等表现，较一般人更容易自杀。

（5）群居不和一。大学期间，生活学习中会遇到很多同学，大家性格不同，文化习俗多样，很容易出现小摩擦。人际关系紧张是大学生普遍遇上的问题，建立良好的人际关系是大学生必须有的一种能力，但是大学生却很难学到这样一种技巧，寝室矛盾就是其中一种大学生很容易遇到的人际困难。人际关系处理得当，则皆大欢喜；若是人际关系处理不好，则容易产生孤独感、无助感，甚至采取他杀和自杀行为。

上述讲述了几点大学生自杀常见的原因。还有很多原因可能引起自杀，例如大学生挫折承受力差、受到他人的极端影响、家庭中有人去世、患上严重的疾病无法治愈等。

9.2.4.2 脆弱征兆

脆弱往往不是突然而至，选择自杀的人往往会呈现一定的特征。了解这些常规特征，让我们可以关注到生命的脆弱变化，及时救助，及时呵护生命之花。毕竟活着，就有希望。自杀的人，往往会出现异于寻常的行为和情绪，这些就是自杀征兆。

（1）情绪异常。忧郁、悲观失望、焦虑持续、情绪不安定、容易激怒、情绪失控、无故哭泣等。

（2）行为异常。无故旷课、逃避人群、对人冷淡，无法集中注意力，学习和工作懈怠，不进食，不整理东西，不探望亲友，口头或书面表达自杀倾向等。

弗洛伊德曾说，每个个体都有求生本能。自杀预兆的出现，也可以理解为当事人的一种求生意识，尽管他自己未曾意识到。旁人或是专业人士发现身边有人出现自杀征兆，对其及时进行救助，则可以挽救其生命。

如果自己遇到不能克服的困难，让自己感觉此时无法活下去，选择死亡有时是很容易的事情。而我们应该知道，其实活着比死亡需要更多的勇气。活下去，让自己在生命中经历各种美好，我们应该学会寻求帮助，释放压力。请别人帮助不是懦弱的表现，不是无能的表现，而是一种对生命的尊重、对自己的肯定。能够寻找别人的帮助，帮助自己活下去，是一种很强大的力量。

9.2.4.3 生命涅槃

生命是美好的，尽管不一定按照我们自己的意愿。只要一个人还愿意踏实而有兴趣地生活，他最终可以发现，世界上很多事都有最好的安排，都可以水到渠成。每一段青春都是限量版，我们没有权利说从头再来，只有认真、坚强地活着。如何让我们在不完美的生命之旅中找到价值，找到开心，在艰难中涅槃，在困苦中破茧，避免某一生命个体如流星般逝去？

自杀危机干预是一项及时救援和长期心理健康巩固相结合的工作，需要学校、家庭、社会等多方面的支持、配合。

（1）长期心理健康巩固。生命是动态的，应该防患于未然。

学校应该这样做：普及大学生心理健康知识，正确引导大学生认识社会、适应社会，热爱生命、珍惜生命，培养积极乐观的生活观念；开设学校心理咨询室，让学生能在遇到困难、挫折时，找到可以进行帮助的专业人士；除了学习知识，还应该加强心理素质课程的开设，注意培养学生的挫折容忍能力、情绪调节能力等；增加自杀预防知识的宣传，了解心理危机、自杀征兆，便于及时进行挽救。

家庭应该这样做：父母永远是孩子最坚固的保护伞，应该关注学生的心理动向，在孩子遇到困难、挫折时，能及时进行心理、语言、行为支持，让大学生远离负面影响。

社会应该这样做：建立专业的危机干预机构；媒体对于现实中自杀的案例避免扩大化报道；传递社会正能量。

（2）及时救援。若是已经有大学生出现自杀征兆，旁人宁愿自己反应过度，也不能等待事情发展到不可挽回的地步，及时关心当事人，寻找社会支持、配合治疗。若是大学生已经采取自杀行为，应当稳定当事人情绪，通知专业人士，缓解自杀冲动，通知家人，全程陪伴等。

生命都应该被尊重。因为旅程中的不可预知，生命之旅必定辛苦。青春很美好，我们不应该被小小的挫折打败，无论遇到什么，我们都应该永不放弃。

【心理导航】

你有焦虑情绪吗？

焦虑是一种很令人头疼的情绪。在焦虑中，我们总是感觉像是坐在火炉子上被烤，让人觉得心里焦躁不安。你是否有焦虑情绪？什么样的状态才算是有焦虑情绪呢？让我们分析下面的问题，解开心中的谜团。

1. 你是否做噩梦？

A. 没有，从来没有过　B. 偶尔　C. 经常　D. 每天晚上都做

2. 你是否每天的睡眠质量都很高？

A. 每天都很好　B. 部分很好　C. 偶尔很好　D. 一直不好

3. 你是否无故地脸红发热？

A. 从来不会　B. 偶尔是这样　C. 常这样　D. 一直不好

4. 你的手是否经常干燥？

A. 不会　B. 有时会这样　C. 经常这样　D. 几乎每天如此

5. 你是否经常感觉要小便？

A. 不是　B. 有时候会　C. 经常是这样　D. 每天都这样，很烦恼

6. 你是否因为有胃病吃不下饭而痛苦的时候？

A. 没有　B. 有时会　C. 经常会　D. 一直是这样

7. 你是否感到手足麻木？

A. 没有　B. 很少会出现这种情况　C. 经常出现这种情况　D. 一直是这样

8. 你是否有过呼吸困难的情况？

A. 没有　B. 出现过一两次　C. 出现过好多次　D. 经常出现

9. 你晕倒过吗？

A. 没有　B. 有过一次　C. 好多次　D. 经常自己晕倒

10. 你是否因为阵阵的头晕现象而感到苦恼？

A. 不是　B. 有时会　C. 经常会　D. 一直是这样

11. 你是否有时会突然觉得心跳加速？

A. 没有　B. 有过几次　C. 经常是　D. 我觉得我的心跳一直很快

12. 你是否能保持平和的心态，安静地坐在一个地方？

A. 我一会儿也坐不住　B. 偶尔一两次可以　C. 有时候能坐住

D. 我能一直坐在那里

13. 你从来不会觉得会有不幸的事情发生？

A. 从来不会　B. 偶尔会　C. 有时候会　D. 经常会这样想

14. 你是否有疲倦的感觉？

A. 没有　B. 有时候会　C. 经常有　D. 我一直感到疲劳

15. 你是否有头痛、颈椎痛、背痛的问题？

A. 没有　B. 有过几次　C. 很多时候有　D. 经常痛

16. 你是否会手足发抖？

A. 不会　B. 很少出现　C. 出现过几次　D. 经常会

17. 你是否觉得自己要发疯了？

A. 不会　B. 很少出现　C. 出现过几次　D. 经常会

18. 你是否很容易就会心情烦躁？

A. 不会　B. 有时　C. 经常　D. 我都快控制不住自己了

19. 你是否会无缘无故感到害怕？

A. 没有　B. 小部分时间　C. 相当多的时间　D. 绝大多数时间

20. 你是否比原来更容易着急了？

A. 没有　B. 有时候　C. 相当多的时间　D. 多数时间会这样

计分方法：

选择 A 得 1 分，选择 B 得 2 分，选择 C 得 3 分，选择 D 得 4 分。把这 20 道题的得分相加，然后乘以 1.25，把数字四舍五入取整数。

结果分析：

50 分以下，你的焦虑程度属于正常范围，每个人都有焦虑的现象，不要惊慌，平时要注意一些，适当控制一下自己的情绪，还是没问题的。

50 分以上，你有严重的焦虑症状，如果不及时治疗，会影响以后的正常生活。建议你改变自己的态度，以积极的心态看待事物，始终保持乐观的心态，反复告诫自己，一切都没问题，我完全可以应付得来。如果还不行的话，你就得去看心理医生，请求专业治疗了。

【心理自助训练】

1. 梦想追逐

世界上有很多事，即使自己拼命努力了，仍然不能得到想要的结果。若是你现在九十岁了，生活是这样，也就这样了，不强求；可是你现在才一二十岁，你还没得到，你完全可以争取。生命的神奇之处，在于它始终会有最好的安排。设定一个短期目标，明确地写下来，从今天开始努力去实现。

2. 学会求助

小李上大学一年级的时候很积极，个性活泼，学习成绩在班级中也是前几名。可是到了大二下学期的时候，突然变得表情麻木、面容憔悴、两眼无神、说话吃力、语速缓慢，但意识清楚，说话也有条理。寝室的同学还发现，最近他的寝室关系也很紧张，不爱与人说话，偶尔会有一些“不想活了，这样生活下去真是没有意思”的话。他还喜欢自己一个人在寝室看关于死亡等的网上信息和电影。

如果你是小李同寝室的同学，你现在应该怎么做呢？

参考文献

[1] 中共四川省委教育工委，四川省教育厅. 大学生思想政治教育案例 [M]. 成都：四川大学出版社，2011.

[2] 仲少华，蒋南牧. 新编大学生心理健康教程 [M]. 上海：上海交通大学出版社，2012.

[3] 侯再金. 医学心理学 [M]. 北京：人民卫生出版社，2010.

[4] 刘建文. 大学新生入学导论：走近神圣的医学殿堂 [M]. 武汉：武汉理工大学出版社，2009.

[5] 樊富珉，费俊峰. 青年心理健康十五讲 [M]. 北京：北京大学出版社，2006.

[6] 韩永昌. 心理学 [M]. 上海：华东师范大学出版社，2005.

[7] 杨世昌，黄国平. 大学生心理健康教育教程 [M]. 北京：人民卫生出版社，2013.

[8] 张达明. 剑桥的钟声为她响起 [J]. 半月选读，2009 (22)：18-19.

[9] 阿普里尔·奥康奈尔，文森特·奥康奈尔，洛伊斯·孔茨. 心理学与我 [M]. 王飞雪，罗虹，冯奕斌，译. 北京：中国人民大学出版社，2011.

[10] 聂振伟，宋振韶. 大学心理 [M]. 北京：中国人民大学出版社，2010.

[11] 哈佛公开课研究会. 哈佛心理课 [M]. 北京：中国铁道出版社，2013.

[12] 刘静，孔令红. 职校生心理健康教育 [M]. 北京：清华大学出版社，2011.

[13] MCKAY M，WOOD J C，BRANTLEY J. 辩证行为疗法 [M]. 王鹏飞，李桃，钟菲菲，译. 重庆：重庆大学出版社，2009.

［14］REVENSTORF D，ZEYER R. 自我催眠［M］. 方新，译. 北京：中国轻工业出版社，2007.

［15］埃德尔曼. 思维改变生活，积极而实用的认知行为疗法［M］. 殷明，黄志强，译. 上海：华东师范大学出版社，2008.

［16］黛比·福特. 接纳不完美的自己［J］. 出版参考：新阅读，2010（6）：47-48.

［17］刘小兰. 改变一生的 60 个心理学效应［M］. 北京：中国青年出版社，2009.

［18］杨雪梅，朱建军. 大学生心理咨询与治疗案例解析［M］. 北京：中央编译出版社，2013.

［19］林梓. 赢在大学［M］. 上海：学林出版社，2008.

［20］吴宇. 我的大学［M］. 北京：旅游教育出版社，2008.

［21］蒲果泉，王伯庆. 大学生生存手册［M］. 北京：当代中国出版社，2006.

［22］陈革，秦雪峰. 大学新生导航［M］. 北京：中国出版集团现代教育出版社，2011.

［23］戴夫·埃利斯. 大学应该这样读：优秀大学生成长指南［M］. 刘静焱，于吉美，陈国锋，译. 北京：科学出版社，2010.

［24］常桦，龚萍. 大学：赢在起跑线上［M］. 北京：中国物资出版社，2005.

［25］郑爱明，徐海波，杨雪花. 成长从心开始：大学生心理健康读本［M］. 南京：南京大学出版社，2013.

［26］弗兰肯·E.罗伯特. 人类动机［M］. 郭本禹，等译. 西安：陕西师范大学出版，2005.

［27］丹尼尔·戈尔曼. 情商：为什么情商比智商更重要［M］. 杨春晓，译. 北京：中信出版社，2010.

［28］仲少华，蒋南政. 新编大学生心理健康教程［M］. 上海：上海交通大学出版社，2012.

［29］壹心理. 1 分钟心理学：情绪的 13 个传说与事实［EB/OL］［2012-12-20］. http://www.xinli001.com/info/3183760/.

［30］黄仁发，汤建南. 人际关系心理［M］. 北京：中国科学技术大学出版社，1995.

［31］唐小青. 当代大学生人际关系问题及对策分析［J］. 教科文汇，2009（11）：44，53.

［32］文书锋，胡邓，俞国良. 大学生心理健康通识［M］. 北京：中国人民大学出版社，2010.

［33］张大均，吴明霞. 大学生心理健康教育［M］. 北京：清华大学出版社，2011.

［34］陶国富，王祥兴. 大学生交往心理［M］. 上海：华东师范大学出版社，

2005.

[35] 曾仕强，刘君政. 人际关系与沟通 [M]. 北京：清华大学出版社，2005.

[36] 俞暄一，李荣斌. 心理学与个人成长 [M]. 北京：科学出版社，2008.

[37] 罗伯特·J.斯腾伯格，凯琳·斯腾伯格. 爱情心理学 [M]. 李朝旭，译. 北京：世界图书出版公司，2010.

[38] 唐土红，陈兰. 价值多元时代“90后”青年的爱情观及其引导 [J]. 青年探索，2013 (3)：83-87.

[39] 邹俊彬，孙杰.“90后”女大学生婚恋观调查及教育引导途径研究：以1742名女大学生为例 [J]. 前沿，2013 (2)：93-94.

[40] 任建霞. 当前大学生恋爱观现状调查及教育对策 [J]. 职业时空，2012 (6)：166-167.

[41] 王宇航，程晓东. 社会转型期大学生情爱观的变化与挑战 [J]. 云南民族大学学报：哲学社会科学版，2013 (2)：88-94.

[42] 方鸿志，周方遒，隽美惠. 大学生恋爱心理现状及对策研究 [J]. 辽宁师范大学学报：社会科学版，2013，36 (5)：680-683.

[43] 陈志霞，冯慧春. 女大学生情感认知教育的实践与思考：兼论“90后”女大学生的恋爱观 [J]. 教育探索，2014 (2)：129-132.

[44] 吉广庆. 医学生成才教育与思想道德修养 [M]. 太原：山西人民出版社，2006.

[45] 黄维仁. 活在爱中的秘诀 [M]. 北京：中国轻工业出版社，2013.

[46] 胡珍. 大学生性文明与性健康 [M]. 成都：四川民族出版社，2001.

[47] 苏文亮，刘勤学，方晓义，等. 对大学生网络成瘾者的质性研究 [J]. 青年研究，2007 (10)：10-18.

[48] 顾潍文，陈越. 关于青少年网络成瘾状况研究综述 [J]. 科教文汇，2008 (8)：48.

[49] 董碧水. 网络猛于虎？高校纷纷出招防电脑 [N]. 中国青年报，2006-08-31 (5).

[50] 俞凤茹，刘文焕，杨倩茜. 大学生常见的网络心理障碍与自我调适 [J]. 教育探索，2009 (10)：126-127.

[51] 胡玲娜. 新媒体环境下“低头族”的受众行为与心理分析 [J]. 科技传播，2014 (14)：31，37.

[52] 韩登亮，齐志斐. 大学生手机成瘾症的心理学探析 [J]. 当代青年研究，2005 (12)：34-38.

[53] 杨桂青. 网络成瘾机制的五个理论支撑 [N]. 中国教育报，2007-08-25 (03).

[54] 陈子晨. 心理学视角下的网络谣言特点分析 [J]. 吉林省教育学院学报，

2010（1）：106-108.

［55］赵娜，李永鑫，王建新. 谣言传播的影响因素及动机机制研究述评［J］. 心理科学，2013，36（4）：965-970.

［56］蒋南牧. 新编大学生心理健康教程［M］. 上海：上海交通大学出版社，2012.

［57］石向实，赵晶. 健康心理学［M］. 北京：中国人民大学出版社，2014.

［58］王学峰. 卓有成效的八大自我管理工具［M］. 北京：机械工业出版社，2011.

［59］郭志文，李斌成. 大学生职业生涯规划［M］. 武汉：华中科技大学出版社，2008.

［60］理查德·S.沙夫. 生涯发展与规划：人生的问题与选择［M］. 周黎明，译. 北京：中国人民大学出版社，2012.

［61］杨长征，王小丹. 一生只做八件事［M］. 北京：北京大学出版社，2013.

［62］徐笑君. 职业生涯规划与管理［M］. 成都：四川人民出版社，2008.

［63］徐世勇，刘亚军. 人才素质测评［M］. 北京：中国人民大学出版社，2014.

［64］葛玉辉. 职业生涯规划管理实务［M］. 北京：清华大学出版社，2011.

［65］于海琴. 心理成长与生涯发展［M］. 武汉：华中科技大学出版社，2008.

［66］IFEDU. 高校学生职业生涯规划的心理误区［EB/OL］.［2009-10-29］. http://www.lifedu.net/news/guihua/24505.html.

［67］黄文颖. 案例：去还是留？——规划好您的职业生涯［EB/OL］.［2004-11-12］. http://manage.org.cn/article/200411/9841.html.

［68］陈刚. 大学生英语教育概论［M］. 北京：人民卫生出版社，2003.

［69］郭瑞增. 经典心理测试［M］. 天津：天津科学技术出版社，2008.

［70］陈楚瑞，耿永红. 大学生心理发展与健康教育［M］. 大连：东北财经大学出版社，2001.

［71］雷雳. 发展心理学［M］. 北京：中国人民大学出版社，2013.

［72］黄希庭. 大学生心理健康教育［M］. 上海：华东师范大学出版社，2004.

［73］王朝云，雷云. 大学生心理健康教育［M］. 郑州：大象出版社，2007.

［74］周家华，王金凤. 大学生心理健康教育［M］. 北京：清华大学出版社，2004.

［75］张伯源. 变态心理学［M］. 北京：北京大学出版社，2005.

［76］理查德·格里格，菲利普·津巴多. 心理学与生活［M］. 王垒，等译. 北京：人民邮电出版社，2003.

［77］陈国梁. 大学生心理健康教育［M］. 广州：华南理工大学出版社，2005.

［78］肖沛雄. 大学生心理与训练［M］. 广州：中山大学出版社，2004.

[79] 宋专茂. 大学生心理健康测量与向导［M］. 广州：暨南大学出版社，2005.

[80] 董广杰. 大学生心理健康教育与应用［M］. 北京：中国纺织出版社，2004.

[81] 邱鸿钟. 大学生心理健康教育［M］. 广州：广东高等教育出版社，2004.

[82] 王玲. 大学生常见心理问题及疏导［M］. 广州：暨南大学出版社，2005

[83] 游永恒. 大学生心理咨询案例集［M］. 成都：四川大学出版社，2005.

[84] 马克·杜兰德，戴维·巴洛. 变态心理学纲要［M］. 王建宁，等译. 北京：中国人民大学出版社，2009.

[85] SHARF R S. Applying career development theory to counseling［M］. Pacific Grove，CA：Brooks/Cole，1997.